U0029572

上

What Eastern Europeans Can Teach Us

野生的東歐 The Hidden Europe

偏見、歧視與謬誤，毒舌背包客帶你認識書上沒有寫的歐洲

FRANCIS TAPON
法蘭西斯・塔朋——著
賴堯暉——譯

目次

序言

踏入野生的東歐 006

重新開拓你我的觀點／刻板印象到底是好是壞？／向當地人學習歷史／所以說東歐在哪？／旅行能教我們什麼

第一章

芬蘭——發明三溫暖的古老國家 023

夏至徹夜健行於北極圈／搭上順風車／奧蘭：芬蘭境內的瑞典群島／赫爾辛基詭異的一夜／騎到一個令人驚喜的收容所／芬蘭的聖殿：桑拿／全世界最聰明的孩子／芬蘭人如何稱呼自己的國家／向芬蘭人學習／芬蘭能教我們什麼

第二章

愛沙尼亞——夾縫求生的波海小國 045

愛沙尼亞？它在哪裡？／遇見瑪玉／愛沙尼亞語沒有性或未來／愛沙尼亞的八百年歷史／愛沙尼亞境內的俄語族群／在麥當勞角逐諾貝爾和平獎／青銅之夜／泛舟與健行／東歐最自由的國家／三十萬人的歌聲／桑拿體驗之二／全球最不虔誠的國家／愛沙尼亞能教我們什麼

CONTENTS

第三章
拉脫維亞——波海三國的民主之路 079
末日博士的邪惡總部／拉脫維亞的語言／歷史在里加的建築中留下刻痕／長達八百年的血淚史／波羅的海之路——史上最長的人龍／拉脫維亞的俄羅斯人／大漲大跌，但還是比以前好／瓦爾加和瓦爾卡／維澤梅的龍與地下城／沙發衝浪／採菇／藍牛和拉脫維亞的民族性／拉脫維亞能教我們什麼

第四章
立陶宛——昔日東歐最強大的帝國 105
完美無瑕的首都／立陶宛的自信／立陶宛的食物／立陶宛曾經是個超級強國／首先宣布獨立的前蘇聯共和國／立陶宛的沙丘／立陶宛的語言／斯奧萊的十字架山／考納斯：不死之城／立陶宛人如何看待外國人／波羅的海三國的十項共同點／波羅的海三國的十項差異／波羅的海的未來／立陶宛能教我們什麼

第五章
白俄羅斯——歐洲最後的共產國家 153
歐洲之肺／史普尼克旅館／放棄資本主義／明斯克趣聞／偉大的衛國之戰／白俄羅斯的未來／難以捉摸的白俄羅斯語／前往輻射荒地／發生在一九八六的一九八四／桑拿體驗之三／進入車諾比禁區／離開白俄羅斯／白俄羅斯能教我們什麼

目次

第六章
波蘭——夾在兩強間的平原之國 193
歐洲古建築的迷思／人類的終極死亡工廠／格但斯克的英雄：華勒沙／探索舊城／在奧士廷認識艾蜜莉全家／波蘭手風琴／痛苦的重生／戰爭有利於經濟的迷思／在奧士廷眉目傳情／波蘭人對俄羅斯人和德國人的看法／為何有那麼多波蘭笑話？／波蘭五大C／在戈茹夫品嘗伏特加／學習波蘭字母／波蘭的未來／波蘭能教我們什麼

第七章
東德——柏林圍牆倒下三十年後 241
跟最東方的德國人會面／圍牆之前／充滿驚喜的導覽／邪惡的聖誕老人／復原四千五百萬份文件？／鐵幕熔化的那一天／當老鼠拿人類做實驗／德勒斯登／地理無法解釋一切／東德能教我們什麼

第八章
捷克——世界最會喝的啤酒王國 271
捷克人發動戰爭的方式／布拉格之春／探索捷克／啤酒：捷克的聖水／以觀光客的標籤為榮／德國對捷克的影響／全球貧富最均衡的國家／在歐洛慕茨引燃激辯／捷克版的命運輪盤不用買母音／捷克能教我們什麼

CONTENTS

第九章
斯洛伐克——登山者的夢想天堂 299
東歐最優的背包之旅／捷克斯洛伐克為何會分裂？／離婚的夫妻／斯洛伐克跟捷克的語言異同／斯洛伐克的特色／為何斯洛伐克和匈牙利無法和平相處／斯洛伐克的語言法／兩國的未來／斯洛伐克能教我們什麼

第十章
匈牙利——特里亞農條約的悲歌 327
買一送一的城市／幽浮存在的證據／怪異的語言連結／更多支持匈牙利人是火星人的證據／在布達佩斯與老同學重聚／匈牙利的美好年代／文藝復興帶來噩耗／一位名叫奧地利的連襟／匈牙利的轉捩點：特里亞農條約／為何現在還吵這些？／特里亞農與大匈牙利的十八道迷思／沉溺於匈牙利的終極幻夢／自我檢討／公平的解決之道／匈牙利的討拍大會／我喜愛匈牙利的十一點／土耳其人留下的文化遺產／匈牙利與猶太人的愛恨情仇／遊訪三座匈牙利城市／匈牙利的未來／匈牙利能教我們什麼

序言　踏入野生的東歐

這種死法也未免太鳥了，我心想。

我被反鎖在一間戶外廁所內，無路可逃。這種廁所有時會在內外各設置一道門栓，外面那道可以防止鼠輩或其他對糞便有癖好的動物爬入。現在那道外門栓不知何故自動關上了，把我鎖在這間難聞的廁所裡，我只穿了一件防雨薄外套，氣溫正在急速下降。

「真糟糕。」我低聲嘀咕。現在是午夜時分，我身處在北極圈以北，夜間的平均氣溫只比零度高一點。方圓數公里都沒有人，如果我出不去，可能就會凍死在這狹小惡臭、蒼蠅滋生的茅坑裡。

我老媽如果知道我死得這麼沒有尊嚴，一定會氣炸。她會說當貓王死在廁所裡時，他好歹是在雅園的豪宅裡，而我則是在鳥不生蛋的芬蘭，距離聖誕老人不遠處。這個北歐國家是我啟程前往東歐的跳板，我即將在五個月內拜訪東歐全部二十五個國家。蘇珊・瑞亞（Susan Rea）就曾經說過：「愚者納悶，智者遊走。」

我在下午五點半開始健行，並打算走一整晚。今天是六月二十一日，當你位於北極圈上方，太陽在夏至是不會下山的，所以時間並不重要。午後十一點時，我在一間廢棄的木屋吃了些食物，接著就去上廁所。我試過各種聰明的方式，但全都失敗，然後我想到了：「等一下，我是美國人，所以我應該是個熱愛暴力的大老粗！這算什麼，阿諾．史瓦辛格都當過我的州長，換作是他會如何做？」

我決定了，最好的方法還是傳統的撞門絕技。我迅速踢了門一下，砰！什麼事都沒發生。

我深吸一口臭氣，使盡全力猛踢。乒！乒！砰！門無動於衷地瞪著我。

我坐在馬桶上思考。芬蘭擁有全球最精進的電信建設之一，而且遠優於美國，我或許身處於北極圈附近的某個偏僻森林深處，但如果那些聰明的芬蘭人有在附近搭設一個基地台，我絕不會意外。我打開手機，看來訊號很強。「太愛這些芬蘭人了。」我暗自竊笑。於是，當我的那些加州朋友準備吃午餐時，我向他們傳簡訊描述自己的困境：「很好笑，但有點可怕。我被困在一個茅坑裡，外門反鎖了，附近都沒有人，天氣愈來愈冷，我試著硬撞出去。」

多數人正在吃豆腐堡，所以沒回應。但有一個人建議：「打911啊！」

「好主意！」我心想。但我立刻又想起，通常在另一個國家撥打911並不會得到緊急服務，倒是有可能轉接到披薩外送專線，那倒是不錯。

話說回來，即使我求援成功，我的位置也太偏遠，他們最快也要早上才能抵達，屆時我早已結成冰棒。於是我就繼續踢門，並數次用我單薄的身軀撞門。我不禁咒罵：「早知道就該多吃些起司漢堡再上路！」我不斷用肩膀撞擊，雖然氣溫冰冷，我已經快要開始流汗。「該死，好萊塢電影怎麼演得那麼輕鬆！」

我大吼一聲，奮力向門撲去。但門把我推回原位，也就是我眼前的馬桶蓋。我絞盡腦汁，在腐臭的空氣中喘息，汗水使我全身發冷，開始顫抖。我無法掀翻整間廁所，也不能衝破屋頂。終於，我想到最後一招：基努．李維在《駭客任務》中的連環快踢。我或許不是救世主，但這裡就只有我一個人，所以我最好踢出一點成果。

我向後躺在馬桶蓋上，仰望著天花板，將雙腿緊縮在胸前，準備陪那冥頑不靈的門死纏爛打到它屈服為止。深吸幾口氣後，釋放出一連串足以讓李小龍引以為傲的飛踢術，我踢了二十幾下，差點跌進馬桶，那道堅忍不拔的門終於飛開了。

其實我沒有你想像中那麼勇猛，門栓也根本沒斷，它只是被連續的撞擊震開而已。無論如何，我大大鬆了一口氣（也吸入了許多乾淨空氣），繼續徹夜跋涉。這段插曲讓我想起作家李察．巴哈（Richard Bach）的一段話：「我總是想要過冒險的人生，但經過多年才了解，我是唯一能為自己帶來冒險的人。」

時間是二〇〇四年六月，自從我走完阿帕拉契小徑後，恰好相隔三年，我渴望再度探險。再一次的，我想要漫遊和學習。我曾於一九九二年去布拉格和布達佩斯旅遊，在一九九九年造訪俄羅斯和烏克蘭，然而其餘的東歐對我來說依然是個謎。

於是我在二〇〇四年設下一個單純的目標：在六個月內走遍東歐每個國家，看看自己能學到什麼。我希望東歐人教我認識他們的食物、歷史、語言、景點、重大發明、經濟、宗教信仰和飲酒習慣。五年之後，我在二〇〇九年又回去用兩年半的時間觀察他們歷經的變化，總計花了三年收集歐洲在隱蔽中深藏的智慧。

本書是以國別編列，所以它並非完全照時間順序書寫，因為我在七年內拜訪了各國至少兩次。為了方便閱讀，並幫助眼尖的偵探讀者重新拼湊故事的時間線，我會列出一些關鍵日期。請各位準備跳躍時空。

重新開拓你我的觀點

我是第一代美國移民，我的母親在智利的聖地牙哥出生並長大，她十六歲時，父親被工廠解聘，所以她為了扶持家庭經濟而輟學工作。她二十五歲時清空了自己的退休基金，買下一張飛往美國的單程機票，來到美國時口袋裡只剩三百元，這連買回程票都不夠。在一九六四年移民美國比現在容易得多，她獨自來到舊金山時幾乎不會說任何英語，但兩個星期後就找到一份不太需要說英語的工作，在美國銀行擔任書記。我的父親在法國出生並長大，他經歷過全球經濟大恐慌、納粹統治和第二次世界大戰。是的，我的父親很憤世嫉俗，並非只因為他是法國人。

到了一九四七年，法國國軍已開始涉入越南和阿爾及利亞。我的祖父在第一次世界大戰失去自己的兄弟後，不想再失去唯一的兒子，因此他幫我的十七歲父親買了一張單程船票，把他送到阿根廷的布宜諾斯艾利斯。他在裴隆（Perón）夫婦的統治下生活了七年，見證他們的民粹主義政策摧毀了經濟，於是他在二十五歲移民到費城。兩年後，他開車橫越美國，最後把車停在舊金山。他開始在那裡工作，數年後認識了我的母親，攜手創立了一家進口南美商品的小公司。簡言之，他們實現了美國夢。

我的父母不僅將自己的勞力和職業道德帶來美國，他們也帶來了自己的智慧。美國之所以能長期維持強大的競爭力，就是因為不斷吸收外來的新觀念，它的開放與彈性使它成為世界第一強國，然而近年逐漸攀升的反恐和排外意識已使得移民愈來愈艱難。數百萬名來自世界各地的菁英分子還在引領盼望入境美國，我們若坐失良機，別的國家就會把他們挖走了，那將會削弱我們的競爭優勢，美國時代將會結束。

因此我寫這本書的用意不只是分享自己對東歐的觀察，也是要激發你的好奇心，希望能驅使你去漫遊和學習。我希望美國敞開自己的國界和心胸，不只針對東歐的佼佼者，更是針對全世界最優秀的人才。

刻板印象到底是好是壞？

這本書可能會冒犯到你，你會讀到一些以偏概全的詞句，例如「斯洛維尼亞人通曉各國語言」、「拉脫維亞人喜歡打扮」，甚至是「美國人是白癡」。有些人討厭這種用一竿子打翻整船人的刻板印象，尤其是當形容詞是負面的時候。如果我說「烏克蘭女人很漂亮」，沒有人會抱怨，但如果我說「波蘭女人是噁心的胖子」，人們就會說我是個心思狹隘又膚淺的美國人。有些自稱政治正確的人會告訴我們切忌抱持成見，「凡事概括而論絕對不是好的。」他們會如此宣示，卻沒發覺這句話本身的矛盾。

問題是，如果我們的祖先對彼此毫無成見，人類早就滅絕了。假設臉上畫有藍點的穴居人殺了你的部落中一半的人，如果你那位理想主義的鄰居拒絕將那些藍點與敵人畫上等號，他會落得什麼下場？姑且就說他會少製造一些後代吧。人類的大腦天生就會偵測行為模式，並將一切分門別類，我們無法抑制這點，這是人類的特質。這也是為何當我們在尋找可能的人肉炸彈時，都會直覺尋找阿拉伯年輕人，而非瑞典老婦人。

你以為自己沒有刻板印象？你當然有。你會避免走暗巷或接近蓬頭垢面的遊民，因為你知道在那些地方比在辦公大樓容易遭到襲擊。你把上班族當作崇尚和平的善良人，將窄巷中的持槍流氓視為危險人物。當然有時這種刻板印象也可以是錯誤的，像是辦公室的上班族可能會瘋狂開槍掃射同事，幫派分子也可能會見義勇為送你去醫院。然而你還是持續倚靠這些刻板印象過日子。

我會用些定型的觀念單純歸納一群人的行為偏好。我會試圖記錄東歐人的偏好，同時也承認凡事沒有絕對，特例總是會存在。因此當我說「阿爾巴尼亞人很友善」，他們顯然還是有很多混蛋。如果我需要不斷指出所有特例，日久就會顯得乏味，尤其是對於聰明的讀者，他們應該了解概括而論並不等於絕對聲明。

無可否認的，當你缺乏足夠的數據時，觀察的立足點就很弱。雖然我在東歐總共待了三年，但有時我只會在一個國家停留兩週。我當然希望能在每個國家都待上數個月，甚至數年，可是因為東歐總共有二十五國，我必須不斷移動，因此有少數幾項觀察確實只是基於短暫的一瞥。如果我很倒楣，在立陶宛只遇到全國唯四的討厭鬼，我就很難不做出立陶宛人都很惹人厭的結論。但我已經盡量避開這些限制，例如我可能會詢問他們的鄰國：「立陶宛人真的都是討厭鬼嗎？」

他們通常會回答：「不是，但美國人都是。」

藉由了解當地人的生活真相，我可以彌補數據的不足，但當地人的觀念也並非完全正確，有時也會傳出錯誤的刻板印象。保加利亞人曾跟我說多數羅馬尼亞人都是竊賊，這顯然是錯的，因為保加利亞人已經窮到沒東西可偷！（放輕鬆點，保加利亞的朋友們，我只是開個玩笑。）

一個避免落入錯誤陷阱的好方法是問卷調查，許多都是針對數千人收集的，因此我們會引用具有國際公信力的民調數據，例如皮尤研究中心（Pew Research Center）和蓋洛普（Gallup），看看它們能反映出東歐人的哪些特點，但同時也承認這些統計調查有其缺點。在結合廣泛的個人旅遊經驗與民調數據之後，我們應當能為每個國家描繪出一個中肯而精確的敘述。你會終於了解阿爾巴尼亞人跟科索沃人有何不同。

既然如此，何不徹底避免套用定型的觀念？「拜託不要！」波羅的海三國會對你哭喊。愛沙尼亞人、拉脫維亞人和立陶宛人最怕世人認為他們都一樣，他們都亟欲保留自己的身分。換言之，他們希望擁有自己專屬的刻板印象。斯洛伐克、白俄羅斯、斯洛維尼亞、克羅埃西亞、馬其頓、波士尼亞、烏克蘭各自創立了自己的國家，就是不想再跟另一個國家或民族綁在一起。每個地區都有獨特的屬性，比方說，任何有大腦的人都不會宣稱德國和義大利有相同的民族性。如果大家可以不用互貼標籤，只管叫自己「智人」（homo sapiens），這種崇高的理想固然可愛，但人類都希望能被分得更細。最後，如果我們只會說：「任何地方都有形形色色的各種族群」，我們就錯失了一個學習傳統價值、信仰和民族特徵的機會。

所以我們不能強求人們避免以偏概全，那是不可能的。真正的解決之道是擁有彈性的定型觀念，並接受例外。更重要的是，如果你看到夠多特例，就應考慮改變你的刻板印象。舉例來說，假設你相信多數阿拉伯人都是有自殺傾向的宗教狂，但有一天你親自拜訪了一個阿拉伯國家，很快就發現多數年輕人並不會炸死自己，現在你就可以建立一個新的定型觀念：阿拉伯年輕人很友善，很愛好和平，而且他們擁有的武器比一般美國人還少。簡言之，你對他們還是有刻板印象（因為要迎合你的大腦需求），但你已經根據新資訊做了自我調整。

為了避免產生不準確的成見，我致力於從最基層體驗每個國家，跟它的人民進行最真實的交流。不像多數遊客，我迴避飯店、高級餐廳、計程車或出租車，搭乘擁擠的公車，專吃街頭攤販的粗食，在農夫市場購物，只要有機會就搭當地人的便車，或寄宿在當地人的家裡。簡言之，我盡力洞察東歐各國之間的微妙差異，同時試著避免亂貼標籤或製造不存在的議題。當然，任何事物都可以極端細微，尤其是一國的歷史。

> 旅遊可以消弭偏見、冥頑與狹隘的心胸，使人擁有圓融而仁慈的廣闊視野，這是井底之蛙茫然度日永遠無法獲得的。——馬克．吐溫

向當地人學習歷史

本書的初版剛上市時，少數東歐人即向我反映：「我愛死它了！你把東歐各地的人文歷史刻劃得真精準，不過你對我的國家的描述卻一點都不客觀或公正。你就像任何美國人，既

傲慢又愚蠢。」

例如有些阿爾巴尼人就認為我對巴爾幹半島每個國家的描述都很好，除了阿爾巴尼亞以外。另外有些馬其頓人也認為我對巴爾幹半島每個國家的描述都很好，除了馬其頓以外。還有些東歐人不同意我對他們國家歷史的概述，就像一位塞爾維亞人在信中說的：「你實在沒資格或能力寫這個故事，但那只是我的個人意見，別讓我澆熄你的熱情。加油，這是一本好書。」不過芬蘭作曲家西貝流士（Jean Sibelius）也勉勵我，「別理會樂評說的話，因為從未有人為樂評建造雕像。」

雖然我想向每個國家的當地人學習所有事情，但這個方法還是有其缺陷。首先，當地人的知識僅限於他們所熟悉的小區域。第二，他們對鄰國的印象通常都沒有實證可循，只是傳聞。第三，他們對歷史的回憶具有高度選擇性。人會選擇性地記住或忘記某些事件，過度強調一些特定事件，忽略其他事，每個國家都會這樣。在我的東歐遊歷中，人們可以生動地描述他們的國家創立的過程，以及所有問題的根源。當我到了一百公里外的另一個地區，又能聽到別人用同樣的激情與狂熱描述相同事件，但劇本卻完全不同。

小布希總統曾說過：「關於歷史，很重要的一點就是要記得真正的歷史。」但事情不盡然如此，喬治。我總是相信歷史只有一個真正客觀的版本，理論上那可能是正確的，但實際上不是。首先，即使全世界的歷史書籍都口徑一致，真正重要的是人們相信什麼，因為那才是他們會傳授給下一代的。有人曾說「歷史是由勝者撰寫」，此言無誤，但敗者並不需要閱讀或相信它，反之他們會告訴子女「實際發生的事」。

雖然我已經詳細研究過東歐的歷史，複述同樣的故事卻是件吃力不討好的工作，因為不可能滿足所有人。而且我不是一位學識淵博的學者，所以某位高傲的博士可能會指出我蒐集的一些事實有偏頗，然而即使是歷史專家也經常沒有共識，他們只喜歡聚在一起開會，發表無聊至極的演講，足以治癒任何人的失眠。

拿破崙有句名言，「歷史是眾人同意的謊言。」但如果挖得夠深，或許就能揭發事實，但這種事情通常都很模糊弔詭。就某些程度而言，我並不在乎事實。**我不是史學家，我是探索家**。對我而言感知就是現實，對這本書來說，人們口中的歷史版本才是真正有意義的歷史。我想聽的是父母們告訴子女的故事。

即使當我知道當地人的觀念是錯的，我並不期待（甚至更沒興趣）能改變他們。我的目的是了解他們的論點、信仰和世界觀。這本書會把他們的歷史觀點拿來跟「真正的史實」互相比較，我同時也承認那些消息來源（雖然我希望他們能盡量客觀）自有偏差。如果這一切都使你更加糊塗，很好，歡迎來到東歐。

所以說東歐在哪？

問「東歐在哪」感覺就像問「格蘭特的墳墓內埋的是誰」一樣愚蠢。很明顯的，東歐就在歐洲的東部，問題是那條界線該畫在哪裡，這點具有極高爭議，要找到兩個人完全同意東歐有哪些國家真的很難。

在令人懷念的冷戰時期，東歐的定義真簡單，反正就是鐵幕另一邊的那些輸家。東歐就是一堆被凍結在石器時代、發展遲緩的共產國家。由於世界對東歐的印象是如此低劣，如今沒有人願意承認自己住在那裡，以波羅的海三國為例，我曾經遇過愛沙尼亞人堅持他們在北歐，拉脫維亞人宣稱他們在中歐，甚至還有立陶宛人跟我辯稱他們在西歐！

若要相信每個跟你交談過的人，最終結論就是東歐根本不存在！如果追問到底，東歐人是會承認東歐存在，但他們都相信它的範圍起始於自己國家的東邊，無論那落在什麼地方。我喜歡這個定義，我的父親是法國人，所以對我而言東歐起始於德國。抱歉啦，德國人。

如果你是歐洲人，現在該是複習基礎地理的時候了。任何區域都可以用數種方式劃分，你可以從東到西切割，也可以從南到北，或是創造一個中央區。如果要分更細，你還可以編造東北區、東南區，以此類推。問題是有時候人們不想要那麼多選擇，他們只要一個簡單的二分法（中央區的概念因此也不存在）。舉個例子，如果你要把美國分成南北兩半，你大概會採用南北戰爭的界線；如果你要把美國簡單分為東西兩半，就會用密西西比河，即使那樣切割並不完美。芝加哥的男孩可能不喜歡被稱為美國東部人，正如匈牙利人也不喜歡被稱為東歐人，他們都會尖叫：「我們在中部，不是東部！」

同理，蒙大拿州人也會說自己「不是在美國西部，那應該是北部！」他們說的都很有道理，但如果中部和北部不是選項，當大家已經決定用東西二分法做切分，你就必須選邊站。你或許不喜歡這種方式，但無論你身在世界何地，這樣劃分並沒有任何邪惡之處，所以請接受事實。

話說回來，那條東西界線的位置依然是一大挑戰。我們先就學理探討，地質學家一致同意東歐的終點是位於莫斯科東方數百公里的烏拉山脈，從葡萄牙的里斯本到俄羅斯的彼爾姆（Perm，一個在烏拉山脈旁邊的城市）總共有五千二百公里，中間點是弗茨瓦夫（Wroclaw），一個接近德國邊界的波蘭城市。如果你從弗茨瓦夫畫一條貫穿南北的直線，它將會穿過捷克、奧地利和克羅埃西亞的西部，只有斯洛維尼亞會完全落於那條線的西側（你可以聽到來自斯洛維尼亞的歡呼聲了）。簡單地說，這條對等的地理界線其實很接近冷戰時期的政治界線。

要解決這個令人厭煩的問題，另一個方法就是比照專家認定的歐洲地理中心，從該點投射一條南北直線，如此就能將歐洲清楚劃分為東西兩半。不幸的是，地理學家無法對歐洲的全部邊界取得共識，因此他們也無法決定確切的中心在哪裡，它可以西至德國的德勒斯登（Dresden），東至烏克蘭的拉克赫夫（Rakhiv），北至愛沙尼亞的薩雷馬島（Saaremaa）。

在投注太多時間尋找完美的對分界線之前，別忘記許多以東西或南北切分的方式都是不對稱的。例如美國有三分之二的領域位於密西西比河的其中一側，俄羅斯的東西界線是烏拉山脈，雖然全國有四分之三在它東方。許多城市都有不對稱的人造分界，它們可能是根據一條鐵路或一條河。所以即使你玩過世界地圖，「證明」歐洲最完美的對分界線落於羅馬尼亞東方，但那並不表示它實際應如此劃分。

採用古老的冷戰分界還有一個好理由：歷史造就了我們。例如作家安布羅斯・比爾斯（Ambrose Bierce）就曾說過：「戰爭是上帝教導美國人地理的方式。」無論東歐人是否喜歡，共產時代的經驗依然存在於他們的集體記憶。那些不到三十歲的人可能會大叫：「可是我不記得那些日子啊！我是跟隨著西方價值觀長大的！」然而他們從小就被父母和老師灌輸那些當地歷史和觀念，那仍然屬於他們的一部分。奴隸制度的殘留效應至今依然能在美國南部被感受到，即使它已經結束了一百五十年。相比之下，共產主義只結束三十幾年，它或許已經離開東歐，但仍留下很長的陰影。

最後，東歐各國還有一個共同點：它們相對之下還是很隱蔽。當然自從柏林圍牆在一九八九年倒塌後，生意人和遊客就大量湧入了這個區域，但世人對西歐的熟悉程度仍遠勝過東歐。許多人都能指出義大利和愛爾蘭之間的差異，但你若叫他們比較斯洛維尼亞和斯洛伐克有何不同，他們只會一臉茫然看著你。

總之，基於地質學、歷史以及觀光方面的考量，我對東歐的定義很寬鬆。這本書總共納入了二十五個國家，包括俄羅斯西部、德國東部和前南斯拉夫各國，也包含三個多數人都不會視為傳統東歐的國家：芬蘭、希臘和土耳其。芬蘭位於波蘭東方、波羅的海三國北方，所以就地理而言它確實屬於東歐。希臘也是一樣（它位於巴爾幹半島的南部），但我們只會探討它跟東歐其他國家關係最密切的部分，也就是希臘北部。正如俄羅斯，土耳其有一大部分屬於亞洲，因此我們只會看它的西半部。總結而論，我在柏林圍牆倒下將近二十五年之後，在二十五個國家待了三年。

美國人可能會不了解我為何花了這麼多時間界定東歐。「那有什麼了不起？」你可能會問，「所以你的國家在東歐，那又如何？誰會在乎？」相信我，這裡的人真的很重視這點。這是個非常火爆又令人激動的議題，可以引發無止境的激辯。如果你想讓東歐人如坐針氈，只要說他們是來自東歐就夠了。唯一對此不介意的是摩爾多瓦人，他們能存在於世就夠高興了。

每一章我都會以一個東歐國家為焦點，最後簡單總結該國家能教你哪些事。雖然你可能會很想只讀那些結語，跳過其餘部分，但那可能會誤導你產生錯誤的結論。我已經可以聽到那位驕傲的俄羅斯人在直接跳到書末後對我尖叫：「你從全球最大的國家能學到的只有伏特加很棒？」

所以各位在讀那些結語之前請記住：

✣ 你並非只能學到這幾點，別因為一段結語只列出兩項重點，就以為你只能從這個國家學到這兩件事。首先，你可以從該章節學到很多，裡面都包含了許多關於各國文化的資訊。第二，結語主要是一些你可以應用在日常生活的實務觀念。第三，還有許多被我遺漏的事情值得你自己去發掘。

✣ 其他國家也可能會教你同樣的事，只因為某一章的結語提到了一個好點子，但這並不代表你不能在其他地方學到相同的觀念。比方說，如果五個國家都能教你同樣的觀念，我就只會在一個國家的章節中提到它，不會重複寫五遍。

✣ 其他國家也可能是開路先鋒，只因為我表揚某個國家做了一件聰明事，但這並不代表那個點子就是它發明的。

✣ 其他國家也可能做得更好，只因為我稱讚某個國家在某些方面很踏實，但這並不代表它們在實務面上做得最好。

所以我會如此回答那位愛國的俄羅斯人：「是的，俄羅斯除了喝伏特加外還有很多值得學習之處。白俄羅斯人也很會喝伏特加，俄羅斯人發明了伏特加，世界上沒有任何國家的人均伏特加攝取量比摩爾多瓦更高。你們都高興了吧？」

最後，雖然這本書的主要目標是正面的，是為了學習東歐人身上最好的一面，但我們也會學到東歐的各種蠢事。有時候，最有效的教訓確實就是逆向思考，從他們身上學到哪些事情不該做。雖然它讓我長了全身的疣，我依然愛上了東歐，或許你也會。

我在芬蘭開啟了旅程。芬蘭在蘇聯時期是個準東歐國家，它既不屬於北約，也不屬於華約，因此它是個很好的起點。我們會從這裡開始探險，以它為墊腳石，踏入這片野生的東歐。

在觀光業壯大之前，旅遊曾被視為一項研究，而它的果實則被視為心靈的裝飾與判斷力的形成要素。——作家保羅．福塞爾

第一章

芬蘭——發明三溫暖的古老國家

芬蘭小資料

位置：位於歐洲北部，西邊是瑞典，東邊是俄羅斯，南邊是波羅的海三國。

面積：約33萬平方公里（台灣的9.2倍）

人口：約550萬（台灣的0.24倍）

首都：赫爾辛基

主要族群：芬蘭人、瑞典人

人均國內生產毛額：54,330美元（2021年資料）

- Suomen tasavalta -

芬蘭是個近乎完美的社會，每個環節都運作完好，城市很乾淨，沒有犯罪，人們彬彬有禮，唯一的缺點是冬天實在有夠爛。

芬蘭地廣人稀，面積是加州的百分之八十，但人口只有加州的百分之十四。五百萬的總人口大多數都聚集在南端的赫爾辛基周圍，原因不外乎就是那邊氣候最好，但它全年多數時間也是很糟。

鮮少有美國人知道芬蘭的確切地理位置，答案很簡單：它是聖誕老人住的地方，真的。羅凡涅米（Rovaniemi）是芬蘭最北區拉普蘭（Lapland）邊緣的一個古雅小鎮，也是聖誕老人的全球服務總部。然而，聖尼克（St. Nick）的官方出生地是更北的耳朵山（Korvantunturi），他嫌那邊太冷，於是就在略微偏南的羅凡涅米設立公司。這個概念有點像是從休士頓搬到達拉斯去避暑。

雖然世界上多數人同意芬蘭是聖誕老人的家，但並非所有人都認為芬蘭是斯堪地那維亞的一部分。如果看地圖，它很接近瑞典和挪威，都是位於斯堪地那維亞的區域內，但芬蘭人會告訴你，斯堪地那維亞這個詞跟地理無關，它主要代表的是瑞典、挪威、丹麥、冰島的共同歷史、文化和語言背景，如果一定要把挪威、瑞典和芬蘭三國綁起來貼個標籤，請叫他們**北海國家**。一位芬蘭人不會因被稱為來自斯堪地那維亞而感到被侮辱，但如果你說他來自東歐，他肯定會。

話說回來，地圖不會說謊。芬蘭確實位於波羅的海三國的正北方，既然波羅的海三國屬於東歐，這表示芬蘭的地理位置也在東歐。當然，正如所有東歐國家，芬蘭人會強烈否認這點，他們會大聲宣示自己是屬於北歐，「東歐」只是一個政治概念，只能涵蓋華沙公約組織的前會員國。儘管他們如此否認，我心想在芬蘭先待兩個星期、進入「真正」的東歐前做個暖身也不錯。諷刺的是，我的暖身操差點把我凍死。

夏至徹夜健行於北極圈

為了慶祝全年最長的一日，我跑到遙遠北方的豪塔耶爾維（Hautajärvi）遊客中心，挑戰八十公里的卡恩奇洛斯（Karhunkierros）小徑。如果你能唸出那條路的名字，就有資格免費去一趟芬蘭，它的意思是「熊之環徑」。豪塔耶爾維的意思則是「墳墓之湖」。這些歡樂的地名使我猶豫此趟獨行是否為明智之舉。

管理員告訴我說多數人需花四到六天走完全程，我只帶了兩天的糧食，附近沒有店家。我想自己的行囊很輕便，應該可以迅速移動，於是就上路了。沒料到我在穩健地走了五小時後就被困在一間廁所裡，幸好我能逃脫並繼續前進。凌晨兩點，太陽躲到一座山後方，半小時後又再度露面。這條熊之環徑穿越溝壑、原始森林、吊橋和激流，文明的芬蘭人為了保護脆弱的植被，沿途搭設了狹窄的木板步道，同時也使旅人成為蚊群的活靶。

徹夜跋涉後，我早上六點半在尤新康帕（Jussinkämppä）的小木屋睡了四小時，經過十三個小時，我已經走了四十五公里。多數路徑就像芬蘭大部分的地形一樣平坦，只有一些平緩起伏的丘陵。我睡飽後繼續走完最後三十五公里，在第二天半夜之前即完成任務，並在全程的最高點（僅四九一公尺高）瓦塔瓦拉（Valtavaara）找到一間可愛的單人小屋。我很驚訝屋內空無一人，畢竟它維護得很好，又有三百六十度的景觀。或許它只是個緊急避難所，不是用來露營的，當然也有可能是因為芬蘭的人煙就是那麼稀少。

管理員看見我那麼快回來，都嚇了一跳。我能在三十小時內走遍八十公里的祕訣是什麼？就是無止境的陽光和一些驅趕我不斷前進的好朋友——成群結隊的蟲隻。我只有在偶爾見到馴鹿時會停下，或是遇見聖誕老人。

芬蘭大概是最不可能引發第三次世界大戰的國家。他們很崇尚和平，幾乎可說是太和平了，沒有人討厭芬蘭人。話說回來，有些國家仍然侵略過芬蘭。首先，瑞典人在十二世紀將帝國主義帶來此地，開啟長達七百年的統治。瑞典是如此的吃定他們，直到一八六三年，可憐的芬蘭人終於說服俄羅斯（當時正統治著瑞典）讓芬蘭語跟瑞典語享有同等地位。注意，他們沒要求讓自己的語言超越瑞典語，只求平等，而且花了七百年才達到此里程碑。

芬蘭與瑞典的競爭淵源甚遠，經過多年來的打壓，我們總是有一種民族自卑感，總是認為他們比我們強。經過多年的頻繁賽事，每個國家都有自己的假想敵，對我們而言那就是瑞典。——薩庫・科伊武（Saku Koivu），芬蘭冰上曲棍球國家隊前任隊長

搭上順風車

下一班通往庫薩莫（Kuusamo）的巴士還要等五小時，所以我搭便車會比較快。半小時後，一輛藍色小車在路邊停下，壯碩的駕駛看似比他的車還大。我不確定他是否會說英語，於是我只問了一個字：「庫薩莫？」

「可以，上車吧。」深色頭髮的男子以獨特的腔調回答。在拉普蘭很難見到深髮色和古銅皮膚，這種每年九個月冰天雪地的嚴峻氣候，不太容易讓人曬黑。駕駛是一位三十六歲的土耳其人，在法國海灘初識他的芬蘭前妻，娶得美人歸後便在拉普蘭定居了十七年（期間也離了婚）。這位前健美先生的二頭肌足以把我的頭像核果般碾碎。

他問我：「所以你來自美國？」

「是啊，」我膽怯地回答，深知這位土耳其人可能討厭美國，然後急忙補充，「但我的母親來自智利，父親來自法國。」這樣說他至少不會砍了我的頭，起碼可以讓我一槍死得痛快。

他繼續問：「你對小布希和伊拉克戰爭有何看法？」

我嘆了一口氣，那年伊拉克戰爭還在進行，除了美國自己之外，沒有其他國家支持這件

事。「我覺得布希應該多點耐心，等夠多友邦同意他再出兵……」

「我覺得他這麼做是正確的，」他打岔，「你知道，海珊是個壞人，伊拉克人過得很苦。當然布希是可以把事情處理得更好，但美國派兵進入伊拉克是件好事，我喜歡布希。」

一位支持小布希的土耳其人？難怪他會住在芬蘭！我們聊了大約一小時後，他讓我在庫薩莫下車，我接著搭到一班前往海港古城奧盧（Oulu）的巴士。當我在海邊閒晃時，一位當地女子邀請我跟她和一些朋友在碼頭喝飲料。臨別之前，他們教我認識了芬蘭的歷史。

奧蘭：芬蘭境內的瑞典群島

若要充分了解瑞典至今仍在如何利用這長達七百年的獨霸優勢，芬蘭西南角的奧蘭群島（Ahvenanmaa）就是個活生生的例子。它是由大約六千五百個小島組成（其中大約有八十個有人居住），位於瑞典和芬蘭海域的中間點，不過名義上是隸屬芬蘭。瑞典人已把它變成一個專講瑞典語的飛地，是的，會說芬蘭語的芬蘭人在自家的一個島上竟感到不受歡迎，因為那是保留給會說瑞典語的芬蘭人居住的。

我們來看看瑞典是如何予取予求。一九二一年，國際聯盟（聯合國的前身）宣布奧蘭群島屬於芬蘭，然而他們並沒有實權。不像芬蘭的其他省，這個島省有自己的內部議會，跟省長共享政權。芬蘭政府必須取得此議會的認可，才能修改奧蘭的地方自治法。奧蘭是個非軍事中立區，就算是芬蘭的海軍也不能把軍艦停泊在這些島上！

他們自己納稅，將稅金完全花在三萬名島民上，跟芬蘭本土幾乎沒有金融合作關係。你必須取得居留權才能在奧蘭擁有土地、投票和進行交易，條件是在這裡至少居住五年，而且要精通瑞典語。芬蘭和外界簽訂的任何國際協約都需經過奧蘭議會的許可，才具法律效力，他們有自屬的郵戳和旗幟，網站使用.ax而非芬蘭的.fi作為網址，雖然芬蘭有兩個官方語言（芬蘭語和瑞典語），奧蘭卻只有一個官方語言：瑞典語！可憐的芬蘭政府在傳遞文件給地方國會時還要把它們全翻譯成瑞典文。他們何不乾脆使用瑞典的貨幣和護照？

為何奧蘭的原住民可以如此自由？你得將時鐘往回轉兩百年才能找到答案。他們之所以會歸屬於芬蘭是因為俄羅斯在一八〇八至一八〇九年的戰爭把瑞典打得落花流水，為了停戰，瑞典同意交出芬蘭，俄羅斯說那還不夠，於是瑞典又丟給他們一根骨頭，或者應該說是群島，也就是奧蘭。

俄羅斯將他們的新領土（包括奧蘭）稱為芬蘭大公國，所以當芬蘭在一九一九年宣布獨立而脫離俄羅斯時，他們理所當然的保留了奧蘭，畢竟他們在過去一百一十年都屬於同一個大公國，瑞典當初也輸得正大光明。然而奧蘭的居民普遍希望能回歸祖國瑞典，芬蘭不想再爭吵，於是便妥協讓他們享有今日所有的自治權。

許多中立的觀察者認為這是一個化解少數族群衝突的典範。奧蘭之所以特殊，不單是因為無人在過程中死亡，另一點是它已經多年廢除軍武。奧蘭和芬蘭政府之間的關係很有趣，因為芬蘭人和瑞典人基本上都能相處融洽。我們很快就會發現許多東歐國家可以為了更瑣碎的事情鬧得歇斯底里。

芬蘭文化反對暴力、重視情緒管理（除非你喝醉酒，那是每週末的常態），但和平不等於懦弱，他們曾多次抵抗俄羅斯的攻擊，居住在這個星球最寒冷的區域之一，甚至將跳入冰冷的湖水視為娛樂。不過當爭論涉及瑞典，他們就像懶得跟長舌婦吵架的好丈夫。「好啦，親愛的。」芬蘭就是這樣回答瑞典。在他們平靜的思緒中，為那些茶米油鹽的瑣事生氣是不值得的。簡言之，芬蘭人已經學會了瑞典語，而不是學德國人挑釁法國人，「聽好，你們這些混蛋如果要跟我說話，就用英語說！」

此刻是赫爾辛基的凌晨一點四十七分，我正慌張著尋找任何會說英語的人。那晚我會學到更多關於芬蘭的民族性情——他們非常可信和慷慨。

赫爾辛基詭異的一夜

我住的青年旅舍在凌晨兩點會實施宵禁，直到六點才會再開門。不幸的是，現在只剩十三分鐘就要鎖門，而我卻迷路了。

我是怎麼陷入此困境？那晚稍早，我遇到一對性格迥異的友人：一位是嬌小活潑的金絲貓，另一位則是鬱悶又豐腴的暗黑女郎，她們邀請我一起上夜店。過動的金髮女孩艾拉（Aila）身穿粉色系列，她的閨密瑪克塔（Marketta）則全身黑裝，臉上似乎塗了一公升的睫毛膏和眼線。震耳欲聾的重金屬音樂響徹夜店，精力充沛的金髮女孩很健談，她的撒旦朋友則潛伏在暗影中。

為了蓋過那尖銳的噪音，艾拉像對一位沒有助聽器的九十五歲老人般對我大吼。夜晚進入尾聲時，她突然主動邀約我去她家的夏日小屋，她和男友都住在那裡。我才認識艾拉幾個小時，她竟然就邀我去她家。那些挑戰美國荒野之路的遠征者都稱這種來自陌生人的恩惠為「步道奇蹟」（trail magic）。

問題是我如果要去艾拉的夏日小屋，就得延長原本預計在芬蘭停留的時間，而我很想快點踏入「真正」的東歐。我萬分感謝她的步道奇蹟，隨即在凌晨一點半離開夜店，當時我的耳朵依然隆隆作響，拉普蘭的蚊群似乎還在追殺我。若要在兩點前趕上青年旅舍的宵禁，我需要一個迅速又便宜的交通工具，幸好赫爾辛基在這方面設想很周到——他們有免費自行車。

騎到一個令人驚喜的收容所

赫爾辛基是自行車的天堂，人行步道和車道之間畫有粉紅色的自行車專用道，可以輕易避開行人和車輛，他們甚至還有自行車專用的紅綠燈和交通號誌。當我初次來訪時，市區還有免費自行車。我在路邊找到一台鮮豔的公用自行車，投入兩歐元即可解鎖，等我把它歸回另一個指定停車站，就能拿回我的錢幣。可惜赫爾辛基在六年後取消了這個制度，因為少數人會破壞自行車或把它們占為己有，只能說這又是一場平民悲劇。

在缺乏導航的協助下，我像隻無頭蒼蠅般地飛奔，到了半夜一點四十七分，終於發覺自己迷路了，放眼望去街道皆空。這時，遠方一位女子獨自向我走來，她有一頭金髮，身材纖瘦，穿著粉紅色的長褲，從臉上的少許皺紋看來大約有四十歲。她敢獨自在這麼荒涼的地方走路真是令人佩服，這要不是證明芬蘭真的很安全，就是顯示她的愚蠢。我指著地圖問：「我必須在十二分鐘內到這個地方。」

「你不可能趕得上的，」她回答，「那至少要騎三十分鐘，而且這附近也不會有計程車。」

我把露營裝備都留在青年旅舍了，所以不能在戶外露宿，只剩兩個選擇，我可以再找一間旅館，但那會很貴，而且我已經在一個地方付了錢，這樣重複花錢感覺很蠢。另一個選擇是去夜店，現在是六月底，晚上幾乎不會天黑，芬蘭人都會狂歡到早上六點。當我在考慮這些不甚討喜的選擇時，女子語出驚人：「嗯，如果你不介意，你可以睡在我家的沙發上。」

我無法相信自己的好運，這位名叫莉亞（Lea）的女士只花了幾分鐘跟我對談，就信任我到直接邀我進她家門！更令人驚訝的是莉亞有四名子女，身為人母者通常會對帶陌生人回家這檔事特別有戒心。芬蘭人顯然很信任他們的人類同胞，至少很信任那些騎免費自行車的人。

她的袖珍型公寓乾淨又現代化。她端出一些食物，並解釋傳統菜（perinneruoka）和家常菜（kotiruoka）的區別：除了老人以外，芬蘭人只會在節慶時吃傳統菜，他們平常較喜歡吃家常菜。雖然現在已是半夜，莉亞仍讓我品嘗了黑麥酸麵包（ruisleipä）、乳酪（juusto）和芬蘭肉丸（lihapullat）。吃完點心後，氣氛就慢慢熱絡了起來。

芬蘭的聖殿：桑拿

莉亞的浴室裡有個不尋常的東西：一間桑拿室。芬蘭人對桑拿的重視程度就好比美國人對家庭劇院的重視，他們家裡若沒有桑拿室，就不能算是真的幸福。我們吃完家常菜後，莉亞就問：「想不想跟我一起用烤箱？」

我猶豫片刻，如果這是美國，凌晨兩點半進桑拿室可能有傷風化，然而這在芬蘭也許就像在美國家裡看電影一樣單純。我同意了。「好，那就進去吧，」她說，「我去換衣服。」

我脫下衣服，在腰間繫上一條浴巾，走進悶熱的桑拿室。莉亞進來時，我頓時瞠目結舌，她一絲不掛地站在我面前，連一條輕薄的圍巾都沒有。她看見我靦腆的包著浴巾坐在角落，不禁噗哧一笑。「你顯然不是芬蘭人！沒有人在桑拿裡面穿浴巾的，給我吧。」她對我微笑。

當旅行中遇到這種情況時，我實在很慶幸自己是男人。

我不在羅馬，但我心想：入境隨俗。我站起來，謙卑地解下浴巾，又坐下來看著自己的陽具。我該拿它怎麼辦？就讓它裸露在那邊？還是我應該交叉雙腿把它夾在下面，只露出陰毛？那會不會使我顯得像同性戀或跨性別者？

莉亞坐在我旁邊說話，但我沒注意聽，我正在奮力思索如何處理自己的下體。然後我稍微觀察她的胴體，心想：以一位四十歲的母親而言，她的身材真的很棒。糟糕，我想太多了，不，不要用那個小頭思考，用大頭呀！突然間它失控了，開始膨脹，不要啊！拜託快停止！想當然耳，我愈是自我壓抑，就愈無法克制那些想法。

它繼續長大。她有注意到嗎？她到底在碎唸什麼？管他的，先擺平我的小弟弟！也許我應該把它夾在腿下！問題是如果現在這麼做，她肯定會注意到。別管了！不行！它開始充血了，這裡真的有那麼熱嗎？還是只有我在發熱？

最後，我想到一位終極性欲殺手：導演麥可．摩爾（Michael Moore）。我在腦海中重複：麥可．摩爾、麥可．摩爾……幻想著肥胖又毛茸茸的導演全裸坐在我身邊，我瞬間開始消氣，呼！

我終於聽清楚她在說什麼，趁機插嘴，「對了，你的孩子在哪裡啊？」我在公寓裡看到了他們的照片，而且有好幾扇門關著，想必是他們的房間。

「跟他們的爸爸去共度週末了。」

「喔，那很好啊。」我陷入尷尬的沉默。

莉亞輕聲說：「想不想來個芬蘭式按摩？」

喔不，別又來了。我的血液再度離開大腦往下跑，我該怎麼回答？她纖細的手指輕觸我的背。法蘭西斯，守規矩一點。麥可．摩爾！該死的麥可．摩爾！可惡，這招沒用了！我知道，我只要趴著！那就會蓋住一切！

「當然，我想試試看芬蘭式按摩。」我迅速翻身趴著，莉亞用那柔軟的雙手撫摸我的背，我幻想麥可．摩爾在按壓我的腿，但那沒用，莉亞的手太小了，況且她不是個肥胖的導演。

莉亞濕潤的雙手在我全身上下滑溜，她聲音很平靜，跟手一樣服貼柔順。我正處於芬蘭的天堂。最後她開始按摩我的臀部時，我脫口而出：「你很……呃，我是說『這裡』實在很熱。」我開始結巴，「可以沖個澡嗎？」

「好，」她低聲說，指向旁邊的淋浴間，「就在那邊。」我背對著她站起，以免她看到其他站起來的東西。她淘氣的望著我偷笑，顯然已知事有蹊蹺。

我沖了個冰水澡，當時還不知道自己之後在東歐會再經歷兩次有趣的桑拿體驗。凌晨三點，天色隨著日出逐漸亮起，我這時才去睡覺。當我失去意識時，我發覺自己正瘋狂地愛上芬蘭。

我醒來時，莉亞做了一些三明治，上面塗滿人造奶油。早在世人知道黑麥和全麥麵包有多健康之前，芬蘭人就已經在吃這些食物，他們通常會搭配乾乳酪和冷切肉，莉亞也提供了酸優格（viili）、麥片和果醬。莉亞比典型的芬蘭人活潑外向，他們有時候真是平靜到令人毛骨悚然，德國人雖然也很拘謹，但他們至少偶爾會發個脾氣，掀起一場世界大戰。

芬蘭人坦承自己很害羞（喝醉酒時除外），不過你只要主動跟他們講話，他們都會友善回應，也樂於助人。莉亞就是一個完美的例子，這證明芬蘭人是多麼有安全感、可信又慷慨。他們也製造了很多天才兒童，當莉亞吹噓自己的孩子有多聰明時，我以為她只是個自我感覺良好的家長，但我錯了。

全世界最聰明的孩子

芬蘭可能擁有全世界最聰穎的青少年，他們在國際科學、數學和閱讀競賽的表現一向都名列前茅。標準的芬蘭中學生沒有制服，每天回家只需做半小時功課，不用為了榮譽榜單或畢業生代表搶破頭，不用聽遲到鈴聲，也幾乎沒有升學壓力。教師們會積極協助成績不佳的學生，優等生並不會被送到菁英學校，但他可以擔任教師助理。不幸的是這些小天才可能會不太有禮貌，例如當台下有人問了笨問題時，就會被罵KVG，也就是「自己查Google啊，傻屄」（kato vittu Gogglesta）的縮寫。當這個星球上最聰明的孩子互罵彼此為傻屄時，你不得不擔憂人類的未來。

所以芬蘭年輕人的成功訣竅究竟是什麼？我在等候現代藝術博物館開門時，默默觀察這些青少年，試圖尋找答案。他們嘴裡叼著菸，頭髮染成各種顏色，唱著巴布．狄倫（Bob Dylan）的《敲開天堂之門》（*Knockin' on Heaven's Door*），言行舉止跟美國青少年並無不同。

芬蘭教育成功的主因在於教師的社會地位極高，而且享有很強的自主權。雖然他們的薪資跟美國教師差不多（生活費也很接近），這是個競爭激烈的職業，每十位應徵者只能錄取一名。跟美國不同的是，所有教師都要接受表現評估。最重要的是，芬蘭的教師可以算是企業家，他們根據學生的實際需求與能力編製課程，而不是硬性遵循全國的單一課綱。

我們不必完全抄襲芬蘭的教育模式，當人們效仿世間佼佼者時，常犯的錯誤就是只看到皮毛就決定要抄襲一切。我們總是忘記，他們之所以能脫穎而出，不見得是因為某個方法特別有效，反倒可能是因為脫離了此方法的束縛。總之，我們還是應該去一趟芬蘭，學習他們的好習慣。

芬蘭人如何稱呼自己的國家

這個問題很清楚地說明芬蘭人不擅與別人對抗的天性。在知道答案之前，先看看其他國家如何稱呼芬蘭：Finlande（法文）、Finnland（德文，冰島文）、Finland（瑞典文、荷蘭文、葡萄牙文）、Finlandia（西班牙文、義大利文）、*Φινλανδία*（希臘文，發音類似芬拉迪亞）、

핀란드（韓文，發音類似平蘭德）、Финляндия（俄文，發音類似芬良迪亞）、フィンランド（日文，發音類似芬然多）、Ufini（斯瓦希里文）、Finnország（匈牙利文）、Finnland（冰島文）。總之，多數國家給它取的名字唸起來都類似「芬蘭」。

至於芬蘭人是怎麼叫自己的國家？他們會說自己是Suomi（梭密）。啊？這是什麼狀況？很簡單，數千年前，芬蘭人向鄰居自我介紹，對話大致上是這樣進行：

「歡迎，陌生人，你來自何方？」

「梭密。」芬蘭人回答。

「真的啊？嘿，親愛的，這位先生說他來自一個叫芬蘭的地方。」

「不是，它不叫芬蘭，我的國家叫梭密！」

「隨便啦，反正你就是來自芬蘭，小老弟！」

語言確實會拿名字開玩笑，例如在智利，原名為法蘭西斯的人常被稱為帕可。在美國，勞勃也會被稱為鮑伯，每一位李察也是狄克。話說回來，當我們為別的國家取名時，就應該盡量用當地人的方式發音。例如把捷克的首都叫成布拉格其實有失體面，叫它Praha（布拉哈）有那麼難嗎？我們為何要稱葡萄牙的首都為里斯本？Lisboa（里斯波）又沒那麼難唸，但至少里斯本和布拉格跟它們原本的發音沒差太遠。

一些幅度較大的變化則令人難以諒解，例如希臘人稱瑞士為Elvitia（赫維蒂亞），英語系國家通稱德國為Germany，而不是Deutschland，但這些只是特例。多數時候大家都用近似原發音的字幫其他國家取名，然而全世界都不會用芬蘭原本應有的拼音「梭密」稱呼它，更瘋狂的是沒有人知道這是什麼原因。

芬蘭人為何不發起全球正名化運動？緬甸遠比芬蘭貧窮，卻願意花錢推動全球聖戰，強迫大家把他們的英文國名從Burma改成Myanmar。即使是城市也要求各國的地理學家修改地圖，蒙古的烏蘭巴托從Ulan Bator變成Ulaanbaatar，印度的孟買從Bombay變成Mumbai，北京的拼音從Peking改成Beijing，聖彼得堡對製圖家造成的困擾則最大，它在過去一百年已經換了三次名字（彼得格勒、列寧格勒、聖彼得堡）。如果我們能為緬甸改名，當然也可以幫「梭密」這麼做。

芬蘭不強求世界為它改變，這說明了他們的民族性。芬蘭人做事從容不迫、崇尚和平、心平氣和。只不過是個名字，何必小題大作？因此芬蘭人平靜地接受事實，正如他們接受瑞典語為第二官方語言、瑞典人已攻占奧蘭群島。但話說回來，他們為何不也用一個跟「芬蘭」發音相近的字稱呼自己國家？畢竟如果大家都叫你羅夫，或許你也該自稱羅夫，即使你的真名是約翰。

這點也反映了他們的另一面，芬蘭人其實非常堅韌和驕傲，只是展現方式很微妙。他們安靜的外表下隱藏著烈火，你可能不會察覺他們對某件事的關注，除非你把他們推到邊緣。

芬蘭人不像會發脾氣又大喊「不要」的固執小孩，反之，他們只會堅決地搖頭，一語不發的噘著嘴。對於發脾氣的小孩，你還有機會說服他，但對於安靜的搖頭者，你毫無機會。所以如果下回你觀賞世界盃或奧運時，看到一位選手的運動服上寫著「梭密」，不妨思考這卓越的國名背後蘊含的意義。

向芬蘭人學習

拜訪過一塵不染的拉普蘭後，我回到赫爾辛基，造訪鄰近的中古小鎮波沃（Porvoo），然後又去了芬蘭的古都土庫（Turku）和最南端的漢科（Hanko），這些地方都值得一遊。芬蘭複雜的歷史充斥著被俄羅斯和瑞典輪番侵占的歲月，讓人一窺他們波濤洶湧的過去。如今芬蘭是個恬靜空曠的人間淨土，住著靦腆、誠實又善良的人民，我愛這個地方。不過芬蘭人也告訴我，如果我是在冬天來訪，印象可能會有天壤之別。

正如瑞士，芬蘭在冷戰期間保持中立。然而就像瑞士偏向西方，芬蘭則偏向東方，這並不是因為他們想要親近俄羅斯，其實他們還比較喜歡西方，至今跟俄羅斯仍維持緊張的關係。芬蘭在冷戰時期試圖安撫蘇聯大熊的姑息做法曾被貶低為「芬蘭化」（Finlandization），我們偶爾也需要一些芬蘭化，向芬蘭人學習。

✣ **騎自行車：**遊說你的地方政府建造自行車專用道，支持能提供租用自行車服務的私人公司。赫爾辛基的氣候比美國多數地方嚴峻，然而芬蘭人仍到處騎車。別自找藉口，當我住在多雨的西雅圖附近時，我沒有車，也是到處騎自行車。穿上雨衣雨褲，戴上帽子，在雨中盡情歡笑吧！當我住在舊金山，我可以背著一整包蔬果，穿越令人膽戰心驚的上下坡道。這樣既可以減肥，而且永遠不必搶停車位。

✣ **信任別人：**別顧忌太多，日行一善，讓陌生人搭便車，邀請他們進家門，甚至借他們東西都可以。當你對他人有信任感，別人也會敞開胸懷信任你。這是一個良性循環，彼此寬宏大量，幸福自然起飛。反之，憤世嫉俗、疑神疑鬼只會為彼此帶來戒備和悲哀。當然女性確實應該比男性多一分戒心，但如果你總是自私的與世隔絕，人生何等無趣。多向芬蘭人學習，要相信世間多數人還是善良誠實的。

✣ **秉持宏觀視野，學習耐性：**芬蘭人習慣以廣闊的觀點看待生活中的事物，所以他們很少為某件事情煩惱。每當你感到自己快失去耐心，不妨倒退一步，改用廣角鏡觀看世界。當有人叫你麗絲而非伊莉莎白，有必要躁動嗎？當交通不如預期順利，有必要動怒嗎？需要為了言語上的冒犯而起衝突嗎？為何要讓自己被激怒？芬蘭人不是聖賢，然而當多數人熱血沸騰、提高音量時，他們可以異常的冷靜。

✣ **如何經營學校**：芬蘭人精通了這門藝術，他們懂得如何培育有責任感的青年，教師也訓練有素。與其盲目地對學校撒錢，不如從芬蘭的劇本萃取一些廉價經驗，例如給予教師充分的自主權，讓他們兼職企業家。

✣ **記得梭密背後的意義**：別總是執著於是非表象。你不需要改變他人，同時也能忠於自我，創造屬於自己的快樂人生。

接下來我該真正開始探險東歐了，我們將乘船跨越芬蘭海峽，進入東歐的關鍵窗口之一。起始點是一個曾被稱為雷瓦（Reval）的港都，如今已改名為塔林（Tallinn），它是一個非比尋常的國家——愛沙尼亞的首都。

第二章

愛沙尼亞——夾縫求生的波海小國

愛沙尼亞小資料

位置：波羅的海三國之一，北邊是芬蘭，南邊是拉脫維亞，東邊是俄羅斯。

面積：約4.5萬平方公里（台灣的1.25倍）

人口：約130萬（台灣的0.06倍）

首都：塔林

主要族群：愛沙尼亞人、俄羅斯人

人均國內生產毛額：26,470美元（2021年資料）

- Eesti Vabariik -

從最基本的說起，愛沙尼亞究竟真的存在或只是某個假想國？就像阿爾巴尼亞，愛沙尼亞聽起來就不像是真的，你曾遇過任何來自這兩個國家的人？有沒有在新聞裡聽過它們？我不認為。

愛沙尼亞？它在哪裡？

愛沙尼亞是個未知的國度。一位名叫特琳・塔瑪露（Triin Tammaru）的愛沙尼亞人曾在佛州住過幾個月，當她告訴一位美國人說自己來自愛沙尼亞時，他問：「那在什麼地方？」

「在芬蘭旁邊。」

「芬蘭在哪？」

「在瑞典旁邊。」

聰明的美國人像贏得《危險邊緣》（*Jeopardy!*，編按：一九六〇年代延續至今的益智競賽節目）冠軍般興奮地大喊：「喔，原來你是瑞典人！」

自此之後，那個美國人向他朋友介紹特琳時都說她是「瑞典女孩」。她不敢告訴他們愛沙尼亞在俄羅斯旁邊，以免被歸類為「俄羅斯女孩」或是「共產黨女孩」。

美國人的地理概念實在很差，我們每晚回家能不迷路真是奇蹟。特琳估算她在那四個月遇到的美國人中，每二十個人只有一人聽過愛沙尼亞，每一百個人只有一人知道它的確切位置。有個美國女孩以為「歐洲」是大西洋彼端的一個城市的名字，也有個男人以為全歐洲只有一個國家：德國。別誤會，他不叫阿道夫。

歐洲人在嘲笑美國人的無知之前也得照一下鏡子，顯然很多西歐人也不是地理天才。我的一位立陶宛朋友向一名荷蘭男子自我介紹時，他以為立陶宛在莫斯科。我的俄羅斯朋友艾琳娜（Irina）曾在西班牙住過，西班牙人還問她：「俄羅斯人講什麼語言？」更妙的是，當艾琳娜對一名西歐人說她來自莫斯科，他興奮地說：「真的？我也有一位來自瑞典的朋友！」看來並非只有美國人該被一張巨型地圖搧耳光。

愛沙尼亞聽起來是如此虛幻，呆伯特漫畫創始人史考特．亞當斯（Scott Adams）還發明了一個名叫愛波尼亞（Elbonia）的怪國家，這個諧音絕非巧合。根據漫畫，愛波尼亞屬於第四世界，國鳥是飛盤，全國人都留鬍子（包括女人和嬰兒），把罐頭接著彈簧當作電話筒。他們的國營航空是個巨大的彈弓，可以將乘客射到全國四周深及腰際的泥淖裡。在推翻共產黨政府後，愛波尼亞陷入左右兩派的內戰，為了促進觀光業，他們的獨裁元首不只是將賭博和嫖妓合法化，還把它們定為強制義務。

讀過這些背景資料後，我購買愛沙尼亞的船票時不禁滿心存疑，這會不會只是個騙觀光客生意的伎倆？我坐在赫爾辛基港口的一間等候室裡，大家再過不久就會登上北海噴射線（Nordic Jet Line），它並不是一台往北飛的噴射機，而是一艘往南行駛的連體船，船員向我保證它是開向愛沙尼亞，不是愛波尼亞。

為了平息疑慮，我在旅遊指南上讀了一些關於愛沙尼亞的實用資訊。它的面積比新罕布夏州和佛蒙特州加起來小一點，但感覺比較大，因為只有一百三十萬人住在裡面，它是歐洲人口密度最低的國家之一，每平方公里只有三十二人。他們的山其實只是丘陵，三一八公尺高的蘇爾穆納山（Suur Munamägi）是全國最高點，平坦的地形使它成為越野滑雪者的天堂。愛沙尼亞人飲酒如同喝水，它的人均酒精消費量曾名列全球第二（冠軍是南韓）。

遇見瑪玉

船預計在五點抵達塔林，我還沒預訂住宿，下岸後將無家可歸，但我完全不擔心，因為這對我而言是日常慣例，我不管去哪旅行都很少事先訂房。反之，我去任何地方都會攜帶一個防水帳篷和睡袋，這樣可以免除尋找住宿的壓力，即使在最壞的情況下，我也能愉快地睡在公園裡。經過數個月的山林歷練，我早已能輕易隨處紮營。不過雖然我已做好在塔林附近某個公園露宿的準備，我還是想先考慮其他選項。我翻著旅遊指南時，一位年輕女子在我附近就坐，書上的資訊固然很棒，但有時當地人的意見更好，於是我就問她：「不好意思，請問你是愛沙尼亞人嗎？」

「是，」她的聲音柔和甜美，有一點腔調，「我住在塔林。」

「你知道城內有任何便宜住宿嗎？」

「有的，事實上我有飯店管理學位，平常也是做觀光業。」

接下來，我在翻滾起伏的海上和二十四歲的瑪玉・萊斯曼（Maiu Reismann）聊了九十分鐘。她體型嬌小，有一雙閃爍的綠褐色眼睛，反映著她溫和的個性，她把深棕色的頭髮綁成一個馬尾，彷彿在展現自己的純樸。途中她差點在我身上嘔吐，想必是因為她覺得我太噁心，但她宣稱是風浪害她暈船。

瑪玉剛在赫爾辛基機場送走她的美國男友，他們已經交往三年。她提議帶我去附近一間旅館。船靠岸時，天空正下著傾盆大雨，我們在角度接近水平的豪雨中相互倚靠，踏過飛濺的水坑。當我們全身溼漉漉地抵達那間旅館時，才發現價格高得離譜，瑪玉平靜又耐心地嘆了口氣，她輕聲說：「我還可以帶你去另一間旅館，但它有點遠。」

「那不是問題。」我曾在連續數日的滂沱大雨中走路和露營，所以在這種雨勢下多待幾分鐘對我只是蒜皮小事，但我看得出瑪玉的困擾，即使她外表掩飾得很成功。

「我重新考慮過，」她說，「其實如果你不介意，你可以來我家住。我不確定我哥會怎麼說，但我們有一張沙發，可以借你睡。」

我一方面非常感激，這是個窺探當地人生活的好機會，我也能省些錢，但另一方面她也可能是詐騙高手，或許會在晚上偷光我的錢，叫大哥把我丟在垃圾堆裡。總之我接受了她的善意邀請，反正我也沒什麼好損失的，除了一台攝影機、幾百元和我的生命。

愛沙尼亞語沒有性或未來

幸好瑪玉和她哥哥不是斧頭殺手，雨停之後，瑪玉帶我去參觀塔林。當我們步入中古街道，我覺得自己應該帶一套鎖子甲、鋼盔和巨劍。塔林的舊城區感覺很像《魔戒》的拍攝場景，高大厚實的石牆圍繞著古城，彷彿隨時可以迎接投石器的攻擊，五百年來屹立不搖。燃燒的火炬帶來無可抗拒的浪漫氣息，迷人的鵝卵石街道引領你穿過狹窄巷弄。車輛很少開在這麼顛簸的路上，所以舊城區幾乎都是行人，你只會聽到輕柔的腳步聲、古典音樂和偶爾出現的芬蘭酒鬼。

瑪玉和我在塔林的一間中古餐廳用餐，她教了我一點基本的愛沙尼亞語。他們的語言沒有性，因為就像英語沒有文法上的性別，所以桌子不是雌性，車也不是雄性。他們也沒有未來，或是應該說沒有未來式。當他們要表達未來將發生的事，愛沙尼亞人會用現在式，再指明這件事會發生的時間。例如他們不會說「我將要回家」，而是說「我在兩週內回家」（ma lähen kahe nädala pärast koju）。

除了不用學未來式以外，愛沙尼亞語還有幾項特點讓它很容易學。不像英語，每個字母的發音都是固定的，而且它沒有冠詞，你可以用同一個代名詞描述男人、女人或物體。更方便的是字詞沒有固定順序，例如你可以說koer（狗）hammustas（咬）poissi（男孩），但如果把三個字的順序互換，這個句子在文法上還是正確的，因此你也可以說koer poissi hammustas或poissi hammustas koer。瑪玉還為一個其他語言極少擁有的母音感到驕傲：Õ，它唸起來有點像你踩到狗屎時發出的叫聲：ㄜ。

除非你要在此定居，否則很難有動機學愛沙尼亞語，因為全球每一萬人只有一個人會講。無論如何，當你來訪此地，學這些字還是會有幫助：tere（你好），tänan（謝謝），jaa（是），ei（不是），vabandust（對不起／不好意思），head aega（再見）。若想多說幾個字，就試試看ma ei räägi eesti keelt（我不會講愛沙尼亞語）。不過以愛沙尼亞的歷史看來，他們的語言至今尚能存在也真是令人難以置信。

愛沙尼亞的八百年歷史

大家似乎都摸過愛沙尼亞一把，過去八百年來，瑞典、波蘭、丹麥、德國和俄羅斯都占據過這個地盤，這個陋習起始於一二〇八年的十字軍東征，基督徒尋獲了歐洲少數僅存的異教徒，命令他們皈依基督教，否則格殺勿論。順道一提，pagan（異教徒的英文）這個字在愛沙尼亞語中有兩個意思：第一就是直接延用英語，第二個則是「該死」。如果一個愛沙尼亞人用鐵鎚敲到自己的手指後大喊pagan，應該會滿好笑的。

一二一九年，塔林由丹麥人控制。三年後，愛沙尼亞人發起革命，淺嘗了短短兩年的自由，然後一支名叫立窩尼亞騎士團（Teutonic Knights of the Livionian Order）的日耳曼民族將愛沙尼亞買走。不幸的是這些條頓騎士並非那麼行俠仗義，他們限制愛沙尼亞人當奴隸做粗工，強迫數千人成為基督徒。另一方面，立窩尼亞騎士畢竟屬於日耳曼民族，因此他們很講求紀律，護衛商隊路線，建造了許多至今仍保存完善的美麗建築，例如塔林市政廳。經過那兩年的短暫獨立之後，愛沙尼亞在接下來的七百年未再嘗到自由。

到了十六世紀，逾七成人口死於立窩尼亞戰爭，愛沙尼亞人瀕臨滅絕。歷經二十五年血戰，俄羅斯人終於撤退，只剩兩萬五千人存活，愛沙尼亞被瑞典、波蘭、丹麥瓜分。這些創傷竟然沒有永久扼殺愛沙尼亞的語言和文化，真是滿神奇的。

雖然俄羅斯已經出局，波蘭和瑞典仍彼此看不對眼，「喂，打了四分之一個世紀，你累了嗎？我可不累！放馬過來！」他們繼續自相殘殺了四十六年，直到瑞典終於獲勝，才開始有些建樹，例如創立學校、終止饑荒、削弱貴族的權力，還引進了一些金髮尤物。直到今日，愛沙尼亞人依然稱那段時期為「瑞典盛世」。

俄羅斯終究厭倦了和平，他們在一七〇〇年發動了為期二十一年的戰爭，愛沙尼亞人又死了一半。這回由俄羅斯勝出，他們很好心地廢除農奴制度，並維持現狀，繼續將德語定為官方語言，當地人民則繼續在私底下講愛沙尼亞語。不幸的是，瘟疫和旱災再度來襲，兩百年的俄羅斯統治期間共有二十萬人死於天災，因此愛沙尼亞人至今仍視這段時期為「俄羅斯衰世」。

一九一八年，俄羅斯正為內戰忙得焦頭爛額，愛沙尼亞趁機宣布獨立。此招見效，愛沙尼亞終於在一九二〇年取得獨立，七百年來首度重獲自由。這回，他們的自由維持了十九年。一九三九年，蘇聯告訴愛沙尼亞說他們要派駐兩萬五千名士兵作為「保護」，愛沙尼亞的軍隊才一萬六千人，只好讓步。到了一九四〇年，大約一萬名愛沙尼亞人已被驅逐到西伯利亞，其中包括瑪玉的祖父。當德國在一九四一年奪回愛沙尼亞，這場你爭我奪的翹翹板戰爭又重新開始，俄羅斯在一九四四年收復了它，精采的共產時代隨之降臨。

蘇聯期間，私人財產被收歸公有，最好的食物都被運送到俄羅斯。同時，數萬名愛沙尼亞人被流放到西伯利亞，數萬名俄羅斯人則湧入取代了他們。快轉至一九九一年，蘇聯瓦解，愛沙尼亞重獲自由，現居於美國的尤莉亞．楚科（Yuliya Trutko）對此另有見解：「我們從蘇聯轉移到歐盟。」二〇二一年，愛沙尼亞慶祝維持獨立的新紀錄：三十年。

歷史比政治有趣。——倫納特．梅里（Lennart Meri），前愛沙尼亞總統

愛沙尼亞境內的俄語族群

雖然蘇聯已經退出，但俄羅斯人仍待在愛沙尼亞境內，全國有超過四分之一屬於俄語族群（Russophones），亦即以俄語為第一語言的人。當我在兩年後重返愛沙尼亞，我搭車到拉斯納麥埃（Lasnamäe），一個位於塔林市郊的俄語社區，到處都是方正、灰暗又乏味的高樓，十一萬居民中有三分之二是講俄語，多數都是在蘇聯政府鼓勵人民遷移至愛沙尼亞時搬來的。我在車上坐在一位圓臉的金髮女孩旁邊，詢問她對塔林的看法，她苦悶地說：「塔林很無聊。」

「為什麼？」

她用濃厚的俄羅斯腔調回答：「只不過是一堆賭場、觀光客和餐廳。」

「聽起來很像拉斯維加斯。」我咕噥著。雖然她跟綠巨人浩克一樣溫柔，我還是繼續問：「那你覺得愛沙尼亞人如何？」

「愛沙尼亞人只是一群騙子，他們都會說謊，總是假裝對你好，但你一轉身他們就翻臉，你不能相信他們。俄羅斯人很誠實，他們會說出內心真正的想法，我們很友善，很熱情。」她語中帶有憤怒。

「你認為俄羅斯人應該學愛沙尼亞語嗎？」我問。

「不要！我們為什麼要學？俄羅斯人在愛沙尼亞明明就是多數族群！」

這就錯了，俄羅斯人只占愛沙尼亞總人口的百分之二十五，她會這樣想有兩個可能原因。第一，俄語族群通常都活在自己的小圈圈裡，到處都是俄文的標誌，大家都講俄語，多數人都沒有愛沙尼亞朋友，只看俄語電視節目，只去俄羅斯人的市場買菜，所以他們自然很容易高估俄語族群的人數。第二，俄羅斯人很不信任政府，如果你在共產主義下生活了七十年，也會變得憤世嫉俗，人們普遍認為政府講的都是反話。

問題是，為何俄羅斯人不願意學愛沙尼亞語？

愛沙尼亞人將俄羅斯人視為不受歡迎的外來移民，俄羅斯人則認為這原本就是他們的地盤。所以到底誰是對的？他們都沒有錯。打從史書有記載開始，愛沙尼亞境內就有俄羅斯人，事實上，許多邊界城鎮都有大量俄語族群，因為他們已經在那些地方相傳了無數世代。俄裔居民維克多（Victor）告訴我說他的家譜可以往回追溯七代，他的祖宗都是來自同一個愛沙尼亞小鎮。

另一方面，蘇聯政府曾鼓勵數萬名俄羅斯人移民到愛沙尼亞。一九三二年，愛沙尼亞的俄羅斯人口只占百分之八點二，到了一九八九年，這個數字已膨脹超越三成。簡言之，今日住在愛沙尼亞的俄羅斯人當中有些家族已在此地扎根一千年，有些則是上星期才剛搬進來。

那些家族已經根深柢固的俄裔後代不認為自己有必要學一個新語言，瑪玉的母親認為還有另一個因素，她說：「俄羅斯人覺得他們既然解放我們脫離納粹統治，我們就應該心存感激，他們不認為自己占領了愛沙尼亞，反而自以為是在幫助我們。他們不想學愛沙尼亞語，因為我們欠他們一個人情。」

俄裔居民也自覺被政府貶為次等公民而非常憤慨，我在轉車前往拉斯納麥埃時，一位俄羅斯母親告訴我：「愛沙尼亞人是法西斯主義者。」

「為什麼？」我問。

「他們想趕走我們，關閉俄語學校，甚至不給我們護照。」她帶著五歲的女兒起身準備離開。

「為什麼不給呢？」

「他們就是法西斯主義者！」她尖叫著下車。

我離開座位，走向巴士後方三位高大的二十來歲年輕人，對他們打招呼：「嗨，你們是愛沙尼亞人嗎？」

「不，我們是俄羅斯人。」他們回答。

「你們是不是在愛沙尼亞出生及長大？」

「是。」

「你們有沒有愛沙尼亞護照？」

「沒有，他們不給我們，所以我們沒有公民資格。」

「你們有沒有俄羅斯護照？」

「沒有。」

「學校會教你們愛沙尼亞語嗎？」

「會，但我們討厭它。我們沒在學，我們不喜歡這個語言。」

俄裔居民必須學會基本愛沙尼亞語才能取得公民資格，但許多人拒絕學。尤莉亞也是在這裡長大的俄裔後代，她告訴我：「俄羅斯人自己選擇搞分裂，他們不想融入。這很困難，我認為這對他們來說是不可能的。」

愛沙尼亞剛宣布獨立時，護照的發行條件很苛刻，申請人不僅需證明自己在愛沙尼亞已居住多年，還必須精通愛沙尼亞語。起初語文測驗很難，經過俄羅斯人的多年抗議才變簡單。艾莉莎·阿弗提納（Alissa Avrutina）精通多國語言，但每當政府修改申請條件，她就必須重新考試，「我已經重考了四次！我已經花了三百元上課幫助我通過考試，現在又得再考一次，因為有些雇主希望我能通過最近的一次考試，這真是惱人。」

艾琳娜·林德（Alina Lind）覺得愛沙尼亞護照的申請條件比西方國家嚴格，經過八年折騰，她終於取得護照。在那之前，她只有外國人士護照。俄羅斯政府准許持有外國人士護照者免簽證入境，此舉激怒了愛沙尼亞政府，因為這會降低俄語族群學習愛沙尼亞語的動機。列夫．耶弗列策夫（Lev Jefremtsev）年僅二十二歲，但他認為自己不需要愛沙尼亞公民資格，「我若持有愛沙尼亞護照，每次去俄羅斯探親就需要付一百元簽證費，用外國人士護照反而可以免費入境。」

我問他：「可是持有愛沙尼亞護照應該也有一些好處吧？」

「唯一的好處就是可以投票，以及在歐盟境內旅行比較方便。但我不在乎那些。」

在麥當勞角逐諾貝爾和平獎

為了跟會講英語的當地人談話，我前往拉斯納麥埃的麥當勞，詢問一對年輕情侶能否讓我破壞他們的浪漫午餐。迪米崔（Dimitri）會說英語，但塔蒂亞娜（Tatiana）只會講俄語和德語。當我問迪米崔對愛沙尼亞人的看法時，他回答：「愛沙尼亞人有好也有壞，就像俄羅斯人有好也有壞，所以我對他們保持開放態度。」

「俄羅斯人在這裡會覺得自己像次等公民嗎？」

「俄羅斯人以波羅的海為家，我們已經在這裡居住了好幾個世紀，只要波羅的海持續往國際發展，生活自然就會進步。」

我靈機一動，「如果俄羅斯人不必學愛沙尼亞語作為第二語言，而是學英語？反之亦然，這樣你們都可以保留自己的母語，並且以英語為共同語言！如何？」

「那很好啊！」他說。

我感到諾貝爾和平獎已勝券在握，遂轉向隔桌一對正在聊天的愛沙尼亞人，提出相同的建議，他們的回應使我夢碎。「絕對不行！我們會失去自己的語言！我們先是用英語跟俄羅斯人溝通，最後也會用英語跟自己人溝通，失去文化和國格，別想！」

這兩位愛沙尼亞人名叫羅尼（Ronnie）和莉絲（Liis）。在拉斯納麥埃不太容易看到愛沙尼亞人，所以我問羅尼對俄語族群有何看法，他說：「我只希望他們回自己的國家。」

「你跟他們有什麼深仇大恨？」

「他們很吵，充滿攻擊性。老一輩的人都認為你理應主動跟他們講俄語。雖然現在情況有些改善，但多數俄羅斯人仍拒絕學習任何關於愛沙尼亞的文化。」

「可是俄羅斯人說他們拿不到愛沙尼亞護照。」

羅尼嘆了口氣，「他們只需要考個基本的語文測驗，那其實很簡單，但他們不是太懶就是根本不在乎。問題都在態度。」

莉絲接腔，「沒錯，俄羅斯人的態度實在很惡劣。只要他們願意試一下，即使講得不好我們也可以諒解，但他們真是執拗不通。」

我又問：「你們認為俄羅斯在這個世紀會侵略愛沙尼亞嗎？」

羅尼回答：「不可能，他們不敢，我們現在屬於北約，如果他們攻打愛沙尼亞，歐美都會立刻保護我們。」

雖然愛沙尼亞自古以來百分之九十五的時候都被其他國家粗暴相待，但人們都認為「時代不同了」，當時北約也不會去考慮某個波羅的海國家遭到攻擊的可能性，這對他們而言是無稽之談。然而沒過多久，俄羅斯就對喬治亞境內的南奧塞提亞自治州（South Ossetia）採取軍事行動，後來又併吞了烏克蘭的克里米亞（Crimea）。一旦有這些前例，俄羅斯自然也可以用類似的理由對愛沙尼亞出兵，聲稱自己只是在「保護俄裔居民，以免他們被地方政府打壓。」

時間又過了兩年，當我第三次拜訪愛沙尼亞，氣氛又變了。我問瑪玉的哥哥赫基（Herki），俄羅斯有無可能在未來五十年內再度侵占愛沙尼亞，他回答：「當然，為何不可能？看看我們的歷史，我們通常都是被占領的一方。」他的語氣很淡定，彷彿我只是在請他傳遞鹽罐。

愛沙尼亞對俄羅斯的傲慢態度已逐漸洩氣，但他們有時還是會狐假虎威。他們就像飽受欺壓的校園怪咖，如今終於有個保鑣可以幫他們嚇走霸凌者。然而儘管有北約當靠山，愛沙尼亞卻無法順利挪開一座單純的雕像。

青銅之夜

二〇〇六年，我觸碰了東歐最具爭議的一座雕像——青銅士兵（Bronze Soldier）。當時它位於塔林古城中心附近，基本上就是個普通的俄羅斯士兵，神情肅穆地看著地面，身高跟美國職籃球員差不多。每年五月九日，俄羅斯人都會聚集在雕像周圍緬懷勝利日——亦即第二次世界大戰的結束。聽起來很單純，但這單純的銅像卻引爆了一場國際危機。

若要了解原因，我們必須知道一點歷史背景。蘇聯在贏得二次大戰後炸掉了愛沙尼亞的獨立紀念碑，畢竟他們已經解放人民於苦難，誰還需要敵人？蘇聯在原地搭起一座木製金字塔，向他們的士兵致敬。後來兩位勇敢的愛沙尼亞少女燒掉了金字塔，蘇聯則將她們遣送到勞改營當了多年礦工。一九九八年，這兩位年逾六十的民族英雄成為唯二獲頒國家最高榮譽獎的女性。說了這麼多，重點是蘇聯用青銅士兵取代了被燒掉的金字塔。

對許多愛沙尼亞人而言，青銅士兵代表蘇聯政府長達四十八年的欺壓，但俄羅斯人認為這座銅像象徵他們對納粹的勝利。二〇〇六年，我重返愛沙尼亞的數個月前，一名激進派的民族主義者揚言要炸掉它，警方開始全天候守護雕像，眾人謠傳它底下埋的有可能是醫院病患、被處決的打劫者，或是被自家坦克壓死的酒醉蘇聯士兵。

局勢逐漸緊繃，在「青銅之夜」達到最高點。二〇〇七年四月，愛沙尼亞政府投票表決將在三十天內移除銅像。俄裔人士集結在銅像前方抗議，國會在凌晨三點四十分召開臨時會議。我沒打錯字，他們真的要求國會議員在半夜起床，駕車去國會大廈為一座銅像投票。而我們還嫌美國眾議院搞不清楚事情的輕重緩急。

睡眼惺忪的議員們表決立刻移除銅像，三小時之後，它就不見了。混亂瞬間爆發，大規模暴動、搶劫和破壞行為持續了數日，一位著名的俄羅斯領袖要求愛沙尼亞政府全體請辭下台，莫斯科的市民也蓄意破壞愛沙尼亞的大使館，俄羅斯政府指控「納粹狂熱者」是該雕像被拆除的背後主謀，「這些納粹支持者蔑視我們的戰爭英雄，再度證明愛沙尼亞一直對俄羅斯懷恨在心，並以圖謀報復的政策打壓其境內俄羅斯居民。」

愛沙尼亞人告訴我說他們很害怕，政府建議大家待在家裡，「戰爭」這個字開始在民間耳語相傳。俄羅斯杯葛了所有來自愛沙尼亞的貿易，普丁說雕像的移除「埋下了不和與不信任的種子」，俄羅斯的一家餐廳直接立了招牌，上面寫著「愛沙尼亞人和狗不得進入」。

一切塵埃落定後，總共有十二具遺體被挖掘出來，其中四人是二次大戰期間的俄羅斯軍官，遺體都被歸還給他們的親屬，其餘八人無法辨識，就被重新埋葬在塔林的軍人公墓，也就是青銅士兵現在站立的地方。當我第三次來到愛沙尼亞，在一場大雪後去拜訪它，雕像看起來完全一樣，但愛沙尼亞改變了。

伊果・庫茲米修夫（Igor Kuzmitshov）是一位慎思熟慮的俄裔人士，他認為政府不應該去動那座雕像。他理解愛沙尼亞人的立場，但他說：「愛沙尼亞人不懂的是，俄羅斯人也在共產主義下受過苦，一般的俄羅斯人民就像一般的愛沙尼亞人民，都是極權統治下的受害者。當然有少數俄羅斯人從中獲利，但同樣的也有少數愛沙尼亞人獲益。他們忘記許多俄羅斯人也曾親眼目睹家人被驅逐到西伯利亞，被國家剝奪財產，又不敢出聲批評政府。大家都曾在共產主義下受苦，不只是愛沙尼亞人，有時候他們會忘記這點。」

阿圖爾．庫德瑪（Artur Kuldmaa）是一名住在塔林的資訊管理員，他有一位愛沙尼亞父親和一位俄羅斯母親，因此他的立場夠客觀。我問他對雕像的看法，他目不轉睛地透過宅男眼鏡看著我，以愛沙尼亞人典型的冷靜口吻回答：「我們不應該動它。」

「所以你認為俄羅斯是對的？」我問。

「不，俄羅斯人也不應該介入愛沙尼亞的內務，這是我們自己的問題。身為一個國家，我們應該決定如何處置那座雕像，這跟俄羅斯無關。」

「所以愛沙尼亞也應該保留列寧和馬克思的雕像？」我問。

「不，那些應該被拆除，他們是政治人物。這座雕像只是個普通的士兵，不代表任何政黨。」

「現在情勢已經緩和了一些，俄羅斯人如何看待愛沙尼亞人？」

「他們認為我們是法西斯主義者！」他無奈的笑著，「我在莫斯科觀賞一場足球賽時，有個俄羅斯人還正經八百地問我，愛沙尼亞人是否真的會戴著納粹標誌在街上走！竟然會有人相信這種事！」

阿圖爾不但沒有穿納粹制服，他也認為俄語族群必須融入愛沙尼亞的文化。「那些俄羅斯人既然住在愛沙尼亞，就應該知道我們最有名的作家和歌手是誰，他們應該學我們的語言。」

雖然他和他太太納斯提亞（Nastya）都認為自己的小孩應該學習愛沙尼亞的語言和文化，但他們卻將七歲的兒子送到一間俄語學校——這顯然不是個好選擇。納斯提亞小時候也讀過俄語學校，她說塔圖（Tartu）的大學很難適應，因為她必須在短時間內快速學會愛沙尼亞語，即使在大學前已經上過很多相關課程。我問：「既然你們相信文化融合，為何還要送你們的兒子去讀俄語學校？」

納斯提亞回答：「當愛沙尼亞人發現一個小孩的父母是俄羅斯人時，他們立刻就會嘀咕，『喔，原來如此。』換句話說，愛沙尼亞人經常將任何人格缺陷歸因於你的俄羅斯血統，俄裔孩童因此常在愛沙尼亞學校被欺負。我們希望自己的兒子等年紀稍長再去學習愛沙尼亞的語言和文化。」

未來的母親們可能不會再有此選擇，因為俄語學校正在凋零。例如阿圖爾的母親是在塔圖教俄語，她說那裡五年前還有五間俄語學校，現在只剩兩間。

青銅之夜揭發了愛沙尼亞未來的最大隱憂：如何避免引發族群衝突。經過那晚，所有愛沙尼亞人都認清他們的獨立是多麼脆弱，只要因一時草率，再走錯幾步，俄羅斯就有可能壓碎愛沙尼亞，正如它曾在二〇〇八年和二〇一四年分別擊潰喬治亞和烏克蘭。他們的未來就牽繫於兩大族群之間的和平共存。二〇二一年，瑪玉告訴我說俄裔年輕人現在都會講愛沙尼亞語——那是極重大的變化。

對於地球上的那七個有在注意愛沙尼亞的觀眾而言，它的國民似乎總是被捲入某些關於俄羅斯的爭議，然而我們不應誇大事實。伊果告訴我：「我們的社會太過於政治化，主因是群眾已被政客用民族主義洗腦。這裡確實有族群分立的問題，但我希望你會發現整體情況其實遠比想像中光明平穩。」

他說自己「並不排斥學愛沙尼亞的語言」，但也希望「人們可以更理性一點」。舉位於俄羅斯邊界的愛沙尼亞城市納瓦（Narva）為例，強迫那些人學愛沙尼亞語就沒什麼道理。納瓦的居民幾乎全都是講俄語的，伊果說：「他們不但不需要靠愛沙尼亞語生存，也沒有任何實際用途。」

最後他說：「我希望我們可以多談些電影、文學和旅遊，這些話題遠比政治更與日常生活息息相關。我希望你不要只從國家對立的觀點看待愛沙尼亞人，我們其實過得很正常。」

我在愛沙尼亞待了一整個冬天之後，發現伊果說的沒錯，很少人會討論俄羅斯和愛沙尼亞的關係，多數人都只想去桑拿紓壓、唱歌或是划船。

泛舟與健行

馬爾地夫和荷蘭或許是全世界地勢最平的國家，但愛沙尼亞也沒差多遠。因此當瑪玉邀我去阿赫亞河（Ahja）划獨木舟時，我猜那應該跟在游泳池划船一樣簡單。我猜的沒錯，確實非常簡單，問題是我低估了自己的無能。

阿赫亞河穿過愛沙尼亞的奧泰佩區（Otepää），水很淺，流速很慢。它的外表是如此不起眼，我拿到救生衣時還大笑。瑪玉一邊划船，我一邊拍攝著恬靜的田園景觀，過了一小時，瑪玉發現水面有輕微傾斜，形成了一點激流，但只有沒手沒腳的人才會怕它。

我信心滿滿的對瑪玉喊：「別擔心，我閉著眼睛都能平安渡過這個！」我把攝影機收進口袋，冷靜地準備迎接那小小的斜坡，獨木舟的角度不是很正，讓人有點擔憂。突然間，我們發現轉折處有好幾個金屬突出物，我們試著迴避，但還是撞上它們，翻船跌入水中。瑪玉的落水姿勢很優雅，我則是被尖銳的石頭劃傷腳皮，背部也撞得瘀青，不過河水倒是沁涼透心，我也發覺救生衣還是很管用的。

翻船有好處也有壞處。壞消息是我的攝影機進水了，變得不太靈光，每當我嘗試關機，它就會退出帶子。這個惱人的現象將會持續困擾我，為了避開這個問題，我每次關機前必須先取出電池。好消息是瑪玉把外衣全脫下來晾乾，如果犧牲一台攝影機可以看到她近乎裸露的嬌小身軀，我想這是滿公平的交易。

鑑於這次慘痛教訓，我決定還是顧好自己的專長，我們離開河水，背上背包行走愛沙尼亞的平緩丘陵。當我提出兩日五十公里的健行計畫時，瑪玉以為我瘋了，但她同意跟進，只要我能背她。她從未在防水帳篷下露營，很驚訝我們能在一場暴風雨中保持乾淨，也從未想像到自己兩年之後會在一個防水帳篷下住四個月，那次我們在美國的太平洋屋脊步道走了四千兩百四十公里。

暴風雨過後的隔日，有一家人看見我們這對迷途羔羊在他們的後院徘徊，便邀請我們進屋。沒過多久，他們就招待我們吃愛沙尼亞傳統沙拉（rosolje），裡面有甜菜（peet）、肉類（liha）和波羅的海鯡魚（heeringas），那也是愛沙尼亞的國魚。大家都享用了黑麥麵包（leib），最後他們又端出愛沙尼亞的招牌點心卡馬（kama）。雖然芬蘭人也會吃卡馬（他們叫它talkkuna），想在別的地方找到它是很困難的。卡馬是一種由烤大麥、燕麥、豆子和黑麥磨成的細粉，你我可以想像把麵包屑放在咖啡機裡研磨——卡馬就像那樣。我們把它放在奶酒裡攪拌，它本身不甜，不過有些人會摻糖。我後來在愛沙尼亞住了五個月，幾乎每天都會吃到它。

愛沙尼亞的食物很沉重，他們的廚房受到俄羅斯和德國文化的深厚薰陶，含有大量的肉類和馬鈴薯。多數愛沙尼亞人都住在波羅的海附近，鯡魚、鯷魚和鮭魚在那邊也很受歡迎。愛沙尼亞的食物不會贏得太多烹飪獎項，但肚子餓的時候吃起來非常美味。愛沙尼亞就流傳一句諺語：「一個空肚子是最好的廚師。」

我心想這群善良人家既然住在森林裡，應該不會有網路。他們不但證明我錯了，還讓我發覺美國的網路科技跟愛沙尼亞相比簡直像摩登原始人。愛沙尼亞有時被稱為E—沙尼亞，因為它是全世界網路資訊最發達的國家之一。很多人以為愛沙尼亞像多數東歐國家一樣落後，然而就許多方面而言，愛沙尼亞其實比美國更先進。當佛州還在二〇〇〇年總統大選爭論打孔卡和紙屑的價值時，愛沙尼亞人早已在家裡穿著睡衣投票，每個人都有一張智慧感應卡，可以在任何地方行使投票權。愛沙尼亞人比美國人早十五年就開始用行動電話繳費。

下次當你跟某人用Skype對話時，請記得感謝那四位發明它的愛沙尼亞人。Skype員工也應該感謝微軟在二〇一一年以八十億美元買下它，現在那四位愛沙尼亞人終於有錢可買一份正式版的微軟文書處理軟體，不需再使用盜版。

如果你想窺見未來，就應該去一趟E—沙尼亞，看看他們如何開創公民身分電子化的先例，吸引全球企業家。

東歐最自由的國家

根據二〇二〇年的人類自由指數（Human Freedom Index），愛沙尼亞是東歐最自由的國家，全球排名高居第八。讓我們從三項要素了解背後原因。第一，愛沙尼亞的經濟自由度很高，因為人民擁有很高的個人選擇權，能自行依據市場價格交易物品，自由競爭，而且享有完善的財產權。第二，個人自由隨著蘇聯的瓦解已經展翅高飛。愛沙尼亞人可以到處旅行，盡情吶喊：「列寧回來吧！媒體毫無自由可言！」沒有人會干預他們。

第三，政府介入和稅務負擔是愛沙尼亞能真正脫穎而出的關鍵。在短短幾年內，愛沙尼亞已經從一個極權社會搖身變成自由至上的社會。在世界銀行的經商便利度調查中，愛沙尼亞近五年來的世界排名都在前二十名內，比德國和日本都高。他們的資金管理比一座微處理器製造廠還嚴謹，二〇一一年許多歐元區國家的經濟尚未符合趨同標準，唯獨愛沙尼亞達標，得以加盟採用歐元。愛沙尼亞政府在二〇二〇年的債務餘額只占國內生產總值的百分之七點六，國債負擔率是全球第三低。

愛沙尼亞的所得稅計算方式非常簡單，繳稅幾乎是一種享受。只要是超過基本免稅額的收入就以百分之二十稅率計算，整個流程已簡易化到誇張，政府會在他們的保密網站上幫你列算全部收入和稅金，你只需要登入按「同意」即可，系統會處理款項和回扣。即使是公司集團也是繳同樣的百分之二十固定稅，因此他們也不必雇用一堆稅務律師和會計師去了解這個系統。我從未遇過一個需要花超過十分鐘報稅的愛沙尼亞人。

總結來說，他們的財稅類別就只有所得稅、薪資稅、增值稅和消費稅，除此之外政府不會暗中收錢。你的父母死了？沒有遺產稅。你買賣股票或房地產賺到錢？恭喜你，不用繳資本利得稅。你想重新投資你的公司利潤？不用多收稅。要搬到另一個地區？沒有特殊地方稅。剛買了車？沒有牌照稅或道路稅。有一棟房子？沒有房地產稅。許多其他事物也無須徵稅，包括教育、文化活動，還有最重要的桑拿服務。

無意外的，由於他們的稅法是如此單純，讓人毫無戒心，所以逃稅率也是此區域最低的。以國內生產總值比率來算，他們的稅金占總經濟大約三分之一，雖然比率略高於美國，但還是比多數歐洲國家低（歐盟的平均比率大約是百分之四十）。重點是不用大費周章就可以使納稅人配合遵從稅收，因為連小孩都能理解他們的稅務法規。另外值得讚許的一點是，愛沙尼亞能在不到二十年內從極權轉型而擁戴自由意志主義，而且過程極為和平又井然有序。我們都應該從中學習。

三十萬人的歌聲

若想見識全世界最大的合唱團，你必須去最小的國家之一。每隔五年，塔林都會舉辦歌曲節（Laulupidu）。整場演出以將近三萬名歌手壓軸，齊站在巨大的舞台上詠唱愛沙尼亞民謠。三萬人的歌聲真是使人內心悸動而飛揚，雖然我聽不懂歌詞，但我可以體會音樂傳達的情感。這些歌曲曾被蘇聯禁止，它們也幫助人民擊倒了蘇聯。

一九八八年九月十一日，愛沙尼亞全國四分之一的人，三十萬位平民聚集在塔林，吟誦被禁止的國民詩歌，瑪玉全家人（包括她祖母）都在現場。蘇聯軍隊知道如何應付三十萬名持槍衝刺的德軍，但他們從未被訓練如何對付三十萬名手無寸鐵的愛沙尼亞人，歌聲是這些人唯一的武器。

瑪玉向我解釋歌唱革命之前的生活，當她還是個小女孩時，街上見到坦克是習以為常的事，當時很少人有車，所以道路都被坦克占據。「當年看到坦克就像今天看到一輛車子，」她說，「每當它滾過我們的公寓，地面和窗戶都會震動。」

想像自己面對一台蘇聯坦克的砲口唱歌，當年蘇聯試圖關閉他們的廣播電視台時，愛沙尼亞人就是這麼勇敢，他們手牽手圍繞著電視塔，流淚唱著國歌。因為有此英勇之舉，愛沙尼亞的領導人終於有勇氣在一九九一年八月二十日宣布獨立。簡言之，愛沙尼亞人唱出自己的心聲，重獲自由，沒有任何人流血。他們的波羅的海鄰居拉脫維亞和立陶宛則沒有這麼幸運。

桑拿體驗之二

歌曲節結束後，瑪玉邀請我去她的夏日小屋，位置在拉赫馬（Lahemaa）國家公園。那是蘇聯時期的第一個國家公園，成立於一九七一年。雖然拉赫馬很適合健行和騎單車，愛沙尼亞人通常都是去那裡採莓果和蘑菇。我們沿著維魯（Viru）沼澤小徑行走，踏過漫長的木板步道穿越濕地，登上一座木塔，鳥瞰整個公園，欣賞波羅的海，自拍了一張合照。如果你喜歡沼澤和泥塘，拉赫馬就是你的天堂，當全世界都在奮力消滅蚊蟲時，愛沙尼亞則保護了數兆隻蚊子。

當時瑪玉的夏日度假屋尚未完工，只有一間原始農舍，後院有一條小溪流。雖然廚房有管路供水，唯一的廁所卻是在戶外，若要沖澡就得用一個大木桶儲水。他們到了二〇二一年已將它全面翻新。

承襲愛沙尼亞的寶貴傳統，瑪玉的父親最先建造的就是一間木柴桑拿房。愛沙尼亞人跟芬蘭人一樣迷戀桑拿，瑪玉的父親總是把全身烤到熟透後跳入冰冷的溪水，不斷重複這個循環直到天亮，他活得很滿足，不過他在五十五歲就死於癌症。在說完她父親的故事後，瑪玉帶著天真的語調問我：「你要不要做桑拿浴？」

我立刻想起上週在芬蘭的桑拿體驗，此時瑪玉和我才剛在愛沙尼亞一起旅行了幾天，我們的關係僅止於精神層面，但我正無可自拔的暗戀著她。**人家有男朋友**，我得隨時提醒自己。跟她一起進桑拿房無疑是身心煎熬，但我像個受虐狂般告訴自己：這可以考驗我的人格。

這回我自覺是老手，胸有成竹地脫光衣服，踏入火熱的桑拿房。我告訴瑪玉說她不必感到不自在，因為我沒戴眼鏡，連視力檢查表上最大的E都看不到。她讓浴巾滑落地面。即使幾乎全盲，我還是看得夠清楚，足以欣賞瑪玉骨感但精實的身體。此時我已經知道很多關於她美國男友的事，他們過去三年多數時間都是分開的，瑪玉已不確定是否該跟他結婚。事實上，許多愛沙尼亞人從數年前已開始質疑婚姻制度。

愛沙尼亞的離婚率曾高居歐洲之冠，是全歐洲平均值的兩倍，比波蘭高四倍。有趣的是，那時候愛沙尼亞的結婚率也是歐洲最低的，很少有人想結婚，少數步入煉獄的蠢蛋也離了婚。愛沙尼亞人究竟為何有這麼高的離婚率？

全球最不虔誠的國家

有些夫妻縱使婚姻變質卻依然長相廝守的原因是宗教，例如愛爾蘭擁有歐洲最高比例的天主教徒，離婚率也最低。反之，愛沙尼亞是全球最不虔誠的國家之一，有三分之二的國人自認為沒有任何信仰，相較之下，美國人只有大約四分之一會這樣想。二〇〇九年的一項蓋洛普民調指出，只有百分之十七的愛沙尼亞人認為信仰在日常生活中扮演重要角色，全球只有中國和瑞典的比例更低；另外只有百分之十二的愛沙尼亞人在一週前參與過宗教儀式，唯有越南比他們更少。愛沙尼亞真是無神論者的世界。

或許是因為二十多年來的經濟繁榮，如今愛沙尼亞的離婚率已下降至千分之二。雖然這仍高於歐洲平均值，但如果你是男性，又打算跟愛沙尼亞人結婚，別緊張——愛沙尼亞的離婚率還是比美國低，況且他們的女人都非常辣，儘管上吧。

說到愛沙尼亞辣妹，當我跟瑪玉一起在做桑拿浴時，腦子裡並沒有在想離婚率，肯定也不是在想宗教信仰。瑪玉的身體滴著汗水，我們彼此貼近，她面帶微笑，我不斷在大腦中重複：**她有男朋友！**她將溫暖濕潤的肉體緊貼我的身軀，輕佻地望著我，幸好多次在荒野的瀕死經驗使我的桑拿定力比一般男人堅強。

在此鄭重聲明，那間桑拿房裡什麼事都沒發生，不過氣氛的確很火熱。我向瑪玉解釋說我尊重她和她男友的關係，如果她想親吻，她必須採取主動；如果她想跟男友分手，她必須自己做決定。我們用木桶中的水洗淨身體。那天傍晚，瑪玉說她做好決定了，我們互相擁抱。

我內心有一部分很想留在愛沙尼亞跟瑪玉定居，然而我已經答應自己要拜訪東歐的每個國家，如果只看了一個國家就放棄，那豈不是被愛沖昏頭。瑪玉可以理解這點，她送我到巴士總站，我買了一張前往第二個波羅的海國家——拉脫維亞的車票。我們相擁道別，我凝視著她的雙眼說：Kohtumiseni（後會有期）。

她回答：「我也希望很快能再見到你。」

我背上背包，搭車往南前往拉脫維亞。

當巴士穿越愛沙尼亞和拉脫維亞的國界，我回想起數天前在公車上跟一位老婦人的對話。她拿著一個透明塑膠袋，所以我看得出裡面是一本兒童英語書。在東歐很難遇到會講英語的年長者，於是我問她現在生活過得如何，她的英語很流利。「有在改善了，小孩比以前有興趣學習愛沙尼亞語言和保存文化。」

「俄羅斯人呢？」我問。

「他們還是離得很遠，融合才剛開始，這需要時間，這只是開始。」她對我微笑後起身離去，為愛沙尼亞充滿憧憬的未來和它將遇到的障礙做了一個簡明而完美的總結。

✣ 愛沙尼亞能教我們什麼

✣ **採用自由主義原則：**愛沙尼亞是東歐的經濟明星，很少有國家能在過去三十年比它進步更多，許多人都在模仿愛沙尼亞。例如現在東歐有一半都採用了固定稅制，包括俄羅斯。愛沙尼亞也培養了其他自由至上的習慣，例如多數行業的民營化、保護個人自由、終結企業補助，並廢除關稅，讓窮人有機會買到好貨。愛沙尼亞絕非烏托邦，但它算是做得很好了，尤其是考量到它從何處開始，當初有多少資源。

✣ **把投票帶進二十一世紀：**希望美國二〇三六年總統大選時大家都能用網路投票。照此進度，我們將會比愛沙尼亞落後三十年。

✣ **以低人口密度為目標：**二〇二一年，愛沙尼亞每平方公里只有三十一位居民，是歐洲人口密度最低的國家之一。能擁有個人空間是件好事。

✣ **把手機變成銀行：**愛沙尼亞人只要用手機傳簡訊就能付錢，他們用手機繳停車費。簡言之，他們的手機早在二〇〇四年就有迷你銀行的功能。

✣ **唱歌：**愛沙尼亞被稱為歌唱之國不是沒原因的，讓我們跟隨他們的旋律。唱歌可以釋放腦內啡，增加肺活量，為身體提供氧氣，增強腹部肌力，改善身體姿勢，促進血液循環。最重要的是唱歌可以鼓勵社會化與人際互動，偶爾甚至能推翻一個帝國。

雖然我很喜歡愛沙尼亞，但我在那邊停留的時間已遠超過原計畫。當我的巴士駛入拉脫維亞的首都里加，我已經等不及想要下車探索。

第三章

拉脫維亞——波海三國的民主之路

拉脫維亞小資料

位置：波羅的海三國之一，北邊是愛沙尼亞，南邊是立陶宛，東邊是俄羅斯。

面積：約6.4萬平方公里（台灣的1.8倍）

人口：約190萬（台灣的0.08倍）

首都：里加

主要族群：拉脫維亞人、俄羅斯人

人均國內生產毛額：19,824美元（2021年資料）

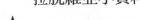

- Latvijas Republika -

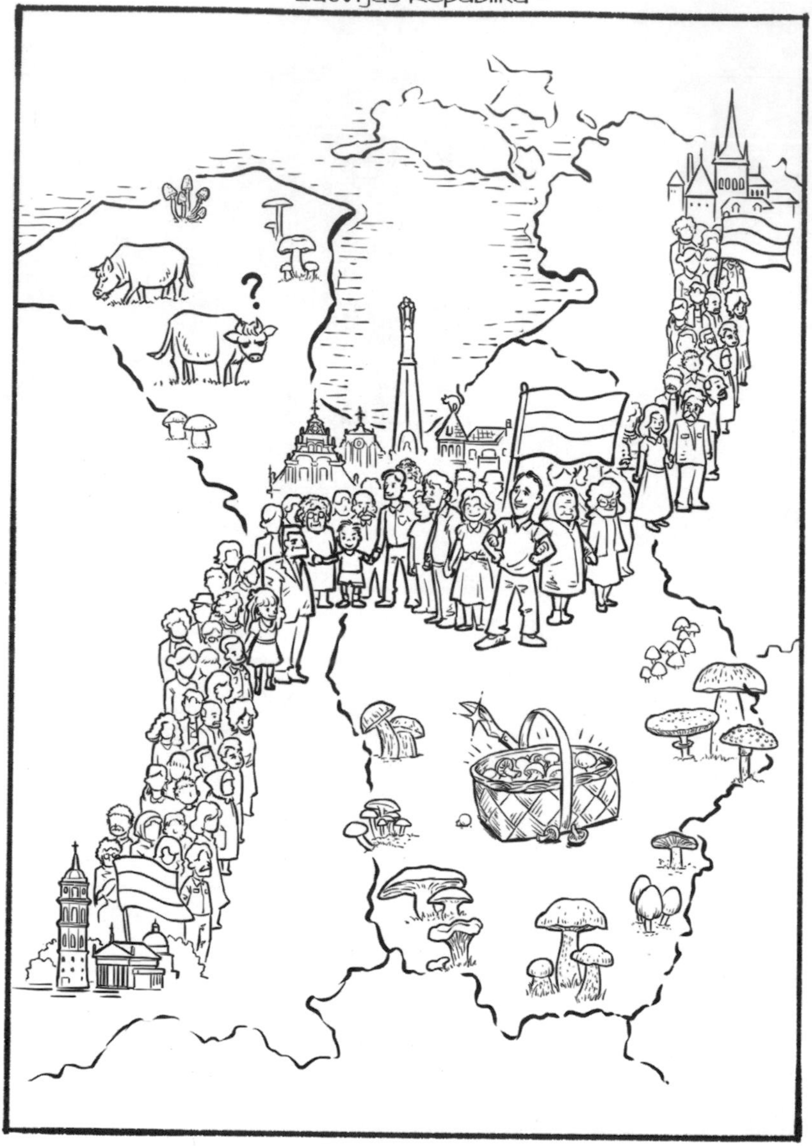

我剛抵達拉脫維亞的首都里加，便立刻前往紅燈區，雖然當時是下午，街上已經有兩三位妓女在招客，但我不是要尋求她們的服務，只是想找間便宜的旅館。我找到了旅遊指南列出的那家，雖然沒事先預訂，不過他們還有空房，價格也很棒：一晚二十二元。

房間非常簡陋，壁紙正逐漸脫落，臥鋪還會嘎吱作響，浴室也需要整容，但整體還算乾淨，而且它的陽春更是驅使我多出門探索里加。拉脫維亞令我興奮，因為它喚起了我童年的回憶。

末日博士的邪惡總部

正如愛沙尼亞，拉脫維亞聽起來就像一個漫畫反派人物的根據地。事實的確是如此，呆伯特有愛波尼亞，漫威則有拉脫維利亞（Latveria）。我小時候對拉脫維利亞很熟悉，它是個東歐國家，由聰明又陰險的末日博士治理。他那來自羅馬尼亞的吉普賽母親給他取名為維克多・馮・杜姆（Victor von Doom），當他拿到博士學位，就得到那個和藹可親的綽號：杜姆博士（Doom的意思就是「末日」）。

他以鐵腕手段統治拉脫維利亞，而且他確實有一雙鐵手，就像星際大戰的黑武士，末日博士是一位全身緊包在盔甲下的人類。為了防止政變，他做了一隻跟自己長得一樣的末日機器人，當他去攻打其他國家時就讓機器人頂替自己。他奪權之前，拉脫維利亞的首都名叫哈森斯塔特（Hassensatdt），德文的意思是「仇恨之城」，末日博士給它換了一個更討觀光客喜歡的名字：杜姆斯塔特（Doomstadt），也可譯為「末日之城」。

雖然驚奇四超人的電影曾數度提到拉脫維利亞，它們忽略了一件事。拉脫維利亞有個特別假日，每當末日博士覺得他的國家該休息一下，就可以放假。他稱之為「杜姆之日」（Doom's Day），而且他很討厭別人把它跟世界末日混淆。最後，末日博士的人生三大目標非常低調：向驚奇先生證明自己的優勢、潛入陰間救出已故的母親、征服全世界。

因此，不像多數無知的美國人，我非常清楚拉脫維亞是什麼。顯然拉脫維利亞就是根據拉脫維亞改編的，老實的漫威作家只是基於版權因素將名字略做修改。然而當我走過里加的街頭，卻未在山頂上看到末日博士的高堡，我開始質疑自己對這個國家的準備功課。

後來，我終於找到末日博士的拉脫維利亞：位於高亞（Gauja）國家公園的錫古爾達（Sigulda）小鎮。我們時間抓得很準，因為再過幾個月錫古爾達就要慶祝它的八百歲生日，所以這個小鎮看似已經上過最美的妝。此地區有好幾個位置險峻的城堡，例如中古式的紅磚圖雷達堡（Turaida Castle）在一座懸崖上俯瞰著河谷，附近的民謠山丘有群集的巨大石雕，在青草如茵的背景下顯得超脫現實，迷霧籠罩著石雕的臉龐，部分遮蔽著城堡，我感到自己彷彿身處末日博士的國度。更多證據散布在高亞河的對岸，我在那邊看到錫古爾達堡的廢墟，顯然是被末日機器人的飛彈炸毀的。

塗鴉能在數百年後成為藝術，這真是奇妙。考古學家讚揚史前時期的洞穴壁畫，卻沒提到那些穴居人可能曾經責罵小孩在客廳牆壁上畫圖。同樣的，錫古爾達堡的西南方，沿著高亞河的古代塗鴉就像《蒙娜麗莎的微笑》一樣被保存在強化玻璃後面，這些塗鴉被刻在大魔和小魔洞穴附近的特殊砂岩上，岩質夠軟可以刻，但韌性足以抵擋拉脫維亞的嚴峻氣候。雖然年分和名字不盡相同，上面寫的銘文其實等同於「約翰在一七二三年到此一遊」。

拉脫維亞的語言

在里加，我隨便找了家餐廳填飽肚子、整理頭緒。我點了一道常見的前菜aukstā zupa，這種由甜菜和奶酒製成的冷湯通常會淋上酸奶油，相當美味。我請女侍者給我一道含有大量蔬菜的主菜，結果她端上了一盤堆滿火腿的主菜。

拉脫維亞人很難想像一頓餐完全沒有葷食，他們怕少吃一次肉就無法活過冬天。當他們偶爾吃蔬菜時，又喜歡把它煮到爛。拉脫維亞人也不敢給蔬菜加調味料，因為他們怕你會喜歡上它而變成素食者。

我吃著平淡無味的馬鈴薯、過熟的白菜和豆子，試著學習拉脫維亞的語言。拉脫維亞語跟立陶宛語相似處很少，跟愛沙尼亞語則毫無交集，由一套渦輪增壓版的拉丁字母組成，總共有三十三個字母。附加符號可以完全改變一個字的意思，例如pile是水滴，但pīle是鴨子，另外聲調也會改變字義，例如loks用平聲唸的意思是青蔥，用下降音唸卻代表拱門或弓。另外再舉個例，Šis žagaru saišķis ir mans žagaru saišķis是典型拉脫維亞繞口令，意思是「這捆棍子是我的棍子」。

拉脫維亞的一百九十萬國民中，只有百分之六十二認同拉脫維亞語為自己的母語，其餘多數人都講俄語。不過學幾個基本字詞還是有幫助的，例如sveiki（你好）、paldies（謝謝）、jā（是）、nē（不是）、lūdzu（請）、piedod（對不起）、cik（多少）。「再見」則是個繞口令：uz redzēšanos，這可以確保你永遠不會對拉脫維亞人道別，如果你必須說，就用非正式版的atā。最後，以下兩句話在緊急狀況很好用：kur ir tualete?（廁所在哪裡？）和es tevi mīlu（我愛你）。

等你精通拉脫維亞的基本詞句後，就可以進階到粗話。好消息是你已經會說了，拉脫維亞人認為他們的髒話不像英語那麼鏗鏘有力，因此當你偷聽他們的年輕人說話，偶爾就會聽到一些帶有拉脫維亞腔的英文字：搞砸了、屎、他媽的混蛋。

少數拉脫維亞人也借用俄文為自己的咒罵詞目增添色彩，最常見的是bljin，源自超狠毒的俄文字bljadj，很少有拉脫維亞人敢說那個字，因為它太強烈（等同於美國人的fuck）。所以他們把bljadj調降成bljin，對他們敏感的耳朵來說這較能被接受，不過我覺得他們有點矯枉過正了，bljin的意思是煎餅。如果我不小心用槌子打到自己的手指，大叫「煎餅」聽起來實在很沒勁啊。

歷史在里加的建築中留下刻痕

里加是那種會使你脖子痠痛的城市，你很難不抬頭仰望每一座精心雕琢的教堂。事實上每一棟建築都是藝術品，如果你做過功課，就會在一棟高雅的黃色建築頂端看到傳說中著名的黑貓（melnais kaķis）。到處都是誘人的巷弄、鵝卵石街道和精巧的咖啡館。里加以波羅的海寶石自居。

每一棟建築都是歷史教材，遠自雄偉的道加瓦河（Daugava），就能看到三座尖塔傲視著里加的天際線。建於一二一一年，主教座堂至今仍是波羅的海地區最大的教堂，它在一八八四年擁有全世界最大的管風琴。聯合國教科文組織曾對里加新城區（其實也沒有多新）展現的新藝術風格予以肯定。無論走到何處，鬼靈似乎都在某個角落對你虎視眈眈。聖彼得教堂（Svētā Pētera baznīca）是一座具有八百年歷史的哥德式傑作，市政廳廣場（Rātslaukums）最具代表性的是色彩繽紛的黑頭宮，原建築興建於一三四四年，近年又經過重建，它看起來似乎很重要，但其實只是黑頭兄弟會（一群外籍未婚商人組成的工會）數百年前把妹的地方。

黑頭兄弟會當年還有另一個良好傳統，可惜已經消失。當拉脫維亞人加入一個工會前，他們會先從工匠做起，當過三到五年的學徒之後，他們會再花三到四年到處旅行，最後返鄉以自己專精的領域製作一個藝術品，如果該作品獲得青睞，該學徒就可以加入工會。可惜我們現在已經不這麼做了，我們的教育體制低估了年輕人透過旅行能學到的寶貴經驗。

長達八百年的血淚史

坐擁波羅的海最佳位置不見得永遠都是好事，尤其當你住在兩個有錢有勢的大漢中間：德國和俄羅斯。

過去八百年來，拉脫維亞被打得比一頭出租騾子還慘。如果他們能用一整間博物館記載國土被侵占的歷史，你可以想像他們的命運有多坎坷。當我踏入拉脫維亞的占據時期博物館，我才知道史上第一位海扁他們的人是教宗。一一九八年，名字很有趣的依諾增爵三世（Innocent III，照英文直譯就是「天真」三世）向拉脫維亞宣戰，然而那年上帝沒有與他同一陣線，他輸給了這些異教徒。兩年後，教宗帶著更殘暴的日耳曼士兵捲土重來，這回基督徒成功屠宰了拉脫維亞人，說服倖存者接受他們的上帝。

數世紀以來，愛沙尼亞和拉脫維亞的命運密不可分，它們都屬於立窩尼亞的共同區域，因此它們的歷史也很相似，都是無止境的被各國輪番欺壓：首先是德國，然後是波蘭、瑞典、俄羅斯，最後又是德國和俄羅斯。波羅的海三國就像學校裡的那個小怪咖，不但總是挨打，還要交出午餐費。

看看他們自從一九三五年後的歷史：蘇聯給拉脫維亞六個小時選出一個支持蘇聯的政府，愛沙尼亞人和拉脫維亞人送花給納粹黨，答謝德國解放他們脫離俄羅斯大熊，但納粹黨隨即露出真面目，在集中營殺害將近五十萬波羅的海人民，並強制推行自己的醜陋語言，做出所有納粹都會做的那些惡行。蘇聯強迫拉脫維亞人為他們打仗，同時納粹黨也圍捕其他拉脫維亞人，威脅他們加入志願軍，否則就是死路一條。因此拉脫維亞人在二戰期間被迫自相殘殺，大戰過後，史達林繼承了希特勒的大業，將二十五萬波羅的海人民放逐到西伯利亞。

美國人或許常因被迫在民主黨或共和黨之間二選一感到無奈，但想想拉脫維亞人的遭遇，他們三生有幸，能挑選史達林或希特勒。這種選擇是否會使你在選舉日閉門不出？然而波羅的海人民在一九八九年沒有待在家裡，他們走出家門，創下壯舉。

波羅的海之路——史上最長的人龍

莫洛托夫—里賓特洛甫條約（Molotov-Ribbentrop Pact，又稱蘇德互不侵犯條約）是蘇聯和納粹在二次大戰前夕簽下的祕密協定，史達林和希特勒同意在互不侵犯的前提下瓜分東歐。四十九年來，蘇聯否認此條約的存在，並懲罰任何提及它的人，但在一九八九年，此條約簽立五十週年的一週前，蘇聯終於承認它是真的，不過他們宣稱波羅的海三國是自願加入蘇聯。五十週年當天，波羅的海國民創下了可能是人類史上最驚人的集體行動。

一九八九年八月二十三日傍晚七點，兩百萬名抗議者持續牽手十五分鐘，形成一條長達六百公里的人龍，從愛沙尼亞的首都塔林穿過拉脫維亞的首都里加，終結於立陶宛的首都維爾紐斯。三國總共有八百萬人，所以每四個人就有一人在這條人龍中，這是史上最長的連續人牆之一。

瑪玉參加抗議時才九歲，她跟雙胞胎姐妹和阿姨在郊區牽手，她們的父母則在塔林市區，雖然家人相隔數百公里，那十五分鐘他們卻能透過兩百萬人心手相連，此等決心真是令人欽佩。

現居於里加的葉娜．拉德桑（Jana Ladusāne）當時也在鄉間。她的家人開車到一片眾人伸長雙手互牽的空地，雖然她當時才十一歲，但葉娜對此事的記憶很深刻。「很多人帶著電晶體收音機，收聽現場新聞報導。那種感覺很棒，我最近看了一部關於波羅的海之路的電影，往事的回憶使我全身戰慄。我為自己感到驕傲，這種團結的感覺……真的很特別。」

波羅的海之路尚未成形之前，東德和羅馬尼亞的共產黨領袖曾聲援蘇聯鎮壓群眾，畢竟朋友就應當相助吧？然而蘇聯領袖戈巴契夫允許抗議發生，或許他是這麼想的，「區區兩百萬人牽手能對強大的蘇聯有何傷害？」

不到三個月後，柏林圍牆就垮了。一個月後，戈巴契夫公開譴責蘇德互不侵犯條約。再過了三個月，波羅的海三國陸續宣布獨立。一九九一年一月，拉脫維亞人在里加內外設下屏障，為獨立奮戰。他們終究獲得勝利，雖然大約有五人在過程中死亡。

拉脫維亞的俄羅斯人

一九三五年問世的自由紀念碑是一座高聳的方尖碑，頂端的青銅女神像高舉著三顆鍍金的星星，這些星星象徵拉脫維亞憲法劃分的三個區域。自從一九四〇年代後期，狡猾的蘇聯開始教學生那個青銅女神是祖國俄羅斯，三顆星星代表她的三個感恩的子民：愛沙尼亞、拉脫維亞和立陶宛。儘管這種歐威爾式的改寫歷史策略，歷史真相依然悄悄的存活在每個拉脫維亞家庭中。

他們重獲獨立不久之後，拉脫維亞人每年都會聚集在自由紀念碑，向二次大戰期間的抗俄鬥士致敬。這聽起來很合理，但俄羅斯人抱怨說這麼做等於是在向納粹同情者致敬，因為那些拉脫維亞軍人跟德國同一陣線。就像俄羅斯控訴「納粹狂熱分子」挪動了愛沙尼亞的青銅士兵，他們也指稱拉脫維亞人在自由紀念碑周圍的慶祝活動是在讚揚納粹主義。這是標準的俄羅斯戰略：只要你不喜歡某些人，就給他們貼上法西斯主義的標籤。

拉脫維亞的俄裔族群情況跟愛沙尼亞很像，大約一百年前，俄裔約占拉脫維亞總人口十分之一，到了二〇二一年，這個數字已成長到四分之一。拉脫維亞的新政府很不願意給他們公民身分，多數人只拿到外國護照。我後來在白俄羅斯結識了另一位拉脫維亞人艾蒂特．路薩瓦（Edite Lucava），詢問她兩國現今關係如何，她回答：「這經常牽扯到政治，也是每天都會遇到的問題。例如里加有四成人口是俄裔，有些鄰近俄羅斯邊界的城市甚至有超過六成的俄裔居民！我們在日常生活中可以互動良好，但在政治上很難取得共識。有些俄羅斯人孤立在自己的生活圈內，不會講拉脫維亞語，但有些人也勇於融入社會。」

我問她：「你有俄羅斯朋友嗎？」

「有的，我有些很好的俄裔朋友，而且他們了解拉脫維亞是個獨立國家，不屬於俄羅斯。問題是老一輩仍無法接受共產時代已經結束，他們拒絕學我們的語言，因此永遠拿不到公民身分，永遠自我封閉。很悲哀，但這是真的！」

大漲大跌，但還是比以前好

當我初次拜訪拉脫維亞時，大家似乎都嗨翻天，拉脫維亞剛加入歐盟和北約，它當時擁有歐洲成長最快速的經濟，人們興奮得像是中了樂透彩，或至少像是搬出了岳母的家。

我在咖啡館看到一位穿著專業的銀行員正在獨自用餐，這位豐腴的陽光少女名叫瑪利亞，我問她銀行業的景氣如何。「喔，很瘋狂，」她笑著說，「大家都在買房子和公寓，以前你都付不起房貸，現在超簡單，短短一年房價就漲了兩倍。人們現在有信用卡，都在使用汽車貸款，情況快失控了。」

「什麼時候會結束？」我問。

「我不知道。」她坦承，低頭凝視著咖啡。

拉脫維亞的經濟在接下來兩年持續竄升了百分之二十，它在試圖追上西歐的同時也經歷了將近十年的爆炸性成長。日本人稱一九九〇年代為失落的十年，因為他們的經濟在那段時期原地踏步，拉脫維亞人（多數東歐國家亦然）可以把自己的低迷期稱為「失落的世紀」，他們自覺過去一個世紀都浪費在戰爭或共產黨的欺壓下。拉脫維亞瀰漫著一股群體意識，人人都渴望彌補那個失落的世紀，他們已經厭倦被困在隱蔽的歐洲。

由於拉脫維亞很小，它也容易受到漲跌循環影響。地理上，拉脫維亞的面積跟愛爾蘭或西維吉尼亞州差不多；經濟上，它的影響力不及北達科他州，只占全歐盟生產總值的百分之零點一五。所以它雖在共產黨垮台後迅速起飛，但遇到全球金融危機就不堪一擊而重重摔落，瞬間從歐盟成長最快的經濟變成最弱的經濟。到了二〇一一年，它的經濟已縮水了兩成，房價從最高點跌了百分之六十六。在全球經濟大衰退期間，只有百分之五的立陶宛人和百分之六的拉脫維亞人自認為生活品質有改善，這個比例在全世界是最低的，景氣最低迷的十二個國家中有十個來自東歐。

經濟大衰退和新冠肺炎重創了拉脫維亞。許多人將此巨變怪罪於未受管制的資本主義，他們忘記共產時代也經歷過漲跌，我們常低估人類心理在經濟輪迴中扮演的角色。一位拉脫維亞人告訴我：「我們今日所謂的金融危機在蘇聯時期是常態。沒錯，現在窮人確實比共產時代過得更苦，但看看一般的拉脫維亞人，他們還是開著時髦的車，穿著體面，在存貨充足的賣場購物，收看衛星電視。在共產時代，這種『危機』可說是求之不得。」

瑪玉曾告訴我：「在蘇聯時期，一個很受歡迎的禮物是衛生紙。」

「為什麼？」

「因為當時大家都用報紙擦屁股。」

下次若有人幻想政府有能力做好某件事，這點值得謹記。如果政府連衛生紙都做不出來，他們還能做好什麼事？

瓦爾加和瓦爾卡

三年後，我從邊界小鎮瓦爾加（Valga）重返拉脫維亞；這個小鎮在愛沙尼亞端的名字是瓦爾卡（Valka）。我結識了艾納斯（Ainārs），一位住在拉脫維亞端的年輕人，他聲稱瓦爾加在一次大戰之前幾乎完全屬於拉脫維亞，愛沙尼亞在大戰期間協助拉脫維亞擊退德軍和俄軍（雙方都想占領此區域）。波羅的海盟軍戰勝後，愛沙尼亞要求拉脫維亞割讓這個小鎮，還他們一個人情，一位英國上校便以一條小河為界將它分為兩半，愛沙尼亞獲得了其中八成的土地。這在蘇聯時期無關緊要，因為愛沙尼亞和拉脫維亞都是蘇聯旗下的共和國，但蘇聯解體後，這個小鎮中間就有一條惱人的界線。

如今瓦爾加／瓦爾卡最吸引人之處就是它的隱藏國界，我從愛沙尼亞迷人的大學城塔圖搭車到這個小鎮的北端。德國人統治這裡時，他們叫它瓦克（Walk），於是我走過了瓦克，經過一間紅色教堂、一個露天市場、一間舒適的愛沙尼亞博物館、一間莊嚴的建築、一間灰色教堂，以及一片草坪，廣場上又是一間教堂。當我在路邊買了一個乳酪糕點，小販突然說起拉脫維亞語，並對我拿出的愛沙尼亞貨幣露出不悅的表情（當時愛沙尼亞還沒開始使用歐元）。我很困惑，這裡是拉脫維亞嗎？我回頭張望，不知自己何時跨越了國界？

我往回折返，還是找不到任何指明我已經進入拉脫維亞的路標。這個小鎮中間的國界是隱形的，當年的檢查哨只留下些許遺跡，自從愛沙尼亞和拉脫維亞加入歐盟後，他們就拆除了檢查哨。當拉脫維亞在二〇一四年加入歐元區後，唯一尚存的線索就是商店標誌從一個令人看不懂的語言變成另一個看不懂的語言。

維澤梅的龍與地下城

跟錫古爾達類似，采西斯（Cēsis）也是高亞河畔的一個可愛小鎮。雖然錫古爾達的城堡較多，但采西斯有浪漫的鵝卵石街道和許多如畫的房屋，在雪中顯得格外美麗。加上一些適合滑雪（或是在夏天健行）的好地方，就不難理解維澤梅（Vidzeme）的這個區域為何如此受歡迎。我最喜歡在雪中探索采西斯的中古城堡，它是拉脫維亞保存最完整的城堡，我在裡面有個意外發現，那是躺在棺材裡的列寧雕像。我撥掉列寧冰冷黑暗的臉上的積雪，在那一刻不禁為他感慨，想到他付出那麼多心力與希望，犧牲那麼多生命，只不過是為了一個失敗的偉大實驗。列寧的改革是出自好意，但他的想法終究還是很蠢。

我離開了列寧的冰冷棺木，小心地踏過冰雪。對於自由行旅客，城堡管理員都會發一個真正的燭光燈籠，它滿足了我當年玩《龍與地下城》（*Dungeons & Dragons*）時潛入城堡廢墟的幻想，也使我發覺一位僧侶是多麼容易被半獸人偷襲。蠟燭的照明度很低，你的每一步都有回音，再怎麼笨的半獸人都能聽見你，在黑暗中你連自己是怎麼死的都不會知道。我也發覺自己的敏捷度很低，因為我在冰上滑倒了好幾次，還好我的另一隻手沒有拿劍。

太陽下山後，氣溫驟降，雪繼續下著，我不知道那晚能睡在哪裡。我的睡袋也曾在北美大陸分水嶺路徑陪伴我度過寒冬，但在雪中露營畢竟還是一項挑戰，幸好我在鎮上找到一個絕佳的隱蔽位置，就在主教堂的旁邊。通常我不會冒險在這麼中央的地方露營，不過暴風雪確保竊賊不會在夜間擾亂。雖然時間才晚上七點，經過三天的辛勞跋涉，我已經筋疲力竭。為了保暖，我穿上所有衣服，望著漫天飄雪，五分鐘內就不省人事。

雖然我在凌晨六點醒來時覺得有點冷，但我已經休息充足，興奮地拖著步伐踏過新鮮的積雪，走向公車站。街道非常冷清，要等九點才會日出，波羅的海的冬天是個寒冷黑暗的世界，跟夏天的日不落國截然不同。我搭上巴士前往里加。我曾在夏季和秋季造訪拉脫維亞，當我第三次回到里加，將會使用沙發衝浪（surf a couch）。

沙發衝浪

網路的一個特點就是能把各方擁有奇異信仰和哲學的人士聚集在一起，你或許會以為全世界只有你喜歡將熱巧克力倒在花椰菜上，但某處可能真的有個網站能結合你們這些注重健康的巧克力愛好者。相似的，有些怪人就是喜歡睡在陌生人家裡，更詭異的是有些人喜歡讓陌生人進他們家，沖個澡，在沙發上睡覺，賓主都喜歡用這種刺激又隨興的方式認識別人。

加入衝浪社群很簡單，你可以免費登記，填個表格，讓別人先看過你的基本資料再決定要不要認識你。雖然不用付住宿費，但身為客人你理應帶個伴手禮，並心懷感激。跟衝浪主見過面後，你可以在網站上寫一篇評論給別人參考，將你的經驗簡單歸納為正面、中立或負面。

例如在二〇一一年隨機抽選的一個星期內，總共有三萬八千四百四十八篇正面的真實衝浪介紹，只有六十六篇是負面的。在三百二十萬次會面中，百分之九十九點六的使用者將自己的經驗評為正面，剩下的百分之零點四也沒有太多抱怨，大部分都只是某人「不守時」、「不替人著想」造成的溝通不良。幾乎沒聽過偷竊或性侵，只有一次強暴事件（二〇〇九年有一名摩洛哥人在英國強暴一位中國旅客），而且他被判了十年徒刑。三百二十萬次留宿只發生過一次強暴，這表示跟陌生人沙發衝浪比跟熟人約會還安全。

雖然我以前有過幾次沙發衝浪經驗，但我還沒在東歐嘗試過。當我三度重訪時，東歐的衝浪社群已大幅成長，我在東歐的初次衝浪對象是來自一位名叫安妮・歐亞（Anni Oja）的愛沙尼亞女子，她寫信約我在塔林喝咖啡。安妮也是一位未受賞識的金髮美女，這種例子在愛沙尼亞太常見了，他們的美女是如此琳瑯滿目，我每次到愛沙尼亞都會以為自己踏入了一場《美信雜誌》（*Maxim*）的派對。

拉脫維亞的正妹也很多，八十六比一百的男女人口比例對男人更是一大優勢，愛沙尼亞和立陶宛也有類似的比例。不過你們這些男人別急著打包行李，要先知道造成這個懸殊比例的主因是波羅的海地區的男性都比較早死，拉脫維亞的男性死亡率是歐洲平均值的幾乎兩倍，顯然他們的男人都被辣妹搞到心臟病突發而英年早逝了。但那又如何？還是值得的。

安妮剛去墨西哥見過男朋友，想找我練習講西班牙語。我在塔林古城的皮爾巧克力店（Pierre Chocolaterie）愜意地啜飲熱茶，跟安妮和她可愛的五歲女兒閒聊，之後又邀她們回家跟瑪玉共進晚餐，我們四人聊得是如此開心，最後她們母女索性睡在瑪玉的沙發上。一週後，安妮邀我到塔圖去睡她家的沙發。經過這位沙發衝浪大使的引導，我對東歐衝浪文化的涉入有了一個完美的開始，後來我還會在整個野生的東歐睡遍數十張沙發。

我第一次透過社群網站在東歐沙發衝浪是在里加，衝浪主就是前文提到的葉娜，我問她能否讓我住兩夜，她說只能招待我一夜，因為第二天是情人節，她有個火辣約會。她的工作是巧克力行銷，每天第一件事就是試吃一堆新出爐的巧克力。是啊，換作是我也會同情她。她有一雙碧眼、棕髮和絕妙身材，卻不善與人互動——這都是典型波羅的海民族的特徵。

她帶我到公寓，裡面還沒有放置沙發，所以我不會在沙發上衝浪，而是在她的充氣式床墊上做地板衝浪。我放下背包後，她開車帶我到一個積雪的公園和海灘，讓我參觀一些若沒車就不易到達的地方，我們沿途聊到波羅的海地區最普及的一項休閒活動。

採菇

葉娜一邊開車前往里加郊區，一邊解釋採菇為何如此受歡迎。首先，它是個古老傳統，波羅的海作物生長季節很短，食物總是短缺，這迫使當地人搜括各種可能的食物來源。波羅的海的濕冷氣候是蕈菇的天堂，因此到處都可以找到它們，古代的拉脫維亞人自然就成為最專業的菇類鑑賞家。為何他們仍保持這項傳統？葉娜以拉脫維亞人一貫的簡短口吻回答：「共產主義。」

在蘇聯時期，雜貨店的食物種類和數量都很寒酸，黑市是另一個昂貴而高風險的選擇，所以拉脫維亞人轉而往森林尋找菇類和莓果來補充營養。換言之，共產主義的附加價值之一就是延長了一個在西方世界已消失百年的傳統。

採菇跟奧運一樣競爭激烈。波羅的海人可以淡然自若、面無表情地走在城市和小鎮之間，然而如果你把他們放在森林裡，交給他們一個籃子和一把刀，他們臉上會突然展現活力。當他們開車前往森林時，平常安靜又冷淡的波羅的海人會變得友善健談，但他們一旦進入森林，就會瞬間變成某種更加邪惡陰險的生物。他們瞇著雙眼仔細掃瞄掩蔽在樹木下的蕈菇，像科學怪人的僕人伊果駝著背，盡量接近地面，搶先摘取獵物。當他們發現一個寶庫時，他們絕不會出聲，反之他們的眼睛會迅速轉動，先確定別人沒在監視，然後靜悄悄地拔刀將蕈菇切下，眼明手快的嫻熟技巧不會輸給詹姆士・龐德。

我們在公園裡散步時，天下起了雪，葉娜解釋說拉脫維亞人生性愛好競爭，相信必須早起採菇，因為「別人可能會搶先一步採走它們」。

這點使我疑惑，「我知道蕈菇長得很快，但它們又不是只會在半夜生長，你們為何不在前一天下午去採？」

她一臉茫然地看著我，彷彿從未思考過這個念頭（可能任何拉脫維亞人都沒想到），支吾著試圖解釋趕早班的重要性，但她隨即也發覺真的沒有理由當早起的鳥兒。你確實可以等對手離開數週後再上場，森林裡還是會有蕈菇，你只是需要多走一點路。「話說回來，」她堅持，「採菇還是應該要早起的。」

採菇就像任何競爭性的運動，波羅的海人難免也會羞辱他們的對手。例如當瑪玉和我在愛沙尼亞採菇時，她教我正確的技巧：「你不能直接把蕈菇拔出來，要小心地在底部附近切下它，留下夠長的莖，下一季才能再長出來。我討厭人直接拔掉它們，俄羅斯人總是把它們連根拔起。」她邊說邊搖頭。

幾週後，我跟一些住在愛沙尼亞的俄裔人士去採菇，測試此說法的準確度。當我們啟程前往森林，我問一位脾氣火爆的俄羅斯人奧爾嘉（Olga），能否直接把蕈菇拔出來。「不行！」她尖叫，「你必須保留足夠的莖，不然它就不會再長出來！」

我問她：「你知道有誰會把它們拔出來嗎？」

「不可能！沒有人會那麼白目！那是智障行為！」

另一位正在採菇的俄羅斯人尤莉亞也搭腔：「我沒看過任何人那樣做。」

雖然我不確定到底是誰把可憐的蕈菇連根拔起，可以確定的是波羅的海人跟俄羅斯人之間存在著愛恨交織的關係。瑪玉對俄羅斯人的嘲諷不僅顯現了採菇的競爭性，也反映了雙方的複雜心結，他們一方面尊敬俄羅斯的悠久歷史文化、欣賞對方熱情的民族性，另一方面又難以釋懷俄羅斯曾侵占自己國土，這種敵意會以有形或無形方式表現。葉娜的俄語雖然流利，但她承認每次在國內聽到俄語，心中多少都會有點不悅，聽到其他語言並不會產生同樣的負面情緒。簡言之，從採菇這種休閒娛樂都能看出雙方的緊張關係，真是不可思議。

除此之外，我還學到另一件怪事。拉脫維亞人很喜歡用這句話羞辱人：「你為何不去採菇？」意思等同於「你為何不去跳湖？」兩者都是「去死」的禮貌說法，奇怪的是這兩種行為都很好玩，波羅的海人最喜歡採菇，美國人也很喜歡跳湖，所以你怎麼會叫討厭的人去做喜歡的事？不是應該說：「你為何不去採毒菇？」或是「你為何不去跳油鍋？」唉，侮辱不見得總是合理。

對於採菇，我一開始持存疑態度，但後來也逐漸愛上了它。其中的最大樂趣並非在於煮食新鮮有機的菇類（或是在不小心吃下毒菇後窒息而死），而是在森林中清閒漫步，參與原始人的活動，尋找水果或蕈菇。不過話說回來，在波羅的海採菇還是不如在阿姆斯特丹「玩菇」有趣。

藍牛和拉脫維亞的民族性

葉娜在一片黑暗、荒涼又凍寒的海灘結束了她的里加導覽，我們稍待片刻，觸碰過冰冷的海水後，終於回到她那溫暖的現代公寓。葉娜是很典型的拉脫維亞人，她起初顯得有點冷漠，但經過幾個小時的暖身後就能談話自若，總之她是個很棒的主人。我喝了一些熱茶，便在她家地板上昏睡。

第二天，葉娜在準備她的情人節約會時跟我聊起拉脫維亞的藍牛。行銷大師賽斯・高汀

（Seth Godin）曾教人借由一隻紫牛推銷自己的商品，棕牛、黑牛、斑點牛都很乏味，但紫牛肯定能引人注目。雖然拉脫維亞沒有紫牛，它的庫爾蘭區（Kurzeme）倒是有藍牛。高汀若能擁有藍牛，他應該也會爽翻，這絕對是行銷的大滿貫。然而拉脫維亞實在很不會做自我推銷，鮮少人知道藍牛的存在。傳說中，有一位美人魚愛上了一名拉脫維亞農夫，從大海帶來這些牛。現今只剩兩百隻還存活著，牠們並沒有你想像中那麼藍，而是偏向灰藍，不過還是滿酷的，我希望有朝一日能回到拉脫維亞幫這些藍牛擠奶。

我在距離里加不到一小時車程的耶加瓦（Jelgava）度過情人節，即使是在凜冬，耶加瓦還是出乎意料的可愛。巨大的王宮看起來像是窮人的凡爾賽宮，雖已長年失修，但依然不失高貴。我正欣賞著紅白相間的建築結構，一對俊男美女突然從一台轎車跳出來拍快閃婚紗照，伴娘們則在旁邊發抖，她們的衣服可不是為零下十度的天氣設計的。在情人節結婚或許很浪漫，但我寧可在夏威夷辦婚禮。

當我踏入王宮，心中浮現一個疑問：這個冰凍荒地哪來那麼多資金可以蓋出這些神奇建築？答案是兩個關鍵資源：貿易和琥珀。里加位於波羅的海最重要的河流命脈之上，使它成為數世紀來的一個自然交易站，它的巨大海港和河流吸引了許多富商，而且拉脫維亞盛產琥珀，就像沙烏地阿拉伯盛產石油。琥珀在中古世紀之前比黃金更值錢，這兩項先天優勢使拉脫維亞人得以建造空間寬敞的房屋，因此也可以收很高的暖氣燃料費。

我在兩週前已經跟瑪玉分手，只能獨自過情人節。灰濛的天空在下午三點逐漸變暗，我嫉妒地看著一對情侶在結冰的小溪上打曲棍球，冰面看起來很薄，但他們似乎不擔心。我幻想冰突然破裂，將男生吞噬，同時我奮勇上前拯救那個金髮閨女，她倚靠在我的肩上痛哭流涕，愛莫能助地望著沒出息的男友被活活凍死。（那個男生比我魁梧很多，所以這是我唯一能搶走他馬子的方法。）

我在雪中拖著沉重的步伐前往耶加瓦市中心，雖然我無緣享受浪漫之夜，但我很高興能和八名拉脫維亞人在一間小畫廊裡閒聊。如果你偶爾遇到一個活潑外向的拉脫維亞人，他若不是有豐富旅遊經驗，就是喝醉酒了。當我在信中詢問友人艾蒂特他們是否真的如同我想像中那麼靦腆內向時，她回答：「沒錯，我完全同意你對拉脫維亞人的看法。那是一種民族特質，我們平常都相互隔閡，活在自己的小世界裡，但如果面臨重大事件，我們就可以攜手完成大事業。你可以在歌唱節看到這個現象，數千人齊聲歌唱！感覺真棒！而且我們有時候的行為很像小狗，只要有人碰我們的國家一下，或說了不好聽的話，我們就會大聲狂吠，因為我們很小，能力有限，但我們很有勇氣！別相信那些說自己不愛國的拉脫維亞人，他們內心深處還是很愛國，若有必要，他們會為國家盡心盡力。有時候我真難理解，經過這麼多可怕的歷史，我們竟然還能保住自己的文化和語言！」

當我問艾蒂特，美國人能從拉脫維亞學到什麼，她回信：「對於一個擁有全世界的強國，實在很難教他們任何事，而且他們永遠不會理解波羅的海三國之間的差異，其實我也覺得沒必要改變這點。」

我倒是覺得有必要。

拉脫維亞能教我們什麼

- **牽手**：如果你想要改革，不要拿武器，去牽個手。波羅的海之路證明了三個國家的四分之一人口同時牽手能引起什麼效應，它促使了蘇聯的垮台。
- **當一名學徒，去旅行**：雖然這已是個逐漸消逝的傳統，拉脫維亞人在創造傑作之前都要先當學徒去周遊列國。其中的寓意是我們應該經由旅行探索自己的志向，當你返鄉時，你的技巧會遠比你離家前進步神速。
- **採菇**：這是個攝取有機蔬菜的好方法，但最重要的是可以走出戶外，享受森林美景。
- **考慮投票給一位女政治家**：拉脫維亞是第一個投票選出女性總統的前蘇聯共和國，有些人相信如果讓女性治理世界，就不會有戰爭。這個想法雖然天真，但戰事確實可能會少一些。不幸的是，這些女人也會通過法令強制我們每天早上整理床鋪，闔上馬桶蓋。

如果你已經嘗試過三樣東西中的兩個，就必須嘗試第三個。在探索過愛沙尼亞和拉脫維亞之後，我必須拜訪立陶宛。它跟前面哪一個比較接近？或是獨樹一幟？只有一種方法能告訴我答案，我上車前往立陶宛。

第四章

立陶宛——昔日東歐最強大的帝國

立陶宛小資料

位置：波羅的海三國之一，北邊是拉脫維亞，南邊是波蘭，東邊是白俄羅斯。

面積：約6.5萬平方公里（台灣的1.8倍）

人口：約280萬（台灣的0.12倍）

首都：維爾紐斯

主要族群：立陶宛人、波蘭人、俄羅斯人

人均國內生產毛額：22,245美元（2021年資料）

- Lietuvos Respublika -

我在芬蘭的一間青年旅舍遇過一位立陶宛人，當時我還沒去波羅的海三國，所以我對那邊的人感到很好奇。我問她拉脫維亞人和立陶宛人對彼此有何看法，她說拉脫維亞人有一句俗話：「你跟立陶宛人一樣笨。」

為了展現他們高人一等的創意，立陶宛也有這句俗話：「你跟拉脫維亞人一樣笨。」

我發覺自己遇到了一個蠢蛋，於是我問那位立陶宛人對芬蘭的看法，她語帶不屑地說：「芬蘭有很多黑人。」

真的？我後來在赫爾辛基街上難得看到一位黑人，連忙抓住他詢問。他來自華府，已經在芬蘭住了八年，他的母親曾問他：「那邊有其他兄弟嗎？」

他回答：「有啊，還有一個，我們是好朋友。」

顯然那位立陶宛女士不是個可靠的資訊來源，所以我到愛沙尼亞之後又問瑪玉對立陶宛的看法。她一如往常沒有直接回答，無論問題有多簡單，瑪玉都必須花幾秒鐘在天花板上尋找答案，她總是慎思熟慮，如果沒有在天花板找到答案，她就會說：「我不知道。」這個嚴謹的思考流程可以確保瑪玉絕不會說錯話，它的成功率是如此高，她即使對最瑣碎的問題也會用這招。我有一次故意逗她：「嘿，瑪玉，你的雙胞胎姐妹叫什麼名字？」

她一臉狐疑地看著我，彷彿我的鼻子上黏了一坨鼻屎，接著又冷靜的凝視天空，反覆思索我的問題是否有陷阱。停頓許久之後，她終於回答：「克莉絲（Kristi）。」

因此當我詢問她對立陶宛的看法時，早已料到她的目光會四處飄移。我期待一個有深度內涵的答案，也許她會提到立陶宛的優質音樂，他們獨特的民族性，或是他們的文化首都。她深嘆一口氣，好像能說的實在太多，不知該從何說起。然而最後她只說了一句話：「他們的道路不錯。」

道路不錯？立陶宛自古以來就位於愛沙尼亞附近，他們曾在蘇聯的霸凌之下共患難，攜手推動歌唱革命，在彼此的慶典活動中演唱，結果瑪玉唯一能說的就是他們的道路不錯？

我不發一語，面無表情地繼續聽瑪玉解釋：「蘇聯時期的道路都很爛，反正很少人有車，也沒人在乎。在某個時間點，蘇聯決定嘗試改善道路品質，看看會有什麼差別，他們選定立陶宛來做實驗，所以他們有些不錯的道路。」

「原來如此，」我試著假裝有興趣，「這個嘛，滿奇特的。」

我稱這種現象為「波羅的海地區的盲目」：波羅的海三國對彼此的認識少得令人驚訝，很多人可能都去過法國或泰國，卻從未拜訪過自己的鄰居。多數拉脫維亞人和愛沙尼亞人給我的印象是立陶宛是三國中的醜小妹，但我無法信任他們的說詞，必須親自去一趟這個隱密的國家。

完美無瑕的首都

當我終於抵達立陶宛的首都維爾紐斯，這個歷史古都的美麗與高雅深深震撼了我。它的街道令人陶醉，建築令人讚嘆。起源於格迪米納斯（Gediminas）山上的城堡，維爾紐斯的舊城區是由一串可愛巷道組成的迷宮，到處皆可見到巴洛克式的教堂。由於它的地基是窪地，有些房屋甚至比路面還低一層。黎明之門（Aušros Vartai）是原城牆周圍九道城門中唯一還存在的，它至今仍站著的唯一原因是上面有內嵌一個聖母雕像，俄羅斯人怕遭受天譴，不敢破壞這道門。當然他們終究還是受到上帝懲罰，因為祂允許了共產主義的問世。

我依序拜訪波羅的海三國，目的是要了解它們為何是不同的個體，有哪些文化差異，以及我們能從中學到什麼。如果波羅的海人都是相同質性，他們就不會分成三個獨立的國家，應該會合併成一個名叫「波羅斯坦」的大國。當我在維爾紐斯遊蕩，意外地進入了另一個國家時，波羅的海迷霧終於隨之消散。

很少有遊客知道維爾紐斯的波希米亞區還有一個分立的小共和國，它不像梵諦岡那麼出名，也沒那麼嚴肅，事實上它完全是個笑話。數年前，對岸區（Užupis）的居民自行宣告獨立，組成了對岸共和國（Užupis Republic）。他們選出一位總統，寫了一首國歌，設計了四面國旗（每季換一個）。他們有一座不怎麼起眼的宮殿，為數十七人的軍隊，四月一日是他們的國慶日，每逢愚人節，搞笑衛兵會守候在橋頭，幫大家在護照上蓋章。

最重要的是，對岸共和國已將它的憲法條文銘刻在巴畢歐街（Paupio）的每一面鏡子上，四十一條憲法權利包括：每個人都有權住在維爾尼亞河（Vilnele）旁邊，同時維爾尼亞河也有權在每個人身邊流過；狗有身為狗的權利；貓沒有愛自己主人的義務，但必須在主人遇到困境時幫助他；每個人都有權死亡，但那不是義務；每個人都有權放棄自己的權利。

立陶宛的自信

對岸共和國反映了立陶宛勝過它北邊兩個鄰國的一點：自信心。開這種滑稽玩笑需要信心，惡作劇的人需要一點自信才敢宣布獨立，政府也需要有足夠自信才敢一笑置之。試試看在蘇聯或中國開同樣的玩笑，那些缺乏安全感的政府肯定會讓大家敗興而歸。

跟另外兩個波羅的海國家相比，拉脫維亞在跟俄羅斯交涉時也展現出較強的自信心。俄裔族群在愛沙尼亞和拉脫維亞都占總人口四分之一，但他們只占立陶宛總人口不到百分之五，為什麼另外兩國的俄裔比例是立陶宛的五倍？有些立陶宛人給了一個我意想不到的答案：「我們叫他們不要來。」

雖然事實沒那麼單純，有一部分確實有理可循。在波羅的海三國中，立陶宛人的談判能力格外傑出，蘇聯時期的立陶宛人有足夠勇氣和實力對抗俄羅斯，贏得一些次要的政治紛爭，其中就包括限制俄裔族群流入。例如當蘇聯在愛沙尼亞和拉脫維亞設立工廠時，植入了許多俄羅斯人來管理廠內作業，然而立陶宛卻說服他們讓立陶宛人去俄羅斯學習這些技術，再回國自行經營。蘇聯竟然也同意了，這就是現今立陶宛境內俄羅斯人相對較少的原因之一。

我在維爾紐斯的一間青年旅舍結識了三十二歲的義大利人席薇亞・卡迪尼（Silvia Cardini），她當時居住在德國，擁有義大利女性的典型特徵：深色頭髮、深色眼睛、古銅皮膚，以及具有傳染力的笑聲。她認識一位名叫維吉斯（Virgis）的當地人，他近期內會開車去參加一場商務會議，所以她邀請我一起搭便車。我們在這趟公路旅行的前夕聚餐，那晚我不但學到更多關於立陶宛式自信的例子，也得知那份自信的來源，不過首先我很期待嘗試立陶宛的食物。

立陶宛的食物

麵包是立陶宛餐點的核心，他們的許多信仰和魔法都跟麵包有關，例如在新屋的基石上擺一塊麵包，認為這樣可以保護房子。立陶宛甚至流傳一句諺語：Be duonos sotus nebūsi，意思是「沒有麵包就無法果腹」。

烤麵包是女主人的榮譽使命，每個家族都會舉行交接儀式，由長女繼承此重責大任。事實上，立陶宛語中的麵包也是雌性，有人告訴我：「我的祖母曾說麵包是神聖的，我們要尊敬它。我到現在都還會照祖母所教導，當一片麵包掉到地上時，我會畢恭畢敬地將它撿起，親吻它後再吃下去。這是一種傳統儀式，這麼做可以讓家裡永遠不會缺乏麵包。」

最普遍的品種是黑麥麵包（juoda ruginė duona），你可以在任何晚餐桌上看到它，雖然改良過的白麵包在波羅的海也逐漸普及，較健康的黑麵包仍然是主流。麵粉的製造方式可分為兩種：單純發酵法和燙麵法，雖然立陶宛人在二十世紀學會烤燙麵包，但傳統的發酵做法已經存在了數千年。單純發酵隔夜即可完成，但麵糰需要揉很久，燙麵則需要發酵三天。正如一位立陶宛老祖母所言：「麵包很美味，因為它很難做。」

除了由麵包和馬鈴薯提供澱粉，肉類和酸奶油似乎就能滿足立陶宛人的其餘營養需求。立陶宛人連早餐都吃肉，他們起床後可能會吃一個夾帶香腸、烤肉或煙燻肉的三明治，有時候他們甚至省略麵包，只吃水煮香腸。他們的午餐和晚餐也經常如此解決，看來立陶宛人的人生目標就是用油脂堵塞自己的動脈。

法國人塞德里・亨利歐（Cédric Henriot）對立陶宛食物的評價令我很驚訝。他跟當地人結婚後定居於此，不像多數法國人擺出一副屈尊就卑的高傲態度，他反而說：「噢，我愛立陶宛的食物！裡面有很多馬鈴薯和豬肉，而且脂肪含量很高，只需吃少量就會飽，在冬天吃的感覺特別好，不會覺得虛弱也不會怕冷。」我們是用電話交談，所以我無法證實他的立陶宛老婆是否拿著一支擀麵棍守候在旁邊。

維吉斯、席薇亞和我去了一家傳統餐廳，從菜單可以看出馬鈴薯的重要性。我無法決定該點bulvių plokštainis（一種厚切薯餅，又稱kugelis）、cepelinai（大型馬鈴薯麵糰，裡面塞肉或凝乳）、bulviniai blynai（薄煎薯餅），或是令人難以抗拒的vėdarai（馬鈴薯香腸包豬腸）。於是我就先點了šaltibarščiai，一種在夏天很受歡迎的甜菜冷湯，裡面有甜菜、小黃瓜，一顆水煮蛋、酸奶油、蔥和蒔蘿。我選擇最具代表性的cepelinai作為主菜，雖然立陶宛人很喜歡它，但他們很少在家做這道美食，因為太費時了，需要好幾個小時準備馬鈴薯麵糰，塞入蘑菇、肉、乳酪，再用酸奶、黃油、培根肉末和洋蔥製造濃厚的醬汁。等這些食材全部完成，你已經飢腸轆轆，任何東西都會入口即化。

席薇亞點了厚切薯餅，維吉斯則選了義大利肉餃（koldūnai）。我們另外點了波蘭餃子（virtiniai）和油炸香蒜黑麵包（kepta duona）當作前菜和配菜。餐盤上桌時，可以明顯看出立陶宛人喜歡給所有東西淋上酸奶油。

席薇亞和維吉斯又點了啤酒，侍者端出最受歡迎的牌子：Švyturys Ekstra。我開玩笑說他們應該用馬鈴薯做一種飲料，維吉斯回答說立陶宛人在家裡會自己釀製薯酒（degtinė）。如果那還勾引不起你的興趣，或許你該嘗試各種瘋狂口味的伏特加，他們可以用任何材料做出伏特加，包括漿果、草藥、黑麥、蜂蜜、胡椒和聖草。什麼，聖草？顯然這種伏特加有獲得上帝的青睞。幾杯黃湯下肚後，我問維吉斯為何立陶宛人比其他波羅的海鄰國有自信，他說一切都可歸因於歷史。

立陶宛曾經是個超級強國

起初我並不是那麼有興趣聽立陶宛的歷史，在走過愛沙尼亞和拉脫維亞的平行時間線之後，我以為立陶宛的故事又是一齣被列強圍毆八百年的悲劇，然而立陶宛的歷史不同，他們並非總是在扮演沙袋，反之他們有好幾百年是在搥沙袋，事實上它在顛峰時期的版圖曾經從波羅的海延伸至黑海。沒錯，立陶宛曾經是個超強的帝國。

若要了解立陶宛的興盛與衰落，我們得從一千年前的創立開始。立陶宛是全歐洲最後一個異教國家，它奮勇抵抗基督教的勢力，但終究還是降服。它的真正興起始於一二五三年，各城邦聯合組成立陶宛大公國，在一三八六年跟波蘭結盟，開啟黃金盛世。立陶宛人和波蘭人每隔一代輪流領導王國，統治現今的整個白俄羅斯和大部分的烏克蘭，簡而言之，從波羅的海到黑海都是立陶宛和波蘭的天下。

每個年輕的立陶宛人都學過這段輝煌歷史，並引以為傲，這賦予他們那份愛沙尼亞人和拉脫維亞人缺乏的自信，既然立陶宛曾經跟俄羅斯和其他歐洲強權平起平坐，現在為何不也展現同樣的霸氣？過去的榮耀就是立陶宛人的信心來源。

不幸的是，立陶宛人和波蘭人在十八世紀開始內鬥，導致他們的衰亡（可悲的是他們直到今日還在吵）。他們逐漸只注意到彼此的差異，不再去經營他們之間的共同聯繫，俄羅斯、普魯士和奧地利帝國嗅到了立陶宛和波蘭聯盟的弱化，經過一系列的戰爭，聯盟不再存在，他們的征服者將大公國瓜分吸收。到了一七九六年，波蘭和立陶宛已從世界地圖上消失。

數年後，拿破崙領軍席捲立陶宛，這位法國人將維爾紐斯稱為「北方耶路撒冷」，因為有一半的人口是猶太人。一七八五年，一位三十一歲的英國人威廉・考克斯（William Coxe）從波蘭旅行到俄羅斯，他在途中寫下：「當我們經過立陶宛時，我們無法迴避這群猶太人的蜂湧包圍……如果你想找人翻譯，他們就給你一個猶太人；如果你來到一家客棧，老闆也是猶太人；如果你需要馬幫忙送信，無論租馬或騎馬者都是猶太人。」[1]一次大戰之前，維爾紐斯有十萬名猶太人，現在只剩四百人。納粹在整個立陶宛境內屠殺了將近三十萬名猶太人。

蘇聯在一九四五年重新奪權後，又繼續自己未完成的大業。他們在一九四〇年占據期間殺害或驅逐了四萬名立陶宛人，一九四五年又驅逐或謀殺了二十五萬名立陶宛人。在一九四〇年代當立陶宛人真是悲慘。

我們共享了一份名叫tinginys的甜點，意思是「懶惰」。因為它做起來很簡單，廚師可以

1 William Coxe, *Travels into Poland, Russia, Sweden and Denmark: Interspersed with Historical Relations and Political Inquiries* (London, 1785; reprinted New York: Arno Press and New York Times, 1971), pp. 142, 188, 201, 205.

趁機偷懶，內容物包括奶油、巧克力豆、糖粉、奶酪和餅乾。當我們喝著蜂蜜伏特加，維吉斯講了一個關於俄羅斯入侵的笑話：

一名立陶宛邊防警衛發現一位俄羅斯人的入境表格沒填工作，於是他就問：「工作？」（occupation，跟「占領」同義。）

俄羅斯人回答：「不，我只是來訪。」

首先宣布獨立的前蘇聯共和國

立陶宛內建的信心使它成為蘇聯垮台的第一張骨牌，將拉脫維亞和愛沙尼亞推向獨立之路。一九八八年，經過一系列抗議活動後，立陶宛率先用自己的國旗和國歌取代了蘇聯版本，在一九九〇年三月十一日宣布獨立。一年後，愛沙尼亞和拉脫維亞才有勇氣做出同樣的事。

一九九一年一月十三日，手無寸鐵的立陶宛平民包圍了電視塔。蘇聯坦克輾過一道人牆，部隊向抗議群眾開槍，電視直播了這些暴行，拉脫維亞人在電視上看到的最後景象，是一名蘇聯士兵走向攝影機將插頭拔掉。塵埃落定後，總共有七百人受傷，十四人死亡。蘇聯終於在一九九一年九月六日承認立陶宛獨立，它是第一個獲得認可的前蘇聯共和國，之後其他十三國也陸續跟進，導致了蘇聯的瓦解。

跟拉脫維亞和愛沙尼亞不同的是，立陶宛沒那麼急於拆下蘇聯時期的雕像。或許他們覺得自由已經穩固，當然後來他們還是拆掉了很多，但又被「菇王」重建。立陶宛企業家馬利納烏斯卡斯（Viliumas Malinauskus）藉由賣蘑菇和莓果白手起家，而得到「菇王」的綽號，他的成功例子是終極的立陶宛美夢。後來他用這筆錢買了八十六座蘇聯雕像，創立了一個名叫格魯塔斯（Grūtas）的雕像公園，又稱「史達林世界」。公園咖啡館的女侍者穿著蘇聯女童軍制服，為遊客提供經典的蘇聯餐食。對於那些錯過極權時代的樂趣的人而言，史達林世界是個參觀蘇聯紀念品的好地方，遊客可以透過揚聲器聆聽共產黨的政令宣傳，欣賞列寧、史達林和其他優勝者的雕像。

在好不容易推翻蘇聯之後，立陶宛人在一九九二年的首次民主選舉做了一件怪事：他們表決讓之前的共產黨重回國會。這是第一個透過投票讓前共產黨員復職的前共產國家，那些精明的政客將黨名更改為「社會民主黨」，雖然他們解除了共產制度，但沒有維持很久。立陶宛在二〇〇四年加入歐盟和北約，在二〇一五年開始使用歐元，而且它是第一個有膽量批准歐盟憲法的會員國。

晚餐過後，我們回到青年旅舍。席薇亞跟我和另外兩個陌生人住在同一間寢室，伏特加使她變得有點輕佻，但我沒有踰矩。她嘲笑我「很無聊」，此話是沒錯，但我還是很安分地躺在床上微笑，回憶過往在北歐的桑拿經驗。

立陶宛的沙丘

翌日，我們三人駕車往返橫越立陶宛。我們在早晨離開維爾紐斯，連續數個小時，窗外都只有平淡無奇的草綠農田，這種長途旅行若能有一位義大利人提供娛樂總是會有幫助，席薇亞果然沒有讓我們失望。

我們終於抵達可愛的海港小鎮克萊佩達（Klaipėda），這裡曾經歷過長期德國統治，因此可以看到漂亮的德式小木屋。維吉斯去開會時，席薇亞和我到海邊享受溫暖的七月天氣，我們沿著庫爾斯沙嘴（Curonian Spit）往下走，在那單薄的天然防波堤上，我們看見了俄羅斯的邊界。庫爾斯沙嘴南側的另一半屬於加里寧格勒（Kaliningrad），一塊少人聽聞的俄羅斯飛地，此刻的我絕不會料到自己五年後會在加里寧格勒境內，跟俄羅斯人在結冰的庫爾斯潟湖上釣魚，眺望著遠方的立陶宛。我會在本書最後談到那次經驗。

我們在沙丘上下奔跑，地形出乎意外的陡峭，感覺好像在撒哈拉沙漠，差別是這裡多數時間你的屁股會凍僵。我們跟維吉斯重新會合時，他帶了另一位立陶宛人隨行返回維爾紐斯，既然車上有兩位立陶宛人，這是學些基本立陶宛語的好機會。

立陶宛的語言

若不是一些走私犯，立陶宛語今日可能已不會存在。為了壓制一場起義，俄羅斯帝國在一八六四年設立媒體禁令（spaudos draudimas），禁止所有立陶宛文書籍用拉丁字母印刷（但可以用西里爾字母），學生不准對彼此說立陶宛語，俄羅斯政府全面實施搜查和監聽，強制執行此禁令。

結果這造成了反效果，促使人民反抗俄羅斯的統治和文化。載書者（knygnešiai）走私了大量非法書籍和期刊，家長不讓學童去學校，在家自學，被放逐的立陶宛語言學家聯合推出一個標準化的書寫版本，最後俄羅斯終於放棄。我首度拜訪此地時，立陶宛人正好在慶祝禁令終結的一百週年。

雖然立陶宛語很難學，它的基礎字根很簡單，跟其他印歐語系相比，它自古以來的演變並不大。事實上立陶宛人能理解許多梵文，而那也是一種原始印歐語言。我最喜歡的立陶宛字是「謝謝」，只要假裝打噴嚏就行了，不過拼起來有點怪：ačiū。你說「啊啾」之後，立陶宛人就會回答prašau。那也是個很好用的字，因為它的另一個意思是「請」。

其他關鍵字詞也不難：labas（你好），sudie（再見），taip（是），ne（不是），atsiprašau（抱歉），kur（在哪裡），kiek（有多少）。等你上手之後，可以嘗試kur yra autobusų stotis?

（公車站在哪裡？）或是 ar kalbate angliškai?（你會說英語嗎？）當你遇到全國唯一態度友善的售票小姐時，可以試著說 tu esi graži（你很漂亮）。等這些都精通之後，試試看這句：Geri vyrai geroj girioj gerą girą gerdami gyrė，這是句立陶宛繞口令，意思是「好人在好森林中喝好格瓦斯黑麥汁，同時稱讚它。」

旅程最後，我問了維吉斯（他的全名是 Virginijus）一個自從跟他見面後就困擾著我的問題：「Virginijus 這個字是源自處男（virgin）嗎？如果是，這對你的女人緣是有利還是有害？」

維吉斯大笑，「沒有啦，它跟處男完全無關！但很多立陶宛人名確實很有趣。」

他沒有開玩笑，看看以下這些常見的名字：Gintaras、Vėjas、Linas、Ąžuolas、Eglė，聽起來都很有異國味，很難唸，但它們的字面意思其實是：琥珀、風、麻布、橡木和杉木。想像你正在開商務會議，老闆說：「我要麻布報告他最新的營銷進度，橡木和杉木會做詳細說明，然後風會介紹他的銷售策略，希望它不只是一團熱氣。」

有趣的是愛沙尼亞人和拉脫維亞人也有奇特的名字，例如有些拉脫維亞人名叫 Jautrīte（好笑）或 Gudrīte（自作聰明），愛沙尼亞人則會給自己小孩取名為：Säde（閃爍）、Mari（莓果）、Veli（兄弟）、Aare（寶藏）、Arved（發票）、Aita（協助）、Hilja（遲到）、Hele（亮）、Helin（鈴聲）、Sale（瘦）、Ustav（忠實）、Vapper（勇敢）、Õie（開花）、Valve（監控）。

愛沙尼亞人可以一本正經地講這些幹話：「兄弟（Veli）不是我的兄弟，他是我的丈夫。」或「難以置信，遲到（Hilja）又遲到了」，或是讓人糊塗的「遲到早到了」，或是這種聽起來很愚蠢的問題：「遲到早到還是晚到？」有人可能會說：「瘦（Sale）是不是變胖了？」或這個如何：「沒想到忠實（Ustav）會對妻子不忠。」最後再來個：「喂，發票（Arved），麻煩你檢查這些發票，監控（Valve）會在旁邊把關，還有勇敢（Vapper）一定要鼓起勇氣面對那個毫無助益的協助（Aita）女孩。」

需注意的是，那些將小孩取名為「自作聰明」的父母並不是哈草嗨翻天的嬉皮，他們都是一般正常人。事實上，愛沙尼亞人的姓氏也一樣怪誕，此傳統源自十九世紀初期，當俄羅斯人讓被解放的農奴給自己取姓，許多愛沙尼亞人採用了親近大自然的姓氏，例如Taljova（冬天小溪）或Naaritis（鼬鼠）；其他運氣不好的人則被教會標上Patune（罪人）或Koll（怪獸）。想像去應徵面試或跟未來的岳母見面，卻要介紹自己是Ustav Koll（忠實的怪獸）。不過我們美國人在嘲笑這些名字之前也該自我檢討，至少他們不像美國人那麼殘忍，還會叫自己的嬰兒Dick（陰莖）。

我們在分道揚鑣前又聚了一次餐。席薇亞回到柏林取得行為認知治療的學位，在數年後開立私人診所，擔任心理治療師，並輔導監獄囚犯。

斯奧萊的十字架山

我在五年後重返立陶宛，拜訪它的第四大城斯奧萊（Šiauliai）。當時是二月中旬，城市再過一週就要慶祝「大齋前期」（Užgavėnės），這等同於他們的萬聖節，孩童會扮成鬼怪去要糖果，大人則會穿上嘉年華服裝，戴上恐怖面具把冬天嚇跑。這招從未成功，因為這裡的三月總是冷到屁股凍僵。

我剛抵達斯奧萊就立刻跟年輕的沙發衝浪主碰面。他邀請我去朋友家玩撲克牌，我還沒換現金，於是他借了我一點立特（litas，立陶宛的貨幣）。雖然他的朋友有一半不會講英語，我們至少能同意我已經輸掉所有賭下去的錢。

除非你夠幸運，能碰到人邀你玩牌，斯奧萊其實沒什麼值得看的，它是個無聊的灰色城市，尚未擺脫蘇聯的晦氣，但它北方十二公里有個著名景點：十字架山（Kryžių kalnas）。正如此名字所述，那個山丘上的十字架多得驚人，遍布數千個各種大小的十字架。整座小山只需花五分鐘就能走到丘頂，雖然到處都是十字架，中間有些路徑可以讓你在密集的宗教聖像之間遊走。多數十字架都屬於個人，它們可能會標示來源國家，引述一段聖經，或是向上帝要錢。由於山丘位於一個鳥不生蛋的地方，它瀰漫著超自然的氛圍，感覺彷彿是那些在世界各地留下麥田怪圈的外星人種下的十字架。

十字架山背後的真實故事跟外星人無關。某人在十四世紀種下了第一個十字架，之後就像雪球愈滾愈大，然後蘇聯來潑冷水，把山丘夷為平地。但立陶宛人隔夜就偷繞過警衛和鐵網，種下幾個新的十字架，最後十字架累積夠多，蘇聯只好再把它們剷平，立陶宛人又回來種更多十字架，引來更多推土機。這個循環會不斷重複，直到他們終於找到另一個信仰。

如果你詢問立陶宛人他們認為基督教或籃球何者較重要，多數人會回答基督教，但他們其實是在說謊。在立陶宛，你很難在耶穌和喬丹之間做抉擇，拜麥可・喬丹的啟發，立陶宛人已將畢生奉獻給向籃框射一顆球（或是在電視上看別人這麼做）。立陶宛曾連續三屆奧運獲得銅牌，他們能在籃球場上痛宰鄰國俄羅斯實屬奇蹟，畢竟俄羅斯的人口比立陶宛多五十倍。二〇〇三年，立陶宛曾達成更偉大的里程碑，贏得歐洲錦標賽冠軍，他們隔年也在奧運擊敗了美國。然而我花了一小時走遍白雪覆蓋的十字架山，仍未找到一個刻上籃球的十字架或是在運球的耶穌雕像。如果立陶宛哪天真的贏得奧運金牌，你可以擔保全國人都會跑到這個山丘感謝上帝賜予奇蹟。我回程搭了兩位日本兄弟的便車，他們要去里加，但他們很慷慨地挪出二十分鐘繞道送我回斯奧萊，我非常感激，因為他們的十天歐洲行程排得比一個日本微處理器還緊湊。

考納斯：不死之城

我從斯奧萊搭上一台沿著立陶宛第二大河——涅里斯河（Neris）行駛的巴士，它最終匯流入號稱為「眾河之父」的尼曼河（Nemumas）。立陶宛詩人麥洛尼斯（Maironis）寫過這段名言：「舍舒佩河的終點就是尼曼河流過之處；那是我們的祖國，美麗的立陶宛。」幾乎所有立陶宛人都會背誦，這也是他們的國歌。

尼曼河與涅里斯河在立陶宛第二大城考納斯（Kaunas）交會，新婚夫妻很喜歡去匯流公園（Santakos Parkas），因為它可以俯瞰兩條河的匯合點。在立陶宛語中，涅里斯屬於雌性，尼曼屬於雄性，因此這個浪漫的地點象徵婚姻：雌雄河流在此融為一體，從此再也不會分離。（但很少人提到匯流後愈往下游走，河水的毒性就愈強。）

自從在十三世紀建城，考納斯曾被毀了十四次，每次又奇蹟地復活。居民為何堅持要在那個位置蓋一座城市？它顯然不該存在。我秉持著好奇心造訪這座不死之城，希望能了解它為何歷經反覆蹂躪，卻依然無法從地球表面消失。

我歸納出五個理由可解釋立陶宛人為何這麼愛考納斯，愛到無法放棄它。首先，它位於兩條主要河流的匯合點，具有重要的戰略價值，人們自然必須在此定居。事實上，立陶宛的第一座磚造城堡就是建於匯流公園的考納斯堡，我在雪地裡的堡壘四周跳躍，它顯然哪兒也不會去。

第二，它的舊城區（senamiestis）布滿著古雅的鵝卵石街道、令人嚮往的教堂和浪漫的咖啡廳。美麗的富豪建築環繞著中央廣場（Rotušės Aikštė），潔白的婚禮宮（也是舊市政廳）看起來像教堂，然而這棟四百五十歲的建築從未扮演過任何宗教角色，那份工作屬於它隔壁的聖方濟沙勿略教堂和耶穌會修道院，而且廣場的另一個角落就是列滿雕像的聖彼得與聖保祿大殿，它剛過完六百歲生日。這些藝術傑作和古老世界的魅力使考納斯非常上鏡。

第三個熱愛考納斯的理由是，它是全歐洲繼威尼斯之後第二適合步行的城市。長達一點六公里的自由大道（Laivės Alėja）是東歐最長的徒步區，起點是個氣氛肅穆的紀念碑，它紀念著一九七二年為了抗議共產專政而引火自焚的學生羅馬・卡蘭塔（Romas Kalanta）。從這座紀念碑可以眺望一英里遠處的大道終點——位於獨立廣場（Nepriklausomybės Aikštė）、雄偉華麗的大天使聖米迦勒教堂。若再加上周圍其他車輛稀少的區域，整個徒步區總共涵蓋了三公里。

第四，不像多數波羅的海城市，考納斯擁有不少山坡。我從小在舊金山長大，所以我喜歡地形高低起伏的城市。雖然多數波羅的海城鎮都像內布拉斯加州一樣扁平，考納斯的山丘倒是陡到可以建造兩道全歐洲最古老的纜車鐵路。

第五，雖然考納斯有許多教堂，其中最令人讚嘆的是現代風格的耶穌復活教堂，它看起來似乎屬於一個更大的城市，就某方面而言它的確是。當立陶宛在一九二二年獨立時，首都其實是考納斯，並不是維爾紐斯，市民為了慶祝而蓋起這座巨大的教堂，它的主塔高達七十公尺（大約有二十三層樓高）。但好景不常，後來無神論的共產主義者將此教堂改造成無線電廠。如今它又恢復教堂原貌，白淨的室內造型極簡抽象，我跪在長椅前懇求上帝介紹一位美女給我，上帝回應了我的祈禱。

當我踏入遊客服務中心，外面雖然在下雪，辦公室的主管卻差點使我融化。棕髮、碧眼、身材纖瘦的女性是我的菜，英格・帕潔凱蒂（Inga Pažereckaitė）正好同時有這三項特徵。我原本的計畫是要質問：「你們到底有什麼問題？為什麼每次考納斯被毀，你們都堅持要重建？別再那麼固執啦，你們這些笨蛋！」

結果我反而完全被她迷惑，只能胡言亂語：「呃，嗨，我，呃，在找……這裡二月下雪正常嗎？對不起，蠢問題。我是說，嗯，一張地圖？你有嗎？我是說地圖。」

英格傾斜著頭，用那雙清澈的水藍大眼好奇的看著我，「抱歉，能為你效勞嗎？」

我解釋自己講話吞吞吐吐的原因是我有法國和智利血統，所以英語其實是我的第三語言。幸好英格每天都會接觸到白癡遊客，她沒理會我的愚蠢藉口，只是面帶微笑遞給我一張地圖。

立陶宛人如何看待外國人

我詢問英格對外國人的印象，她說：「波蘭人和法國人總是堅持要講自己的語言，當我回答：『抱歉我不會講你們的語言』，他們就顯得不悅，有時候甚至直接帶著一臉輕蔑的奸笑離開辦公室。」

「哪個國家的人讓你特別反感？」

「我不喜歡義大利男人，他們自以為很可愛或很有魅力，喜歡擺出一副萬人迷的姿態，以為任何女孩都會為他們瘋狂，實在很可笑！」

立陶宛人跟波蘭和俄羅斯的關係很冷淡。安德魯・蓋格辛卡斯（Andrius Gegužinskas）在鄰近波蘭邊境的馬里揚泊列（Marijampolė）長大，父親是立陶宛人，母親是白俄羅斯人，他估計馬里揚泊列附近的居民之中有百分之十五是波蘭人，而且多數都會講立陶宛語。但他還是坦承：「立陶宛人就是不喜歡波蘭人，這很愚蠢，因為我們其實是同一個民族，但兩國關係確實有點緊張。」

直到近年，兩國還像嬰兒般爭論波蘭人能否在官方文件上用波蘭拼音拼寫自己的姓名，或是必須轉譯成立陶宛拼音，如此幼稚的爭議傳到了政府最高層，因為他們顯然閒到沒事可做。

一如往常，這些緊張關係都是源自歷史。現居於舊金山的達莉亞．維希特（Dalia Vasite）有立陶宛和俄羅斯血統，她對此提出總結：「我每次出國遇到波蘭人，他們都說『維爾紐斯屬於我們』。哇咧，它位於另一個國家的中央，你們還認為它是你們的，哇咧。」

不過波蘭人的論點也不是沒道理，他們在歷史上確實數度統治過維爾紐斯，雖然波蘭人和俄羅斯人分別只占立陶宛總人口大約百分之六，但他們在首都的人口比例並不小。這也是為何維爾紐斯感覺不太像立陶宛，我在街上聽到波蘭語、俄語或英語的頻率跟立陶宛語差不多，如果你想要體驗一個更「純正」的立陶宛城市，就應該去考納斯。立陶宛人仍然有個壞習慣，他們會把所有問題怪罪給俄羅斯、波蘭或全世界，而他們雖然不會把問題推給愛沙尼亞，卻也喜歡嘲笑它。

愛沙尼亞人常淪為波羅的海各國的笑柄，笑點不外乎他們動作遲緩又腦殘。首先舉幾個立陶宛語的笑話：

在愛沙尼亞賣蝸牛可以賺很多錢，因為很少人能抓到牠們。

「誰站在那兒？」一個立陶宛人問一個拉脫維亞人。「那是個正在跑步的愛沙尼亞人。」

拉脫維亞人也喜歡取笑愛沙尼亞人的龜速：

愛沙尼亞的路標：「圓環」。附加號誌：「請勿轉超過三圈」。

《駭客任務》中的子彈祕密揭曉了，每顆子彈上都有一行小字幕：「愛沙尼亞製造」。

如果他可以，一位愛沙尼亞人在生命中應該做好三件事。

這些笑話滿好笑的，但並不準確。最後一笑還是屬於愛沙尼亞，因為他們的生活水準比其他兩國都高，自從一九九五年，愛沙尼亞的人均生產總值就超越拉脫維亞和立陶宛兩成，並持續保持領先。愛沙尼亞政府很少出現財務赤字，而拉脫維亞和立陶宛卻像是亂刷信用卡的青少年。最諷刺的是，愛沙尼亞人還告訴我說他們跟拉脫維亞人和立陶宛人做生意時常感到挫折，「他們動作真慢！」其中一人抱怨，「搞了老半天還一事無成。」

經濟大衰退期間，愛沙尼亞把它的波羅的海鄰居遠遠拋在沙塵中，達到了歐盟嚴格的財政門檻，率先開始採用歐元，拉脫維亞和立陶宛則過了四年後才加入歐元區。愛沙尼亞的政府一看到全球經濟出現減緩跡象，就以閃電般快狠準的速度削減支出。在歐盟的資助之下，它迅速施行現代化計畫，激發國內經濟成長，同時也減輕了全球經濟衰退帶來的衝擊。如今拉脫維亞和立陶宛只能用一個笑話自我安慰：愛沙尼亞人為何這麼有錢？因為他們錢花～得～很～慢。

波羅的海三國的十項共同點

為了徹底了解愛沙尼亞、拉脫維亞和立陶宛有何不同，我在波羅的海地區住了半年。外國人普遍將它們視為一個共同體，一個類似「波羅斯坦」的假想國，但他們對這種認定很反感。在總結他們的差異之前，首先要思考其中的共同點。就像賈德・戴蒙（Jared Diamond）在《槍砲、病菌與鋼鐵》（*Guns, Germs and Steel*）書中論及，構成一個國家的主要元素是它的地理環境，若以此標準衡量，波羅的海三國確實非常相似，它們都有：平坦的地形、波羅的海的出口、相似的緯度（因此氣候也相似）、相似的穀物和烹調（地理環境限制了他們的食物選擇）、與俄羅斯接壤（數世紀以來都影響著他們）。

照常理推論，一群地理條件如此近似的人民應該有許多共通特徵。他們確實有，讓我們來觀察這十項共同特點。

1. 人形松鼠

當冬天腳步接近，這些人就變成了人形松鼠。每年秋天，愛沙尼亞人、拉脫維亞人和立陶宛人都直覺地蒐集各種玻璃容器，將它們消毒，並耗費多時用大鍋煮沸蔬果。他們的廚房成了迷你工廠，製造出數十罐的蜜餞和果醬。他們每年都重複這項儀式，而且這不是沒道理：如果他們沒這麼做，今日都不會在世界上了。

波羅的海遠比美國任何一州（阿拉斯加除外）接近北極，因此他們的冬天既嚴寒又黑暗，唯一的存活方法就是將櫥櫃塞滿果醬。共產時代的店家存貨都不足，所以蜜餞和果醬是不可或缺的營養補品。雖然現在透過國際貿易已可在冬天購買新鮮的芒果和草莓，多數住家依然屯積著大量自製果醬、蘑菇和醃黃瓜的玻璃瓶。

「人們還是不習慣去超市買果醬，」英格解釋，「立陶宛人認為自製食品最健康，所以許多食品都是在家裡製作的。很多人（或他們的親戚）會在家裡種植蔬果，因此總是有足夠食材可保存過冬。每一戶立陶宛住家都有專屬的招牌果醬，他們種什麼就有什麼，例如我今年秋天就做了一些梅子醬。」她笑著說。

保存食物只是一半的樂趣，另一半在於起始的蒐集，就像他們的波羅的海鄰居，立陶宛人喜歡採莓，但他們真正的狂熱是在採菇。立陶宛人會全副武裝，帶著小刀和籃子，像狂戰士般行軍至森林裡獵殺野菇。最珍貴的菌種是牛肝菌。狂熱在十月到達頂峰，他們會在祖基亞（Dzūkija，立陶宛最優質的野菇森林）舉辦「獵菇奧運會」，並在賽後舉行頒獎典禮和慶祝活動，表揚最優秀的採菇大師。

然而，若沒有那些婦女盡忠職守地保存它們，這麼多的菌菇和莓果也只會腐爛（男人只參與搜集的過程，但很少幫忙保存）。現今許多慈母仍會在成年子女返家探親時送他們一些私房醬料，值得讚許的是下一代似乎也傳承了此項傳統，我們都可以學習這個習慣和技能。

2. 詩情畫意的禮物

波羅的海的另一項優良傳統會出現在聖誕節。在美國，當有人送禮，你接收後說謝謝就可以了，但這在波羅的海是不會被接受的。

例如當一位立陶宛人送你禮物，你必須先吟誦一首詩再收下它。尤其是兒童都必須遵守這條規則，在過去的艱苦時期，立陶宛孩童無法奢望在這一天獲贈十幾個禮物，此項傳統能鼓勵孩子去珍惜每件禮物。想像被寵壞的美國小孩每獲得一件禮物就要背一首詩，由於詩歌已經是一門瀕死的藝術，多數美國人根本說不出半句詞，即使他們背得出口，這種開箱典禮想必會搞得又臭又長，被惹惱的家長們以後可能都不敢送那麼多禮物了。

雖然現今的波羅的海社會已開始富裕，人們依舊不會在聖誕節用禮物掩埋親友，因此你還是可以在聚會時看到大人和小孩輪流起立吟詩收禮。這個強大的傳統不但能保存詩歌文化，它能傳達的感激之情也比一句「萬分感謝」更具深度。

3. 閃躲東歐的標籤

波羅的海人很討厭被歸類於東歐，例如我曾在美國的一間圖書館看到一位長得有點像東歐人的女士，她帶著兩名金髮孩童，有可能是俄羅斯人，我很好奇自己有沒有猜對，於是我問她：「不好意思，請問你們來自東歐嗎？」

她思考了幾秒後回答：「不，我來自拉脫維亞。」

「很好啊！」我很慶幸沒有說出自己以為她是俄羅斯人，「可是拉脫維亞不是在東歐嗎？」

「不是。」她堅決否認。

「喔，那你會說拉脫維亞在哪裡？」

「我們在中歐。」她充滿自信地回答。

「真的？所以那表示『東歐』只包括俄羅斯？」

她發覺拉脫維亞的東方只有俄羅斯，遲疑片刻後不甚有把握地說：「應該是吧，我不確定。」

「好吧，」我點頭，「那麼烏克蘭呢？它在東歐還是中歐？」

這些深沉的哲學問題考倒她了，「我不確定，我不知道。」

我告訴她說我去過拉脫維亞，所以她很快就放下戒心，承認自己不喜歡俄羅斯。至於烏克蘭該被歸在哪一邊，她內心充滿掙扎，一方面烏克蘭跟拉脫維亞同樣是前蘇聯的衛星國，都受過俄羅斯的霸權統治，另一方面烏克蘭人的長相、語言和體味卻又跟俄羅斯人很像。記得千萬別對烏克蘭人這麼說，尤其是西烏克蘭人，我們在後面就會知道原因。

因此這位女士無法決定烏克蘭應歸於跟俄羅斯同類、又會引來負面聯想的**東歐**，或是應該把它放在「比較好」的**中歐**。然而她也不喜歡將俄羅斯歸類於東歐，對她來說俄羅斯根本不屬於歐洲，因為只有優等民族才有資格待在歐洲，俄羅斯絕對不夠格。在她的理想世界中，拉脫維亞屬於中歐，而東歐根本不存在。

不幸的是地圖不可能那樣劃分，例如《孤獨星球》（*Lonely Planet*）有一本中歐旅遊指南，涵蓋了奧地利、捷克、德國、匈牙利、列支敦斯登、波蘭、斯洛伐克、斯洛維尼亞和瑞士，可惜就是沒有波羅的海三國，你會在《孤獨星球》的另一本東歐指南裡面找到它們。

愛沙尼亞人和立陶宛人也同樣抗拒東歐的標籤，例如我曾在YouTube上傳一段關於青銅士兵的影片，片名是「東歐最具爭議性的雕像」，一些愛沙尼亞人就在下面評論說愛沙尼亞不屬於東歐，「它在北歐。」另外，當我在《漫遊學習》的播客（*WanderLearn Podcast*）專訪達莉亞時，她還固執地試圖說服我立陶宛在西歐！

與其為了閃躲東歐標籤而玩這些心理體操，不如重塑形象，讓東歐成為最酷的探險家才會去的狂野邊疆。讓那些古板的老頑固留在西歐，時髦的年輕人去東歐打先鋒。這已經是時代趨勢，當遊客對西歐感到厭倦，想看些更前衛奇特的事物，他們就會去東歐。或許再過幾年，東歐的形象會變得如此酷炫，連法國都會宣稱自己屬於東歐！好吧，也許不會那麼誇張。

4. 社交白癡

波羅的海人的社交智商很弱。是的，這樣說很沒口德，但我從未在其他國家遇過這麼難打交道的人。如果要用一個字來總結這裡的社交互動，那就是「尷尬」。起初我以為問題是出自於我，也許我有體臭，長相古怪，或是會說蠢話，然而我後來發現有些外表跟我迥異的人也遇到同樣的挫折。基克．賈西亞（Kike Garcia）是一位跟朋友來波羅的海旅遊的西班牙人，他說：「我們無法跟這些人交際，他們是那麼的冷漠孤僻。」

當地人也承認他們不擅社交，凱蒂．洛特（Kati Loite）是一位在維吉尼亞州進修的愛沙尼亞人，她說：「愛沙尼亞人不像美國人那麼健談，多數人都顯得很冷漠，需要時間暖機。」

我在塔林曾邀請一位澳洲人到酒吧跟瑪玉和另外兩位愛沙尼亞女性喝酒聊天，之後瑪玉和她朋友莉絲都同意：「我們跟那位澳洲人聊得比自己國人更開心，愛沙尼亞人就是不知道怎麼跟別人搭訕，他們只會坐在那裡，什麼話都不說。」當我住在愛沙尼亞期間，我總是得強迫自己帶動一個話題，否則那段對話就會變得呆板無趣、毫無重點。

居住在那裡的俄裔人士則完全相反，俄羅斯人一點都不拘謹，他們敢跟你聊任何話題，也會毫不掩飾地哈哈大笑，跟他們的對話總是生動活潑。瑪玉在辦公室工作時比較喜歡俄羅斯人，因為他們比她的愛沙尼亞同事好相處，「俄羅斯人比愛沙尼亞人熱情，比較溫暖。」

艾蒂特是拉脫維亞人，她說：「我們的心態很閉鎖，不擅長交友，我們不像俄羅斯人住在小村莊裡，彼此可以靠得很近，我們的村鎮很分散，心態自然也會不同，因為我們習於保持距離。這也是我覺得自己很像北歐人的原因，當我去南方國家時，就很不習慣那邊的吵雜和擁擠。」

英格告訴我：「我們立陶宛人常以矜持和肅穆自居。」她描述他們過新年的方式，「立陶宛人通常都不跟鄰居溝通，但每年都會有一次特例，我們會變得很友善、很開放。在新年除夕的午夜時分，大家會開始親吻家人、親戚和周圍的陌生人，彷彿彼此都是莫逆之交。」

我在愛沙尼亞的帕爾努（Pärnu）過新年夜時，一堆酒酣耳熱的愛沙尼亞人都在跟我擁抱、親吻我的臉頰，但隔天有些人卻假裝不認識我，當我試圖跟他們閒聊，他們低聲咕噥幾句就閃退了。另一個例子是臉書上有個專頁叫做「你知道自己在立陶宛住太久」，其中一則貼文就是：當你在公共場合看到有人笑，心想「唉，又是個該死的外國人。」

達莉亞說：「雖然愛沙尼亞也屬於波羅的海，立陶宛人並不想跟他們攪和，而每當我遇到拉脫維亞人時，他們也不願意跟我說話。相較之下俄羅斯人真是健談得多，立陶宛人整體來說比較冷淡，我希望我們可以敞開胸懷，感覺上立陶宛人都很固執己見，有時甚至很難溝通，我感覺到好多怨恨。」

我問她住在美國的立陶宛人有何不同，達莉亞回答：「美國的立陶宛人簡直是天壤之別，這些人會全心祝福你，盡全力幫助你，他們是如此快樂，但在我的家鄉卻不是這樣。我想部分原因要歸咎於蘇聯，以前大家都是齊頭式平等，我們的所得正好足以維生，當他們開放市場，開始出現貧富差距，人們就開始相互嫉妒。很多人都充滿怨氣，你逛店家時不會在人們臉上看到快樂或幸福，如果我露出美式笑容，他們就會以懷疑的眼光看著我。」

葉娜去義大利旅遊之後，回到拉脫維亞的故鄉反而感到很鬱悶，她發覺拉脫維亞人都是社交白癡，而且她以前從未這樣想過，直到去了其他國家看到別人如何相處才察覺到這點。約翰・格雷（John Gray）在《男人來自火星，女人來自金星》（*Men Are From Mars and Women Are From Venus*）書中描述世界各地的男人有時都難免需要遁入自己的「洞穴」，波羅的海的男人則似乎永遠都躲在洞穴裡。

波羅的海的社交恐懼症是如此嚴重，你可能會懷疑他們怎麼能傳宗接代，如果男人無法發揮魅力引誘女人，他們何能結婚生子？葉娜告訴我答案：「我們喝醉就行了。」

這是真的，波羅的海的社交潤滑劑就是酒精。若沒有伏特加、啤酒或紅白酒，酒吧的氣氛可能會跟葬禮一樣死寂。拜酒精之賜，波羅的海人才沒有絕種。

5. 心機很重

每當我請波羅的海人描述自己，他們通常都會說：「我們的嫉妒心很重。」我在愛沙尼亞讀到一本當地政府出版的小冊子，從中可以明顯看出這點，該書介紹了許多愛沙尼亞的民族特性，包括他們是多麼的充滿嫉妒心。當我請瑪玉的母親描述他們的一個典型特徵，她用一個字回答：「嫉妒」。

有趣的是，當我請拉脫維亞人解釋自己跟愛沙尼亞人有何不同，有些人也回答：「我們很會嫉妒。」我努力忍著不笑，因為愛沙尼亞人講過完全一樣的話。

我以為立陶宛會不一樣，但安德魯告訴我這個廣為流傳的笑話：

地獄裡，魔王指著一鍋俄羅斯人，對他的僕眾說：「別擔心他們，因為如果他們逃出去，他們只要買些伏特加就會跳回鍋裡。」當他經過了一鍋猶太人，就說：「小心不要讓任何人逃出去，因為只要有一個人逃出，他就會幫所有人離開。」最後魔王經過了一鍋立陶宛人，他說：「別擔心他們，就算有一個人逃出去，其他人也會把他拉回來。」

達莉亞也影射了這個笑話，「立陶宛人很會嫉妒。換作是猶太人，如果你過得好，他們就會說：『我替你感到高興，而且我會幫助你。』他們的凝聚力很強，很願意彼此扶持。在立陶宛，大家都只會做自己份內的事，沒有人會真心願意幫助你，也沒有人會祝福你成功，如果你真的成功了，他們也不希望你成功。到處都充斥著嫉妒，他們都自以為是，如果你過得好，他們反而不會高興，會暗自忖度，『我希望那個人不要過得那麼好。』」

令人驚訝的是，波羅的海三國的人都不需要我暗示就承認他們的嫉妒心很重，不會互相幫助，寧可拖別人下水也不願意恭喜別人成功。更神奇的是各國都認為「嫉妒」是自己的獨特民族性，愛沙尼亞人從來都不會說拉脫維亞人或立陶宛人愛吃醋，反之亦然。說到「嫉妒」，波羅的海人就只會自我批判。

然而真正詭異的是我並不覺得他們比典型的美國人、亞洲人或歐洲人更會嫉妒，或許是因為我不熟悉任何波羅的海語言，所以我無法觀察入微，但我在這幾個國家並沒有察覺到異常的嫉妒心。我只能分享波羅的海人對自己的敘述，他們傳達的訊息很明確：**我們的嫉妒心**

很強。好吧，你說了算。

6. 滿街的超級名模

波羅的海的另一個共同點就是人們都非常注重時尚。女人都穿得很高檔，而且都打扮得極度女性化。她們都會留長髮，經常穿裙，永遠都穿高跟鞋，即使是在冰冷的冬天也很難看到一個沒穿高跟長靴的女人。需要推娃娃車去公園散步？那些母親會建議你穿上短裙和細高跟鞋。

我對時尚毫無概念，但這裡每個人都似乎穿戴最流行的品牌。眾多女性都用自己的腰帶和服裝秀出Prada和Gucci，她們的時髦墨鏡也秀著Armani、Versace或是閃閃發光的D&G。尤其是住在當地的俄羅斯人更是裝備齊全，追求時尚到離譜。派翠西亞（Patricia）是一位在立陶宛的森林裡住過五個月的芬蘭年輕人，她告訴我，「相較於芬蘭人，立陶宛的女生真是非常女性化。」

她又補充，「男人也很講究時尚。」男人會穿當時最流行的牛仔褲，通常也會穿高級鞋子。他們很少穿運動鞋，即使有穿也絕對不會是白色，因為那擺明是在大喊：「時尚警察快來啊！有個無腦的美國人正在藐視時尚！」

頂著一頭精心設計的髮型，穿著完美的服飾，多數波羅的海男性可說是異類，一種充滿大男子氣概的都會美型男，他們對自己的形象很挑剔，然而態度又有點強硬。派翠西亞也觀察到立陶宛男人「傾向於花大錢在炫目的手機和車子上，他們似乎比多數西方人更在乎這些事物。」這些評語也可套用在拉脫維亞和愛沙尼亞。

波羅的海的時尚真言似乎是：外表好看比感覺舒適更重要。即使全年溫差起伏巨大，這裡的男性一年四季都維持一貫的穿著，無論是在溫暖的夏天或多雪的冬夜都會看到男人穿著緊身牛仔褲、襯衫和一件薄外套或毛衣，厚重的外套都藏在衣櫃裡，除非氣溫降到零下四十度，況且你在那種情況也不可能穿上蓬鬆的大衣出門丟人現眼。

最重要的是，波羅的海的時尚達人絕對不會在冬天戴帽子，那是土包子的行為。少數男人會穿連帽衫，因為那符合潮流，但只有窩囊廢才會戴帽子。女人也不會戴，因為那會弄亂她們的完美髮型。那頭秀麗的長髮代表著女性的驕傲與榮耀，所以你必須把它展現出來，尤其當你的頭髮是金色（大約有一半的女人天生是金髮）。雖然年輕人都把帽子留在家裡，但大家在冬天都會繫上圍巾，這似乎是個普遍的常識，你只需要一條圍巾就能在暴風雪中生存。你今年冬天只有一件T恤？別怕，只要有圍巾就能活！

或許最大的謎題是：波羅的海人怎麼買得起這些衣服、化妝品、珠寶和香水？他們的薪資不及西歐或美國人的一半，而這些花俏服裝比美國賣的還貴將近兩倍，這些波羅的海美女是怎麼辦到的？

仿冒品彌合了部分經濟差距，像我這種白癡就分辨不出一個聖羅蘭（St. Laurent）皮包的真假。我不確定那些山寨版在波羅的海的盛行率有多高，但它肯定超過九成五。冒牌貨雖然大幅降低了價格，但它們並不能解釋一切，其實許多人都避免買假貨，卻還是穿著高雅時裝。確實很難在波羅的海找到一個邋遢鬼，就算真的有，他很可能也是個遊客。

那些高跟鞋女郎會藉由兩種方式拉緊她們的預算極限：第一，跟父母同居，將自己微薄的收入全花在塑造形象；第二，吃得很少，這也有瘦身的附加效益，足以擠進那件以巨款換來的性感緊身褲。

不過在此必須澄清：波羅的海女人或許有點難伺候，但她們並沒有公主病。這些美女擁有男人的終極夢幻組合，因為她們有超級名模的外貌，卻沒有超模的臭架子。滿街都是琳琅滿目的時裝秀，致使梅根．福克斯（Megan Fox）之輩相形遜色，顯得像個普通的鄰家女孩。競爭是如此激烈，男人會忽視毒舌女王，把焦點放在那些心地善良又有性感翹臀的目標上。總之，波羅的海人會使你不禁回頭多看一眼，但你可以放心，在那濃妝和品牌的包裝之下，他們還是正常人。儘管如此，這對時尚的迷戀背後依然有黑暗的一面。

7. 唯物主義的盛行

自從柏林圍牆在一九八九年倒塌，唯物主義就像一場疾病重擊著東歐，對波羅的海影響尤其劇烈。當共產主義的假面紗被拆穿，波羅的海三國聽見一聲槍響，宣告這場追趕西方生活水平的比賽已經開始。一九九〇年代期間，西方世界的投資湧入波羅的海，帶來大量的工作機會和金錢，波羅的海人民頓時得到他們在共產時代從未能夠擁有的一切：衣服、行動電話、筆記型電腦、高級餐廳、衛星電視，以及關於我們能向東歐人學到什麼的書籍。

隨著二十一世紀的黎明降臨，信用貸款變得極易取得，在波羅的海開啟了第二波收購風潮。人們透過信貸購入高價商品：車子、房屋、家具和昂貴的假期。債務迅速累積而攀升，但既然大家都這麼做，這感覺很正常，況且感覺很棒！在僅僅二十年內，波羅的海三國就追上了西方的生活水平，至少表象是如此。然後另一層面紗被揭開了，一層隱藏現實的面紗。

如今波羅的海人民仍在掙扎著接受事實，許多物價都比美國貴五成至一倍，房價和電費略為便宜，但食物通常都比較貴。然而人們的薪資只能以花生比擬，現在該是縮緊自己的Gucci腰帶的時候了，然而在過了三十年入不敷出的生活之後，波羅的海人依然有著無法滿足的購物欲望。例如他們通常都有超過一支手機和ＳＩＭ卡，他們說那是因為想買到最好的價格，但部分原因是他們就是想要有更多玩具。唯物主義的氾濫不僅止於一般物品，派翠西亞說男女經常把對方視為戰利品。對男性而言，他們是在展示「我的美麗超模女友」，女性則是在炫耀「我的富裕男友和他的名車」。她的結論是：「波羅的海人比芬蘭人更拜金。」

波羅的海人可能比全世界最唯物的美國人更拜金。雖然美國人的消費量比任何人都高，但許多人已經不再玩購物比賽，他們領悟到：一群老鼠賽跑無論結果如何，你終究還是一隻老鼠。

資本主義的新奇在波羅的海尚未褪色，但隨著資本主義在此地區逐漸成熟，人們自然就不會想再虛度光陰收集玩具，不過他們還沒走到那個地步。例如我知道這些人很迷信名車，於是我就告訴他們，許多美國城市居民都認為無車族才是最酷的，騎腳踏車上班很酷，跟其他白癡一起塞在車陣裡沒有任何好處，即使你開的是保時捷。他們很難接受這種觀念。

希望年輕的波羅的海人能跟自己的祖父重修關係，老一輩都經歷過共產時代的斯巴達式生活，了解人生真正該追求什麼，他們可以教導後生晚輩很多事情。

8. 反俄

這點應該很明顯，波羅的海人都不喜歡俄羅斯。這種反感深植於波羅的海人民的血液中，他們討厭俄羅斯的語言、文化和人種。史蒂芬妮・卡納爾（Stephanie Carnell）的家族來自立陶宛，她告訴我：「立陶宛人真心盼望所有俄羅斯人都滾回家去，即使是那些早已融入當地文化的俄裔人士，立陶宛人也希望他們離開。」

當然這種敵意主要是源自於蘇聯統治，但波羅的海人常忘記當時的領導階層多數是自己國人，不是俄羅斯人。確實俄羅斯人是幕後操縱者，但愛沙尼亞人、拉脫維亞人和立陶宛人在蘇聯時期都曾享有政府高層位階。儘管如此，波羅的海人民仍將蘇聯時期視為一場不公平且無道德的侵占，而且在他們的眼中，俄羅斯和蘇聯是同義詞。

波羅的海的反俄情結扼殺了俄語在此地區的普及率。上個世紀大家都會講俄語，現在只剩不到一半，而且數字正在驟減。學童如果沒有去俄語學校，就會學習英語為第二語言。那些在學校接觸過俄語的人也不喜歡學它，瑪玉和她的雙胞胎姐妹出生於一九八〇年，被迫學了八年的俄語，現在她們也只會講些基本詞句，因為當初都沒花什麼心力去學，畢竟學習自己的占領者的語言對人格是一種侮辱。瑪玉有時也後悔當初沒把俄語學好（她精通德語、英語、芬蘭語和愛沙尼亞語），不過她的俄語技巧對她影響不大，因為她在一間愛沙尼亞的公司上班，裡面的俄裔人士都會說英語。

另一方面，俄語在波羅的海永遠都不可能滅絕。俄裔族群擁有足夠的群聚效應（占總人口四分之一），所以許多工作都需要講三種語言（當地的波羅的海語言、英語和俄語），而且俄羅斯人學習其他語言的能力很差，所以波羅的海人必須繼續遷就俄裔族群。不過俄羅斯人也在試圖學英語，或許一個中立的第三語言能帶來相互溝通的新希望，溝通自然能帶來諒解。立陶宛裔美國政治學家艾瑪．高德曼（Emma Goldman）就曾說過：「在互相原諒之前，我們必須互相了解。」

9. 慶祝夏至

緯度比波羅的海低的國家通常不會去關注夏至，有些人不知道它在什麼時候來，還有少數人甚至不知道那是什麼！然而傳說中的白夜在波羅的海是一年最重要的慶典之一。

夏至通常在六月二十二日，慶祝活動源自於多神教的傳統習俗。立陶宛人曾為了給它添加一點基督教氣息而將之取名為「聖約翰日」（Joninės），並為那些名叫約拿（Jonas）或葉妮娜（Jenina）的人戴上橡樹花冠。但儘管如此，多神教的儀式仍然是重頭戲，人們整天唱歌跳舞，直到日落，然後他們在午夜比賽尋找一朵魔法蕨花，誰能找到就可以永遠擁有幸福與財富。葉娜告訴我說拉脫維亞人也會尋找那朵蕨花，但她補充說：「事實上，拉脫維亞人只有在那個時候會尋歡。『尋找蕨花』這句話就是在比喻『尋歡』。」

如果找不到傳奇花朵，他們就在這一年最短的一夜跳火堆，煙霧瀰漫的營火具有三項意義，它可以幫助你：(1)保住幸福與財富；(2)驅除那夜到處飛舞的巫婆和邪靈；(3)免受蚊蟲叮咬。愛沙尼亞人還會舉行「歌唱決鬥」，大家會分成兩組人馬，輪番炫耀自己的歌喉。當仲夏的太陽再度升起，人們用晨露洗淨臉頰，為整個儀式畫上句點。

10. 對花的熱愛

如果叫一位波羅的海女人在男人和花之間做抉擇，多數人不用花一奈秒就會選擇花。好吧，或許全世界的女性都是如此，但波羅的海女人顯然對花情有獨鍾。跟任何一位女性踏入一個房間，她的第一個動作就是鎖定房間中的花朵，仔細評估它們的種類、狀態和意涵。我可能要在房間裡待一個月才會察覺到花的存在。

三月八日對美國人的意義不大，但它在波羅的海的重要性不亞於元旦、情人節或聖誕節。三月八日是國際婦女節。「所有男性都會慶祝這一天，」英格告訴我，「它常被稱為鬱金香之日，幾乎每個男人都會買至少一朵鬱金香送給他的妻子、女友、同事或岳母。」美國人曾幾何時會買花送給岳母？前面提到的政治學家高德曼又說話了，她說：「我寧可在桌上擺玫瑰花，也不要在頸上掛鑽石。」

花在波羅的海可以傳達深遠的意涵，我第一次跟瑪玉的母親見面時，為她帶來一束紫花，結果她連續兩週對此讚不絕口，不斷指出我選擇的花種的重要性。另一方面，選錯了花也會讓你灰頭土臉。我居住在愛沙尼亞的那幾個月中，不時都會買花送給瑪玉，每次她平靜的臉龐都會亮起笑容，但有一天她的臉卻沉了下去。

「怎麼啦？」我把花束捧給她看。

「那是俄羅斯的花。」她輕皺著眉頭。

我把花收回來研究，它們看起來很漂亮，聞起來很香，我不知道世界上還有「俄羅斯花」這種區分法。花不就是花嗎？差別只在形狀、顏色和氣味，最重要的是那一份心意，不是嗎？顯然在波羅的海不僅如此，所以給各位男士一個祕訣：買鬱金香就對了，我不確定哪個顏色最好，但鬱金香通常都有效。

波羅的海三國的十項差異

每當我試圖了解這三個國家有何差異，都會發生一個有趣現象。我會這樣提問：「你知道那少數聽聞過波羅的海的美國人，都認為你們其實是大同小異嗎？」

「可是我們不是啊！」他們總是極力否認。

「有何不同？」我反問。

「太多方面了！」

「很好，除了語言之外，你能否指出任何一點？」

他們猙獰扭曲的面容頓時垮了下去，目光到處飄移，試圖尋找答案。他們會像個企圖對父母說謊的八歲小孩般地胡言亂語。

我偶爾會走運而得到一個有內涵的答案。我會在此彙整它們，並加上幾個我自己觀察到的實證。以下是「波羅斯坦」不存在的十項原因：

1.雖然他們的語言有共同歷史淵源，一個拉脫維亞人跟一個立陶宛人能溝通的程度僅限於泰山語。至於愛沙尼亞語，它實在太怪異、太遙遠，所以他們跟其他兩國只能靠手語和咕嚕聲溝通。

2.愛沙尼亞的國民生活水平一向都比兩位兄弟高。

3.波蘭文化對立陶宛有影響，芬蘭文化對愛沙尼亞有影響，俄羅斯影響大家。

4.立陶宛人的自殺率遠比其他兩國高。在之前一項對全球一百零六個國家的問卷調查中，立陶宛的自殺率居世界之冠，拉脫維亞是第十一名，愛沙尼亞是第十七名（美國是第三十九名，英國是第四十九名）。

5.愛沙尼亞和拉脫維亞的基督徒屬於新教，立陶宛則屬於天主教。不過大多數人根本沒有宗教信仰。

6.立陶宛人的飲酒量遠比其他兩國高。愛沙尼亞的人均飲酒量最高，但這項數據會誤導人，因為那包括數百萬專程跑去愛沙尼亞享受便宜酒的芬蘭人。就平均而言，每個波羅的海人一年大約喝十一公升的酒，比美國平均高三成。

7.大約百分之八十五的立陶宛人傾向於講本國語言，在愛沙尼亞是百分之六十九，在拉脫維亞則是百分之六十二。

8.俄裔族群占愛沙尼亞和拉脫維亞的總人口大約百分之二十五，但只占立陶宛百分之五。多數都住在大城市或俄羅斯邊界附近。

9.俄裔人士有時在愛沙尼亞會為了爭取更好的工作機會而更改姓名，他們在拉脫維亞或立陶宛很少會那麼做。

10.拉脫維亞森林中的野狼比愛沙尼亞和立陶宛加起來還多，立陶宛的鸛鳥比其他兩國加起來更多，愛沙尼亞的蚊子最多。

雖然不太可能充分解釋波羅的海三國有何不同，你現在應該有些頭緒了。波羅的海人想必會嫌這個列表太簡短，事實上有些立陶宛人可能會尖叫：「這個立陶宛的章節寫得真爛！」

由於介入因素實在太多（要看你在問誰、在什麼地方問、問題內容是什麼，以及隨機或然率），所以很難歸納出他們之間的差異。或許最弔詭的因素是波羅的海人不斷在進化，由此可帶入最後的謎題——他們的未來。

波羅的海的未來

無論波羅的海三國如何堅持維護各自的獨特性，它們的命運在過去三百年確實都被綁在一起。自從一九九一年獲得獨立後，它們都在向上提升，至於能否維持這道曲線，就端視於他們是否有能力做好以下三件事。

首先，他們必須克服自己對俄羅斯的深仇大恨。波羅的海人對任何跟俄羅斯相關的事物都有膝反射式的負面情緒，雖然他們自從獨立之後就往西方看是好事，但長期忽視全世界最大的國家絕非明智之舉，更何況該國家就在他們隔壁。如果波羅的海三國對此處理得當，俄羅斯可以是個很棒的盟友，協助波羅的海地區繁榮興盛。更重要的是，波羅的海三國還可以扮演歐盟、北約和俄羅斯之間的橋梁。讓我們把希望寄託在新生代，由於他們沒有背負蘇聯時代的傷痕，但願他們能採取成熟的態度與俄羅斯合作。波羅的海人民最大的恐懼就是俄羅斯會再度吞併他們，然而最好的預防策略就是跟俄羅斯交朋友，不要把國內的俄裔族群當作次等公民。歷經數世紀的侵占，波羅的海三國已經奇蹟式的保住了自己的身分地位，光是這點就足以使他們有自信以朋友之姿接觸俄羅斯，而不是因缺乏安全感而躊躇不前。

第二，他們應該多認識自己的鄰居。雖然現在已經很少人會說「你跟立陶宛人／拉脫維亞人一樣笨」，但波羅的海的盲目顯然還是很普遍。好在他們如今已經都加入歐盟，並採用歐元，因此他們的政府和企業比以前互動得更加頻繁。不過最重要的是人民必須親自去鄰國認識對方，他們應該進行文化交流，換個國家讀大學或工作，甚至通婚。我雖然遇過很多俄羅斯—波羅的海夫妻檔（這很鼓舞人心），卻還沒遇過任何波羅的海異國夫妻，我相信這種組合一定存在，但比例愈高就愈有機會結合彼此的優點，跨越彼此的文化。

第三，他們應該維護自己的文化特質。所幸波羅的海人對於這點早已非常擅長，即使經過數百年的侵占仍屹立不搖，所以他們的文化不太可能消失。其實最大的隱憂反而是那如同無底洞般的唯物主義，加上對西方世界的過度模仿，都可能會削弱他們獨特的傳統文化。

就許多方面來說，第三點可以跟前兩點互相抗衡。既然他們已經證明自己可以做好第三點，主要的挑戰就在於前兩點。那很困難，因為正如我們所見，社交能力不是他們的強項。話說回來，網路和全球媒體已逐漸解開了他們的戒心，他們都正在學習如何與世界互動。相較於他們的父母，最年輕的一代已是交際高手。無論如何，波羅的海都會是個引人入勝的地方。

吃營養美味的麵包：許多東歐人都對自己的麵包感到驕傲，但我從未在其他國家見過更營養又好吃的麵包。立陶宛人和他們的波羅的海兄弟最擅長製作富含黑麥、纖維和全穀的美味黑麵包。

先吟詩再收禮：這項立陶宛傳統有三個好處：(1)強迫大家學一些詩歌；(2)比簡單道謝更能傳達感激之情；(3)鼓勵人們在假日少買些禮物，珍惜自己所獲得的微薄之禮。

保存自己的食物：在收集莓果、野菇和其他食材後，立陶宛人把它們保存在玻璃瓶內，有些人也會自製乾貨。參與這項古老傳統可以使你更珍惜食物。

慶祝夏至：現代電器產品太方便，我們已經跟大自然的循環脫節。重新體會四季的變化，拿出立陶宛人的熱忱，慶祝一年最長的一日！

拓寬行人徒步區：美國的城市地區很難找到行人專屬的徒步區，凡是行人走過之處，車輛也能經過，唯一的戶外徒步區似乎只存在於迪士尼樂園。市政府和店家主人必須展現更大魄力，相信你只要建造一個徒步區，自然就會有人去走。美國人渴望一個無車之地，請鼓勵你的屬地跨越大型商場。

領導者的勇氣與自信：立陶宛當初只是個渺小的蘇聯衛星國，但它扮演了關鍵的領導角色，為國民爭取權利，以及最終的完全獨立。若沒有人民的勇氣和支持，立陶宛的政府領袖也不可能做到這點。想想你在領導什麼運動？

我很想在波羅的海地區待更久，但那樣我就不可能走遍整個東歐。這使我百感交集，我確實也想完成整個計畫，因為立陶宛猶太裔作家亞伯拉罕・卡漢（Abraham Cahan）曾說過：「生命遠比想像中短暫。」

我們的下一站是白俄羅斯，那是最難取得簽證的歐洲國家，看來它一定很棒？

此刻的我絕不會料到自己會愛上白俄羅斯的廚房，染上輻射毒，跟一家人觀賞色情影片，獨自裸身躺在桑拿房裡遭受鞭打。

第五章

白俄羅斯——歐洲最後的共產國家

白俄羅斯小資料

位置：東歐內陸國家，東北是俄羅斯，西邊是波海三國與波蘭，南邊是烏克蘭。

面積：約20萬平方公里（台灣的5.6倍）

人口：約930萬（台灣的0.4倍）

首都：明斯克

主要族群：白俄羅斯人、俄羅斯人

人均國內生產毛額：6,486美元（2021年資料）

- Рэспубліка Беларусь -

旅行社的業代懷著敵對的負面語調質問我：「你怎麼會想去白俄羅斯？」注意，她沒有說「你去的理由是什麼」，而是「你怎麼會想去」。我正在等她補上一句「你瘋了嗎？為何不順便去伊拉克！」

我坐在塔林一間死氣沉沉的辦公室裡，試著申辦一張白俄羅斯簽證，準備前往歐洲最後的共產國家。語帶挑釁的旅行社業代雖在愛沙尼亞居住和工作，但她只會說一點愛沙尼亞語和英語，因此對非俄語系國家的人很沒耐心。她視我如賤土，然而她的態度真是誇張得好笑。

我交出五十元、兩張大頭照、我的人生故事和一張署名文件，保證自己千萬絕對不會在境內停留超過簽證期限。看來白俄羅斯對於那些企圖潛入這個東歐天堂的遊客人潮，感到非常頭痛，業代咕噥著說大使館「終有一天」會處理我的申請。

最後他們確實發下了簽證，讓我免受入境的痛苦煎熬。我在維爾紐斯搭上一輛擠滿年老白俄羅斯胖子的巴士，夏日的炎熱與濕氣使巴士感覺活像一間蒸氣室，只差沒有美女陪伴。我旁邊坐著一位穿著無袖背心的胖子，他不知為何一直抓著上方的杆子，以致我的鼻孔完全被掩埋在那團沒有除臭劑、又積滿細菌的腋毛裡。

我們在邊界停下，有幾個人試圖下車逃離熱氣和臭氣，立刻被司機嚇阻。車內沒有空調，窗外也沒有涼風，溫度高到令人窒息。過了煉獄般的三十分鐘後，邊防衛兵終於收集完我們的護照，再過了三十分鐘，我們開到另一個檢查哨去蓋章。半小時後，大家的護照都蓋完章，終於可以快樂地離開。除了衛兵以外，他們從來都沒快樂過。

受困在邊界的九十分鐘預告了接下來的漫無效率，當巴士駛入白俄羅斯，我們經過了一串綿延不絕、準備出境的聯結貨車。路標寫著「歡迎來到白俄羅斯」（Сардэчна запрашаем у Беларусь）。

歐洲之肺

白俄羅斯的名字是這樣來的：bela在東斯拉夫語中代表白色，rus則意指俄羅斯或俄羅斯人。它並沒有比俄羅斯更白或更會下雪，但這個名字自此就跟定了它。雖然英文版的國名有兩種寫法，針對其國人的叫法卻有九種：Belarusian、Belarusan、Belarussian、Byelarussian、Byelorussion、Belorussian、Bielorussian、White Russian、White Ruthenian。冷戰期間真是簡單得多，叫他們共產黨就好了。

在深入探索白俄羅斯之前，要先知道幾個關於這個平坦而人口稀少的中型國家的事實。白俄羅斯的面積略小於英國或堪薩斯州，雖然從地圖可以輕易看出它是位處東歐，但有些人曾試圖說服我那是在中歐。就像它的波羅的海鄰國，白俄羅斯位於北歐平原上，海拔最高的捷爾任斯克山（Dzyarzhynskaya Hara）只有三四六公尺，總人口僅九百四十萬（二〇二〇年數據），是全歐洲最不擁擠的國家之一。而且它的人口密度還在下降，因為每年死亡人數都比出生人數多，總人口每年平均縮減百分之零點二（二〇二〇年數據）。雖然政府很擔心那僅有一點三八的生育率（二〇一九年數據），但至今他們尚未對此採取具體措施。在二次大戰之前，總人口中有百分之十是猶太人，戰後則不到百分之一。從這些數據看來，白俄羅斯似乎不怎麼有趣，但如果你深入鑽研，就會發現它還是有可取之處。

就地理學而言，白俄羅斯的平坦地形很無趣，但廣闊的森林、濕地和沼澤為歐洲的空氣提供了大量氧氣。例如普里佩特沼澤（Pripet Marshes）就是歐洲最大的沼澤區，它吸收人類製造的廢棄物，像幫浦般打出氧氣。另一個使白俄羅斯能扮演歐洲之肺的原因是它那占全國總面積四成的林地，最著名的森林是名列世界遺產的比亞沃維耶扎（Bielaviežskaja pušča）國家公園，有些人可能對它有印象，因為蘇聯一九九一年十二月也是在此正式解體。它是歐洲最大的原始森林，是八百年前覆蓋北歐的巨大森林僅存的一部分，也是歐洲最古老的野生動物避難所，保護過無數水獺、河狸、鼬鼠、水貂、駝鹿、馴鹿、野馬、狼、野豬、山貓和一種叫做白鼬的奇特生物。

然而公園裡的真正明星是那一千隻歐洲野牛，牠們體型比美洲野牛小，但仍然是歐洲最大的陸地動物。牠們至今還能存在真是奇蹟，就像其美洲表親，歐洲野牛已被獵殺到瀕臨絕種，牠曾經跑遍全歐洲，但到了一九一九年卻只剩下一隻純種的野生牛，牠正在森林裡尋找不復存在的配偶，一名獵人認為射殺牠是個好主意，於是他就扣下了扳機。幸好各國的動物園裡還有五十二隻野牛，生物學家幫牠們繼續繁衍，現在全世界總共有超過七千五百隻歐洲野牛，大多數都在動物園裡。雖然我的巴士有經過白俄羅斯的西部，但我並沒有看到任何野牛在奔跑。

史普尼克旅館

當巴士顛簸地駛入白俄羅斯的首都明斯克，我開始思考該睡在何處。旅遊指南有提到史普尼克（Sputnik）旅館，我對一間以史上第一顆人造衛星命名的旅館頗感興趣。蘇聯一九五七年在太空競賽拔得頭籌，震驚了美國，此項成就激勵美國人登上了月球，而蘇聯從未能複製相同的壯舉。我正想像著史普尼克在太空中緩慢優雅的旋轉，此刻巴士在終點站戛然而止。

隨著相互推擠的人潮離開桑拿巴士，我用簡單的俄語到處問人：「史普尼克旅館在哪？」根據他們的手勢和幾個關鍵字 naprava（右邊）、nalieva（左邊）、priama（正前方），我終於找到這間毫不起眼的旅館。附近並沒有人造衛星平滑的球狀模型，只有一棟老舊的灰色方正建築。

當我踏入大廳時，接待員完全不理會我。我走到櫃台前，她還是沒抬頭。我嘗試了一句簡單俄語：Dobrey den（你好）。她揚眉看了我一眼，然後又繼續裝傻。我問：Vi gavorite pa Angliski?（你會說英語嗎？）她頭也不抬就搖頭表示不會。這畢竟算是一間體面的旅館，而且是在首都，接待員卻不會講英語。我詢問有沒有odin nomer（一個房間），她深吐一口氣，彷彿我是在叫她掃廁所，接著開始在那台大約一九八八年的電腦上打字。

白俄羅斯的人均生產總值只有美國的十分之一，你如果認為旅館費會非常便宜，那就大錯特錯了。歡迎來到共產世界，這個缺乏價格管制的地方。接待員說了一長串巨額數字，但我的俄文程度連幼兒都跟不上，我探頭看電腦螢幕，她指著上面的數字：八萬七千盧布。雖然那折合美金才四十多元，但下面還有兩個數字，一個是四萬兩千，一個才兩萬六千。我想進一步了解，於是就問：Shto eta?（這是什麼？）

她解釋說四萬兩千盧布的價位是給來自前蘇聯的人，兩萬六千是給白俄羅斯人，由於我是外國人，所以我得比當地人多付數倍的錢，住完全一樣的爛房間。「但也許沒有想像中爛，」我心想。我還是想看一眼，於是就說：Ya hachu pasmatri eta nomer。那是泰山程度的俄語，但她聽得懂，並指示我去三樓。電梯故障了，於是我爬樓梯上去，管理員是一位板著臭臉、身材臃腫的中年婦女，她給我看的房間還算乾淨，但很老舊，貌似自從史普尼克發射之後就沒再改裝過，若是一晚十二美元就絕對值得，四十元就太誇張了，況且我無法接受要比別人多付三倍多的錢。我對她說：Nyet, spasiba（不用，謝了）便離去。

多年前，白俄羅斯也曾經對資本主義說Nyet, spasiba。值得一提的是，白俄羅斯是全世界唯一嘗試過資本主義又走回頭路的前共產國家。故事要從一九九一年開始說，當它跳入資本主義時，它做過多數東歐國家都做過的事：民營化國營企業、接受外資、讓物價自由浮動。對所有東歐人而言，這段過渡時間都很困難，雖然重返共產主義很誘人，多數人都相信這些嚴苛的經濟改革總有一天能為大家帶來更好的生活水平。然而白俄羅斯只忍了三年就失去耐心，終結了資本主義實驗。

放棄資本主義

一九九四年亞歷山大・盧卡申科（Alexander Lukashenko）當選總統後，白俄羅斯便邁向重返共產之路。他誓言征服通貨膨脹，因為那顯然是資本主義的萬惡之源，為了擊潰通貨膨脹，他使出共產黨的經典絕招：命令它結束。他規定物價漲幅在一個月內不能超過百分之二（或是一年不能超過百分之二十七）。可惜通貨膨脹沒那麼容易控制，任何經濟學家都會告訴你，如果你擴充貨幣供應量，同時貶低幣值，那無論通過什麼法令都肯定會造成高度通膨。不幸的是多數政客都沒修過基礎經濟學。

既然通膨完全不甩盧卡申科的命令，他就將許多私人企業收歸國有。這主意在剛開始聽起來不錯：宣布人民可以共享一塊原本屬於私人的大餅，畢竟大家都應當反抗那些邪惡財團，是吧？問題是當國有化發生在自己身上時就沒那麼爽了，感覺簡直就像搶劫。試想如果你冒了巨大風險成立一家巧克力工廠，有一天政府官員走入你的辦公室，對你說：「你的公司現在屬於國家了，你要為國家工作，我們會制訂勞工薪資、政策、價格和所有程序，你如果反對就會坐牢。」

在共產制度之下，人們看到自己透過大筆投資而擁有的一部分公司、一個農場或一塊土地瞬間消失。政府甚至可以把你的家收歸國有，舉我在古巴千里達的寄宿家庭為例，這家人努力工作存錢買到一間平房，當卡斯楚接掌政權後，政府決定這間房子對一家人來說太大了，於是他們在中間畫下一條線，「以後這條線的左邊都屬於政府財產，別擔心，我們會按照固定利率付租金給戶長。」不幸的是這個利率不得轉移，也不會經過通膨調整。五十年前，在古巴每個月收十元房租或許可被接受，但經過短短幾年的高度通膨後，那早已一文不值。更大的侮辱是自從老父親去世之後，這家人連那張十元支票都拿不到，因為國家順理成章繼承了那一半的房屋，不需再繳租金。白俄羅斯也仿照古巴，每當政府覺得某些私人房地產「太大」，就會把它收歸國有。

我想在明斯克租一間私人公寓，因為國營旅館實在太坑人了。經過仔細搜尋，我在市中心找到一間套房，直接付給屋主一百五十元美金現鈔。公寓位於獨立大道（Praspiekt Niezaliežnasci），在Lenina和Kamsamolskaja兩條街之間，我很榮幸能住在一條以列寧（Lenina）命名的街道附近，而且一個街區之外還有一條路的名字比它更有魅力，名叫「卡爾・馬克思」（Karla Marxa）。

明斯克趣聞

在美國，那些不用洗碗機的人有個笨習慣，我在來白俄羅斯之前從未發覺自己是多麼的愚蠢又沒效率。美國人習於在洗完碗盤後將它們放在架子上晾乾，再收進櫥櫃。任何白俄羅斯的共產主義者都會告訴你說這樣很沒效率。

白俄羅斯人的做法既簡單又有效：水槽上方的櫥櫃裡就有內建式的碗碟架，而且櫃子底部是中空的，因此你可以把剛洗完還在滴水的碗盤直接放入櫥櫃，讓水從下面滴到水槽或鐵製的防水料理台。我在後續的旅途中還發現有些碗碟架下面會夾放一個移動式的托盤，如果你不希望下面一直滴水就可以用它接水，開放式的底部有足夠空隙可以保持空氣流通，讓碗盤在裡面風乾。這些人不但為清洗過程省下了一個步驟，也為料理台騰出了多餘空間，真是天才！

我不確定這麼聰明的設計是誰發明的，不過它確實像是白俄羅斯人會做出來的：不中看，但很中用。由於櫥櫃的底部比人的視線低，開放式的底部並不會礙眼。白俄羅斯人最擅長拼湊應急用的裝置，共產制度限制了進口商品，所以通常都要透過很困難的管道才能取得某件物品，價格也可能貴到他們負擔不起。與其尋找一支新的燃油泵或新水管，白俄羅斯人反而會花數個小時修理那些零件，憑藉的只有簡單工具、許多創意和大量的布膠帶。最終的作品不會贏得任何選美競賽，但至少堪用。就這方面而言，義大利人跟白俄羅斯人完全相反，他們非常執著於外觀美感，有時會做出一些中看不中用的東西；白俄羅斯人很少在意外觀，那個該死的東西只要能用就好了。

接著，之前那趟臭氣熏天的巴士旅程提醒我該洗衣服了。我猜想公寓主人應該知道哪裡可以找到洗衣店，當我開始撥他的電話，我聽到一個打從兒時就再也沒聽過的聲音：脈衝撥號（pulse dial）。如果你不知道那是什麼，這就是我的重點，因為它實在年代太久遠了。

如果你好奇古早時期的電信如何運作，就應該來一趟白俄羅斯。在按鍵撥號問世之前，人類就是使用脈衝撥號，而白俄羅斯是目前唯一還在使用它的歐洲國家。其優點是你不必浪費時間聽這些語音：「若需查詢帳號請按1；若想謀殺發明此自動化系統的人，請按2；如果你希望有脈衝撥號，請按3並搬家到白俄羅斯。」

白俄羅斯唯一的電信業者Beltelecom專門負責搞砸全國的固網和長途電話，撥打市內電話的感覺好像回到五十年前，充滿雜訊干擾，也時常斷線。但就像他們許多應急拼湊出來的東西，這支該死的電話勉強還能用。

話說回來，每個白俄羅斯人都有行動電話，而且還有三家GSM供應商相互競爭。我沒帶手機，在聽完脈衝撥號的一陣機關槍聲後，我的聯絡人接起了電話，我問：「你好，請問哪裡可以找到洗衣店？」

「白俄羅斯沒有洗衣店，政府覺得沒那個必要。」多數遊客都跟親友同住（家裡就有洗衣機）或住在旅館裡（他們會幫你洗衣服）。我考慮用手洗全部的衣物，不過我的聯絡人願意收費幫我洗。他們的服務還不錯，雖然搞丟了我的一隻襪子。

當你來到明斯克，首先會注意到的就是它非常乾淨和安全。這是居住在一個極權國家的好處之一，白俄羅斯的警察所占的人口比例比歐洲任何國家都高，在這裡被警察逮捕就如同跟中世紀西班牙的宗教法庭約會一樣精采刺激。儘管如此，少數人還是會試圖以柔性的方式挑戰警察。有些住戶每個月都會在固定時間熄燈，在窗邊點一支蠟燭，象徵性地為那些無故消失的反政府人士爭取公道。有些人甚至還會手持蠟燭在Kastrychnitskaja Ploshcha廣場集合，但警方很快就會驅散這些靜默的群眾。根據二〇二一年人權觀察組織（Human Rights Watch）的報告，盧卡中科已面臨空前強烈的反彈聲浪。

安頓好一些雜事後，我試圖在Oktyabrskaya廣場尋找一個文化活動。這類節目在東歐非常便宜，例如一九九九年我曾花九元在莫斯科大劇院觀賞芭蕾舞表演，又花六元去烏克蘭最好的戲院看了另一場，可惜現在那些地方都已經漲價十倍了，不過你在一些較小規模的城市還是可以找到特價活動，因此當我看到旅遊指南提及「明斯克的文化生活很熱鬧」就很興奮。然而我在七月來訪時，卻發現馬戲團要休息到八月，芭蕾舞劇院要關閉到九月，直到十一月才會有舞蹈表演，音樂廳也還在整修。簡言之，這個城市雖然有兩百萬人（占全國大約兩成），卻沒任何好戲可看。

一位俄羅斯人說，明斯克的夏季之所以如此安靜，是因為多數人都跑到鄉下了。好吧，咱們就來看看鄉下有多棒。我花了兩天跟多位暴躁易怒的巴士司機周旋，跑了三個郊區村鎮：杜杜特卡（Dudutki）、米爾（Mir）和涅斯維日（Njasvizh）。它們還不錯，各自都可以秀出幾座年逾五百歲的殘破古蹟，十六世紀的米爾城堡屬於世界文化遺產，令人印象特別深刻。此座距離明斯克八十五公里的紅磚城堡內還有一間考古博物館，然而話說回來，這些地方即使沒去也不算錯過了什麼，而且我沒看到逃離「文化死城」明斯克的人潮。

這也不是明斯克首次呈現瀕死狀態，就像立陶宛的考納斯，明斯克自從一〇六七年誕生至今已經多次死而復生。它曾被數次火災夷為平地，克里米亞的韃靼人在一五〇五年趁火打劫，拿破崙在一八一二年毀了它，德國人在一九一八年重擊了它，然後波蘭人在一九一九至一九二〇年又來落井下石。然而最慘烈的鞭笞是發生在二次大戰，全城再度被夷平，居民死了一半，為數五萬的猶太族群幾乎全滅。在如此悲慘的歷史陰影下，房地產經紀人要如何說服客戶在明斯克買房子？

偉大的衛國之戰

想像美國在一場戰爭中損失了三分之一的人口，這樣才能真正體會二次大戰對白俄羅斯的殺傷力。或許這就是為什麼俄羅斯人不稱它為二戰，而是「偉大的衛國之戰」，對蘇聯而言，它象徵珍珠港加上九一一事件，再乘以一百倍。

當你進入衛國之戰博物館時，他們應當給你一個嘔吐袋，因為它真的那麼血腥。裡面有眾人（包括婦女和孩童）被吊死和槍斃的照片，到處都是被支解的屍體，看見慘遭爆頭的士兵、散亂的屍塊和死去的幼兒臉部特寫，真是令人毛骨悚然。另一方面，任何人都應該見識這些恐怖的景象，如果更多人能看清戰爭的醜陋，我們在涉入一場戰爭之前可能就會三思而行。

我在後續的旅途中又拜訪了邊境城鎮布雷斯特（Brest），那裡有全世界最壯觀的蘇聯戰爭紀念碑。布雷斯特要塞鎮守著布格河與穆哈韋茨河的匯流點，一九四一年，蘇聯士兵在此與納粹血戰了一整個月，德軍持續的圍城猛攻，徹底消耗了蘇聯的存糧和戰力，雖然最後蘇聯敗戰，但德國也損失慘重。為了紀念那些英勇的烈士，一顆巨石頭像霸占著紀念碑中央，這作品被命名為「勇者」（Valor）。旁邊的方尖碑一柱擎天，燃著永恆的雄偉火焰，背景播放著跟《弦樂柔板》（*Adagio for Strings*）類似的樂曲。如果這不會使你動容，那這世界肯定不會有任何東西能打動你的鐵石心腸。

二次大戰對東歐影響甚巨，因為他們首當其衝，而且擁有最多的集中營，他們必須面對納粹的入侵，之後蘇聯把納粹趕出去，自己又死賴著不走。他們看到國內的猶太族群消失，有些城市在戰前的人口組成有七成五是猶太人（其中一個原因是俄羅斯在十九世紀強迫猶太人定居在白俄羅斯），如今托希特勒之福，那些地方的猶太人只剩千分之三。二次大戰不但殲滅了猶太人，也殺害了兩百五十萬名白俄羅斯人。

白俄羅斯的死亡人數是如此驚人，他們到現在都還在挖掘屍體。例如在一九八八年，一位考古學家在明斯克郊區有個神祕又駭人的發現，他先是清理出一顆有五十年歷史的顱骨，過了幾分鐘後又陸續找到更多，最後他估計這個位於庫拉帕蒂（Kurapaty）的萬人塚總共合葬了二十萬具屍骨，它其實是二戰期間規模第三大的集中營。由此應可想像白俄羅斯境內還有多少孤魂野鬼，當初有人竟能把那麼多屍體掃到地毯底下，就在明斯克市區外面，而直到四十四年後才被人發現！

這些人是在一九三七到一九四一年之間被集體處決，問題是凶手是誰？最常見的嫌犯不外乎就是蘇聯和納粹。民族主義者斷定蘇聯是真凶，他們相信蘇聯一直都在試圖消滅白俄羅斯的文化和語言，正如前蘇聯領導人赫魯雪夫（Nikita Khrushchev）所言：「大家愈早開始說俄語，我們就能愈快建立共產世界。」另一方面，納粹也很喜歡在屠殺群眾後挖個萬人塚集體合葬他們。多數立場客觀的歷史學家則推論史達林政府是最大元凶。

若要理解白俄羅斯是如何險些亡國，請先消化這些數字。戰鬥毀了它一半的經濟資源，以及百分之七十二的城市和百分之八十五的工業。明斯克就像被原子彈炸毀的廣島，全國有將近三分之一人民死亡，許多人在兩百多處集中營慘遭處決。

然後再看看美國史上最嚴重的一戰：南北戰爭。在那場紛爭中，美國多數資源和基礎建設都沒受到影響，大約有六十二萬人死亡，這個數字只占一八六〇年內戰前全國總人口的百分之二，請跟白俄羅斯的百分之三十三做個比較。

讓我們把白俄羅斯在二戰時期的遭遇套用在美國身上，想像有一億美國人死亡，你認識的每三個人就死了一個，想像密西根州、俄亥俄州、伊利諾州和加州矽谷的主要工業全毀，將近四分之三的城市化為廢墟，包括紐約、芝加哥、邁阿密、洛杉磯、達拉斯、舊金山、西雅圖和亞特蘭大。想像全國有一半的農地和森林被火焰吞噬，多數湖泊和河流遭受汙染，百分之八十五的學校和大學被毀。想像華府被夷為平地，華盛頓紀念碑倒塌，國會大廈失去石階，林肯紀念碑只剩碎石瓦礫，焦黑的白宮冒著濃煙。

現在試想下一代背負的心理創傷，再想像在壓迫性的極權政府下試圖重建，而且史達林還在背後緊迫盯人。你可能到現在才真正體會白俄羅斯人的抗壓性，他們經歷過許多鳥事。

逛完衛國之戰博物館後，我的頭和胃正分別往相反方向旋轉。我必須出去走走，明斯克並不迷人或美麗，但它還不錯，市中心混雜著宜人的古典建築和醜陋方正的鋼筋水泥。其中一座漂亮古蹟是建於一九八九年的亞歷山大・涅夫斯基教堂（Church of St. Alexander Nevsky），它在無神論充斥的蘇聯時期很少對外開放。明斯克也有個名叫 Traetskae Pradmestse 的假舊城區，真正的古城早已粉碎，蘇聯重建了部分的舊城區，展示他們在蓋設那些醜房子之前的白俄羅斯建築。

我的陽台俯瞰著寬廣的人行道，沿路林立著溫馨典雅的復古式街燈，現代化的噴泉規律的向天空噴射水柱。人們不分老幼在林蔭大道上漫步，欣賞噴泉秀。我向四名坐在板凳上的年輕人自我介紹，閒聊幾分鐘後，邀請他們去我的公寓飲茶。他們面面相覷，私下用俄語交談後，終於同意我不是一位會把他們送去關塔那摩灣（Guantanamo Bay）拘押拷打的美國中情局（CIA）特務。

白俄羅斯的未來

我們聊到凌晨一點半，這是一次很棒的文化交流，盧卡申科應該不會想要聽見。他們拜託我不要說出他們的名字，以免惹上麻煩。總共有兩男兩女，只有一個男生不會講英語，他透過朋友們翻譯表達意見。我的椅子不夠多，所以有些人乾脆坐在地毯上喝茶。他們對美國人的主要批評是我們有時會假裝友善，我經常聽到相同的評論：我們總是滿臉笑容，但並不真心。所以啊，美國同胞們，多練習皺眉吧。

這些學生說政府其實鼓勵他們被當掉，如果你通過大學畢業考試，政府反而不會讓你出國深造。此政策的用意是防止人才外流，但效果不大，就一名學生所知，他有二十位同學在美國工作，並盡其所能留在那裡，他們畢業考試都沒及格。

跟這四名學生相識五年後，我在比利時遇到另一位白俄羅斯學生。瓦倫蒂娜·馬特曼（Valentina Martman）是個十八歲的胖女孩，她說大學生基本上有兩個選擇：自己負擔學費，以後要做什麼都是你的自由；或是讓政府幫你買單，接下來幾年由政府分派工作，以償還債務，而且他們常派你去環境很差的地方。這算是一種契約奴役制度，但為了自由而選擇自費也不一定會帶來好結果，有一位牙醫已經失業六年。

瓦倫蒂娜也說白俄羅斯並不是真正的共產國家，因為它允許部分私人企業和所有權存在，但她承認多數人都不喜歡這個體制。盧卡申科將自己獨創的共產—資本混合體標榜為「市場社會主義」，瓦倫蒂娜戲稱它為「附贈卡布奇諾的共產主義」，我則稱之為「毫無意義」。

舉食物為例，盧卡申科（在成為獨裁者之前曾負責管理國內的集體農場）宣稱：如果國家能控制農耕和食品加工產業，白俄羅斯就不需進口任何食物。想得美。食品工業收歸國有才不到三年，農業產能在國內生產總值中的比例就從百分之二十四狂跌至十四。從這些數據即可看出政府餵飽人民的能力有多差：集體農場占全國農地的百分之八十三，可以拿到大量政府補貼，但全國產量有四成來自占地僅百分之十七的私人農場。白俄羅斯現在的食品進口量遠比以前更高。

如今，政府已控管全國八成以上的工商企業，他們對物價和貨幣施行管制，並對民營部門粗暴相待。共產黨會不時更改規範，頻繁搜查民營機構，回溯制訂新法規，並將自己看不順眼的商人丟進監獄。

在白俄羅斯，「自由」不僅已在政府的管控下退居後線，它已經被塞入屍袋丟進後車廂。盧卡申科限制媒體、宗教信仰、言論自由與和平集會，人民雖然可以投票，但那簡直是個笑話，盧卡申科已經閹割了國會，一手獨掌政權。以前白俄羅斯的憲法規定總統任期為五年，限連任一次，但盧卡申科可以偽造各種「公投」，去除連任的限制，感謝他對媒體的完全操控和極權控制，其他政敵根本沒機會拉他下台。

我以前不了解李·哈維·奧斯華（Lee Harvey Oswald）為何要暗殺甘迺迪，但我後來得知他曾在明斯克居住過就明白了，如果我在這種政府制度下生活，我也會很想殺人。奧斯華的故居位置很好，在斯維斯拉奇河畔（Svislach），勝利方尖碑附近。當大家都還在試圖逃離蘇聯向美國投誠，奧斯華卻走相反路線，他離開美國海軍陸戰隊，在一九六〇年一月來到明斯克。他二十歲早期在這裡的一間無線電廠工作，跟當地人結婚生子，改名為艾列克（Alek）。有一天蘇聯國家安全委員會（ＫＧＢ）告訴他：「我們要你回美國進行一項任務……」至少有一派陰謀論是如此認為。

讓我們回到那四位陪我在公寓閒聊的大學生。我問他們對白俄羅斯的未來展望，其中兩人相信盧卡申科和他的極權政府會掌權到他死為止（大約二〇三〇年），另外兩人認為他在十年內就會下台。看來盧卡申科正如履薄冰。「白俄羅斯的經濟是一場幻夢。」一名學生說。此話沒錯，幻夢的最大來源是俄羅斯，他們會以賤價賣石油給白俄羅斯，然後白俄羅斯會精煉石油，再以正常市價輸出。這是一筆很棒的交易，即使上頭只有一個蠢蛋，即使這個營業機構的效能再怎麼低，再怎麼官僚，能以如此低的特價買入產品，他們想不賺錢也難。

白俄羅斯的夢快要被敲醒了。俄羅斯近年已要求他們釋出先前因購置俄羅斯石油而收集的稅金，並改用一般價位將石油賣給白俄羅斯，造成嚴重的通貨膨脹。當白俄羅斯無力付清債務，俄羅斯就停止對他們供電。白俄羅斯像個溺水者正在奮力維持漂浮，他們正在改善能源效率，使出口產品多樣化，變賣國家資產，並縮緊預算、監控財政金融，但他們還是繼續下沉，用跟俄羅斯借來的錢填塞漏洞。

諷刺的是，這正是當初蘇聯垮台的原因。當油價在一九八〇年代下跌，蘇聯像瘋子般到處借款，到了一九九一年他們已經破產。如今俄羅斯打算把白俄羅斯送上相同的宿命，等白俄羅斯窮到站不起來時，俄羅斯就會學《星際大戰》的黑武士對它說：「加入黑暗面吧，兒子，我們將攜手統治銀河系！」

那將是個白俄羅斯無法拒絕的提議，等它跟俄羅斯合併，就會淪落為一個小州，只能接受政府資助的能源價格（俄羅斯就像許多石油產量豐富的國家，在國內都用超低價販賣石油）。白俄羅斯將會像個飢渴已久的海洛因癮君子，終於打到了那一針，深深鬆一口氣，回歸正常生活。

「可是如果俄羅斯和白俄羅斯合併了，」我問那些學生，「盧卡申科還會執政嗎？在整體較為自由的俄羅斯中，他的極權體系會不會成為一個孤立的小島？」

「不會，」其中一個女生說，「我相信俄羅斯會保護盧卡申科，給他一間舒適的鄉間小屋，但白俄羅斯終究必須對外開放。」

一九九九年，白俄羅斯跟俄羅斯簽署協約，保證兩國密切合作。過了十年後，他們依然無所進展，主因是盧卡申科希望維持自主，但別期待白俄羅斯會永遠獨立，自古以來它總是無法脫離某個強國的陰影，而這回它看起來又即將重回俄羅斯的懷抱。

此刻是凌晨一點，我問的這些問題已使學生們開始懷疑，我是否真的在替中情局工作。在聽完他們對盧卡申科和國家未來的看法後，我只剩一個疑問還沒解決：白俄羅斯的語言。

難以捉摸的白俄羅斯語

從未聽過白俄羅斯語？別擔心，連白俄羅斯人都沒聽過。雖然我知道他們有自己的語言，但我在明斯克街上看到或聽到的全是俄語。學生們向我保證這個語言確實存在，然而他們似乎不甚有把握。我問他們：「所以你們買東西時會說白俄羅斯語嗎？」

「不會。」

「對政府說話的時候？」

「不會。」

「跟朋友在家裡玩樂的時候？」

「不會。」

「做生意的時候？」

「不會。」

「那你們到底在什麼場合會說？」

「在學校的某些課堂上。」

「就這樣？」

「是啊。」

這真是令人傻眼，我後來又跟更多人確認這是事實無誤。看來這個世界上沒人會說白俄羅斯語，連本國人都不會。白俄羅斯語到底長什麼樣子？一名學生說它跟烏克蘭語很像，這樣形容對我來說沒意義，所以另一個人描述它有點像波蘭語和俄語混合在一起。這算合理，因為白俄羅斯的鄰國包括波蘭、烏克蘭和俄羅斯，而且在一九二一年的里加條約中，波蘭和俄羅斯瓜分了白俄羅斯，雙方都試圖強制推行自己的語言。幾個例句可以作為佐證：dobrey dzyen（你好）和 privitane（嗨）都跟俄語的 dobrey den 和 privet 類似，dzyahkooee（謝謝）類似烏克蘭語的 dzyahkooyu，跟波蘭語的 dziękuję 也似乎相關，而 kalee laska（請）也有點像烏克蘭語的 bud laska。在這三種語言中，它跟烏克蘭語的相似程度最高。一名白俄羅斯人說他「幾乎能理解每個烏克蘭單字」。相對之下，俄羅斯人卻很難理解烏克蘭語或白俄羅斯語，然而這一切並不能解釋他們為何不會說自己的語言。

更令人困惑的是，白俄羅斯的政府官網宣稱本國人有百分之三十七在家會說白俄羅斯語，其餘的則大多講俄語。在收集到夠大的訪談樣本之後，我終於破解謎題：鄉下人才會對彼此說白俄羅斯語，當波蘭和俄羅斯試圖使白俄羅斯語銷聲匿跡，農夫們保住了這個語言。

亞瑞克．科里沃（Yarik Kryvoi）畢業於哈佛法學院，他這輩子有一半時間是在白俄羅斯度過，他告訴我：「鄉下人會講白俄羅斯語是很自然的，因為他們不會說其他語言。但你在明斯克不會聽到太多，除非是某些前衛的年輕人或來自村莊的老婦人。對年輕人而言，這是對目前政權的一種抗議，因為他們就某程度也會打壓本土語言，政府的做法很有趣，他們不想支持或推廣它，所以有些人會故意在公開場合講白俄羅斯語，藉此表達自己的立場以及對國家現況的不滿。盧卡中科已決定採取更多反本土語的政策。」說來也真諷刺，在波蘭和俄羅斯試圖消滅他們的語言之後，現在他們自己的政府反而想完成這項工作。

為了聽他們的語言，認識「真正」的白俄羅斯人，我必須進入這個國家的深處。我想去一個極端偏僻的地方，偏遠到連月球跟它相較之下都會顯得像旅遊勝地。掃瞄著白俄羅斯的地圖，我的眼睛終於停在東南部，這是個幾乎所有人都聽過的地方，但很少人去過：車諾比（Chernobyl）。

一九八六年四月二十六日，全世界認識了一個名叫車諾比的蘇聯偏僻小鎮。車諾比核電廠在這一天熔毀，重創了白俄羅斯。試想英國的一座核電廠爆炸，輻射塵落在全英國百分之二十五的土地上，造成數十年的毒害，那就是發生在白俄羅斯身上的事（白俄羅斯跟英國面積差不多）。雖然核電廠位於烏克蘭，當時的風把大約七成的放射性同位素吹到了白俄羅斯的東南部。如今還有二十五萬公頃的土地被汙染，最嚴重的區域被列為車諾比禁區，不過它的周邊地區也不能稱作伊甸園，我不確定那裡的少數居民是否會說白俄羅斯語，但我確信他們會發光，而且有三隻手。

當我興致勃勃地開始規劃這趟輻射荒地之行，一位粗壯的明斯克女警給了我一些建議。我們聊了四十五分鐘，她告訴我說她父親在核災剛爆發後就去過車諾比，政府大肆宣傳酒精可以保護你免受輻射毒的影響，我後來得知多數白俄羅斯人仍相信這點。這位警察的父親就曾經被政府強灌烈酒，她認為這是因為他們不希望他記得任何事，此招確實奏效：他記得的事情不多。這幅景象還滿有趣的，想像一位連站都站不穩的警察，口齒不清地對你說：「別怕……呃！我是來……救你遠離……呃……輻射！呃！」

前往輻射荒地

大家都勸我不要去白俄羅斯的東南部，少數明斯克市民仍然很怕輻射，即使他們離車諾比很遠，而且那已是二十年前的事，例如我在公車站就遇過一個有慮病症的人，怕雨水會帶來輻射塵，不敢吃明斯克「被輻射汙染」的食物，這些人認為去東南部等於是自殺。連我的旅遊指南都試圖勸退我，它等於在說：除非你是個徹底的智障，不要去白俄羅斯的東南部，那邊什麼都沒有，你還會染上輻射毒，愚蠢的白癡。

於是我在隔日搭火車前往東南部的城市戈梅利（Gomel），在六小時的火車行中，我結識了一位名叫尤里（Yuri）的青年，雖然他的英文很破，我們還是聊了很多。我問他：「如果我想去一個鳥不生蛋、接近車諾比禁區的地方，你會推薦哪裡？」

「那就去我住的小鎮多布魯什（Dobrush），」他回答，「不過有一點要注意，政府為了省錢會停止供應一個月的熱水，他們每年夏季都這麼做，所以你的旅館不會有熱水。」

「太棒了！有任何美國人去過你的小鎮嗎？」

他大笑，「不，我想你應該會是第一個！」

尤里的父親開車到戈梅利接我們，經過三十分鐘的車程後抵達多布魯什，他讓我在全鎮唯一的旅館下車，並祝我好運。尤里明天早上就要去莫斯科，所以我需要很多好運。多布魯什的街道空無一人，當尤里和他父親驅車離開後，我在白俄羅斯的這個小角落感到很孤獨。

旅館的接待員有點驚訝一個美國人會出現在多布魯什，事實上她沒料到任何人會出現，整間旅館都是空的。看來白俄羅斯人並不會跑去鄉下度假。她帶領我經過一道黑暗的長廊，他們為了節省電費沒開燈。我看過房間後對她說spasiba（謝謝），她微笑回答pazhalusta（不客氣）。

房間設備的優先順序很怪，有電視和冰箱，卻沒有熱水或衛生紙。話說回來電視也只能收到兩個充滿雜訊的頻道，冰箱的溫度也接近室溫，顯然這些設備也不太重要。以一晚二十元的價格來說，他們照理應能提供一卷衛生紙。

再舉一個奇怪的例子，政府會賣貨給地方的國營企業，並允許他們把價位抬高零至三成。這些壟斷當地市場的小企業當然會把所有商品價格提高三成，問題是有幾項特例只能上調一丁點，因為它們是「必需品」。這個簡短的清單包括麵包、瓶裝水、牛奶和伏特加。現在你知道白俄羅斯的優先順序了：伏特加比衛生紙更重要。

然後接下來，該是聆聽白俄羅斯語和認識多布魯什的輻射居民的時候了。我走遍各處，向當地人自我介紹，然而他們對我的反應是如此誇張，好像我才是被放射線照過的人！好大的膽子！我一向都不喜歡美國政府用alien這個字指稱外國人士，但我在多布魯什感覺自己真像個火星人。雖然我沒看到任何三隻手的變種人，但每當我在店裡或公共場所說話，所有人都會把頭旋轉一百八十度。流言傳得如此迅速，有些人還沒遇過我就久仰我的大名，「你是那個美國人！」好幾個人告訴我。孩童都目瞪口呆地望著我，連主廣場的列寧雕像都彷彿在打量我。

最後我認識了大約一百人，但只有一人的英語好到能跟我進行深度討論，她名叫伊蓮娜．庫洛基納（Irina Kurochkina），當年二十三歲，穿著樸素，有披肩的棕髮和玲瓏的身材，最令人魂縈夢牽的特徵是那雙晶瑩剔透的碧眼，它們是如此大又銳利，光是看到就幾乎使我心碎。她的個性有點害羞，但她很樂意練習說英語。在接下來數日，她會向我展示白俄羅斯鮮少為「外星人」所知的一面。

伊蓮娜邀請我跟她的親友共餐，我一進入她那簡樸的公寓，她那高壯的母親就用一句爽朗的 Zdravstvuite（祝你健康）接待我，帶領我到廚房的用餐區，指著一張椅子滿臉笑容地說：「Sadites, pazhalusta!」（請坐）也遇見了伊蓮娜的父親、她那靦腆的弟弟丹尼斯（Denis）和另外三名訪客，大家都熱心地找我交談，但他們都不會說英語，而我的俄語程度也無法跟他們進行有意義的對話，所以伊蓮娜不斷在中間幫忙翻譯。她的英語技巧很好，但這已逐漸使她心力交瘁，幸好她母親在此時端出菜餚，讓她喘了一口氣。

在蘇聯時期，與白俄羅斯相鄰的蘇聯衛星國都戲稱他們為 bulbashi（專吃馬鈴薯的人），這很奇怪，因為方圓一千公里內的其他國家也很愛吃馬鈴薯。不過它確實在白俄羅斯人的餐食中扮演重要角色，伊蓮娜的母親端出了包餡的draniki（薯餅）和khalodnik（甜菜湯配水煮馬鈴薯和酸奶油）。白俄羅斯人也很愛馬鈴薯麵糰，例如kolduni（塞滿碎肉的）和kletsky（塞滿蘑菇的）。我暗自慶幸她沒請我吃白俄羅斯的小香腸（生豬腸包絞肉）或kravianka（由蕎麥和豬血製成的香腸）。

白俄羅斯擁有波羅的海一貫的濕冷天氣，因此他們的農作物也很相似。例如黑麥在濕冷地區的生存能力遠勝過小麥，所以白俄羅斯人用黑麥做所有東西，從麵包到伏特加始終如一。由於他們的蔬菜選擇有限，七十年前的白俄羅斯人根本不知道生菜沙拉是何物，即使是今日，他們認知中的新鮮沙拉裡也會有煮熟的白菜或甜菜。另一個選擇就是馬鈴薯沙拉，通常會以黃瓜和蒔蘿為配料，浸泡在酸奶油或美乃滋裡。由於共產制度會限制進口香料，他們的餐食口味通常都缺乏變化，儘管如此，那些吃白俄羅斯食物長大的人都很愛它，對他們而言能吃得爽就好。

伊蓮娜的母親問我對白俄羅斯生活水準的看法，以及跟世界比起來如何，我答說他們在全世界的排名大約五分。她滿驚訝的，以為他們會更低，例如兩分左右。「如果你們才兩分，那索馬利亞怎麼辦？」如此反問使她重新校正自己的標準，正如許多東歐人，白俄羅斯人習慣拿自己跟西歐人比較，然後就嫌自己窮，他們忘記世界上還有柬埔寨、奈及利亞和尼加拉瓜。

亞瑞克後來告訴我：「白俄羅斯人最重要的特質就是他們並不真心以身為白俄羅斯人為榮，這其實有好處，因為國內幾乎沒有種族或民族紛爭。壞處是這樣他們就沒有明確的國家意識，其他國家（例如俄羅斯）就能輕易左右白俄羅斯的內政，並植入像盧卡中科這樣的傀儡。」

人類普遍有一項共同特質，那就是無論我們身在何處，都會以為自己是全宇宙的中心。然而多布魯什並沒有這種現象，當地人坦然接受他們居住在這顆星球一個被遺忘的邊陲地帶，他們自知這個小角落即使從地球表面消失，也不會有人發覺。說來諷刺，因為他們在一九八六年真的差點消失，但世界卻注意到了。

發生在一九八六的一九八四

喬治・歐威爾（George Owell）的名著《一九八四》描繪了一個掩飾事實的極權政府。一九八六年，白俄羅斯的政府（在來自莫斯科的命令下）等待數日才承認他們發生了一點小問題。然而他們無法對位於車諾比災區中央的人隱藏事實，畢竟那天非比尋常。

伊蓮娜家裡的年長者都用「熾熱」形容那個四月天，當時氣溫高得離譜，天空籠罩著令人毛骨悚然的黑暗。這五百萬人並不知道自己正被輻射潑灑，重達九噸的放射性物質正飄滿天空，那是廣島原子彈的四百倍。伊蓮娜見證這場浩劫時年僅五歲，她說：「我記得一陣劇烈恐怖的風，以前從未有這種感覺，我知道事情不太對勁，但我不了解發生了什麼事。」大人們也毫無頭緒，蘇聯人是無神論者，但當毀滅降臨在多布魯什時，有些人都相信世界末日真的來了。

車諾比核災中有兩項事實違背常理。第一點是關於誰受苦最深，我遇見的每個人都有親友在暴露於輻射數年後死於癌症或其他病症，但令人驚訝的是死者分布於哪些族群。你可能直覺會認為一個像伊蓮娜的五歲女孩或一位七十歲的老祖母最有可能在五年後死亡，然而根據當地人的說辭，其實預後最差的是中年人，不到三十歲和超過六十歲者反而預後較好。當然這種傳聞的可信度是該被質疑，但以政府愛搞神祕的作風看來，這些故事可能是最好的資訊來源。

第二點是車諾比的後遺症並沒有一般人想像中嚴重。最糟的新聞是有五十人直接死亡，多年後總共有四千人間接死亡（有人說總共兩萬七千人死亡，但這有爭議），白俄羅斯女性的甲狀腺癌罹患率則上升了十二倍。這確實是悲劇，但如果核爆釋放的輻射比廣島原子彈強四百倍，照理說死傷應該會更慘重。多布魯什周圍的土地看起來確實出乎意料的正常，像伊蓮娜這樣的女孩竟能毫無病痛地存活下來，實屬奇蹟。

話說回來，如今多布魯什的居民依然將他們全部的疾病歸咎於車諾比。多數年逾五十的白俄羅斯人都很胖，但他們卻宣稱車諾比是造成關節炎和高血壓的主因。不幸的是，由於政府壓制了自己蒐集到的少量資訊，我們可能永遠都無法知道車諾比導致的所有長期併發症。這些謎團只是更加刺激了我的好奇心，唯一的方法就是進入車諾比禁區。但首先我必須去一趟地獄。

桑拿體驗之三

隔日，伊蓮娜開車載我到多布魯什的郊區（這聽起來怪怪的，好像在說你要去無人之地的邊陲）。我們到了一間小農舍，伊蓮娜向我介紹三位好友：迪米崔（Dimitri）、他的未婚妻艾拉（Alla），以及一位名叫絲薇塔（Sveta）的瘋狂女孩。他們都不會說英語，不過那位過動的金髮瘦皮猴絲薇塔確實有努力嘗試。我們烤了一些豬肉，在戶外邊吃邊欣賞著四周的農地。我們互相開玩笑，即使有語言隔閡，卻仍時常齊聲大笑。當兩個人真心想要溝通時，人與人之間的心有靈犀真是神奇。

吃飽喝足後，女孩們跑去馬鈴薯田聊她們的閨密話題。我愜意地托著下巴，目送這群美女步入夏日的夕陽。正當我開始幻想跟她們共享桑拿浴，迪米崔就問我要不要一起玩Russkaya banya，雖然我聽得懂這兩個字（俄羅斯浴），我並不了解它真正的意思。「也許就像個按摩池吧。」我心想。反正我一向都喜歡盲目迎接未知領域，於是就同意了。我沒料到自己正盲目地跳入但丁的煉獄。

迪米崔帶我進入一個小房屋，我一進去就開始流汗，裡面跟桑拿房一樣悶熱。他叫我脫光衣服，我照做了，然後他指示我跟著去另一個房間。「可是我以為我們已經在桑拿裡了……」我咕噥著跟他進入第二個房間。

當我走進下個房間，熱氣頓時包覆了我的皮膚。汗水從我的額頭涔涔滴下，刺痛了我的眼睛。全裸的迪米崔到處摸索著，而我只能閉上雙眼，試圖正常呼吸。當汗水湧出我的背脊，迪米崔打開另一扇門，像撒旦般示意我跟隨他踏入地獄。

我不確定第三個房間的溫度是多少，但我相信連魔鬼都會中暑。蒸氣燒灼了我的喉嚨，頭腦不斷旋轉。迪米崔叫我裸身躺在板凳上，我趴了下來，滾燙的板凳緊貼著我的胸部和雙腿，我按捺著灼熱的劇痛，汗珠滾落我的眉頭，感覺彷彿在亞馬遜雨林跑馬拉松。

我在朦朧的意識中看到迪米崔拿出一根濃密的大樹枝。**他拿那個鬼東西做啥？**他開始在我全身上下揮動，那種感覺並不好，感覺就像一根枝葉濃密的大掃把在我濕透的背上遊走，一點都不夢幻。他偶爾會突然鞭打我幾下，啪！啪！啪！我咬住嘴唇，緊握著拳頭，不是因為痛，而是無法理解我到底造了什麼孽，會落到如此下場。

經過一輩子的煎熬，迪米崔說我們可以暫時離開死神。我們在戶外乘涼幾分鐘，欣賞夜空中的銀河，然而還沒等到我的身體降溫到沸點，他就說該是重返煉獄的時候了。我給了他一個美式假笑，跟隨他返回屋內。

他叫我再趴下來，我照做了，然後他用手勢和些微嚴肅的口吻命令我翻身仰臥。突然間，桑拿的性感魅力完全消失了。我還在回想芬蘭和愛沙尼亞的桑拿體驗，但當迪米崔叫我翻身時，我就笑不出來了。現在我的陽具裸露在外，感覺無比的脆弱，迪米崔再度拿出那條來自地獄的樹枝，我的下體驚聲尖叫，恨不得縮回我夾緊的雙腿之間，但已經太遲了，我們已逃不出迪米崔的手掌心。

迪米崔全裸著站在我身邊，他用沾滿汗的手握著大掃把，向下凝視著我。或許我已經因為中暑而產生幻覺，但此刻他的眼神看起來極端凶惡。蒸氣粗暴地襲擊著我的雙耳，彷彿在宣告地獄火的不歸路。我闔上雙眼，開始祈求主耶穌饒恕，同時也向穆罕默德和佛祖求救。

他用樹枝在我身體正面到處揮掃，然後舉高手臂。我閉眼呢喃：「親愛的耶穌，快救我。」啪！他又扎實地打了我幾下，啪！啪！啪！幸好沒打到那邊。

經過永恆苦難，迪米崔終於停止他的鞭笞，我從地獄重返人間，很想下跪高歌哈利路亞。我顯然已經脫胎換骨，就像一位虔誠的天主教徒，我已為自己贖罪，現在可以繼續犯罪了。

洗完俄羅斯浴後，我在凌晨兩點跟迪米崔的家人和女孩們一起吃點心。他們把電視開著當作背景音響，我突然聽到有人說英語，便興奮地回頭看。一名性感的女人正走過一個類似《瘋狂麥斯》（*Mad Max*）的電影場景，但梅爾．吉勃遜（Mel Gibson）不在上面，我從旁白的聲音可以聽出這不只是某部低成本的B級片，這是限制級電影。我警告屋主說我們即將看到色情片段，他們卻若無其事的聳肩。沒過多久電影就「開始了」。

這又形成一幅詭異的景象，我正在多布魯什郊區享受美食，聽大家用白俄羅斯語交談，尷尬地看著背景播放真槍實彈的色情片。迪米崔的母親大概聽不懂電視上的女生在叫什麼，經過連續十分鐘的呻吟和尖叫，她終於厭倦了噪音，把電視轉到俄語版的《誰想成為百萬富翁》。它跟美國版大同小異，差別是頭獎是一百萬盧布，不是美元。當年這個數目大約等於兩萬五千美元，但由於月薪平均才一百美元，如果贏得頭獎也會覺得自己像百萬富翁。

我們在凌晨三點就寢。當我回想這天發生的事情，我發覺有些人可能絕不會相信這真的發生在我身上，連我自己都不敢相信。然而這確實就是我在多布魯什度過一個溫暖夏日的歷程。

進入車諾比禁區

我的白俄羅斯朋友知道我很想吸一些輻射毒氣，因此迪米崔的父親米哈爾（Mikhail）隔日就開車載我和伊蓮娜前往禁區。雖然核電廠位於烏克蘭，但它距離白俄羅斯的邊界只有十六公里。由於大部分的輻射塵都被吹入白俄羅斯，被汙染區大部分也屬於白俄羅斯。所有入口都被軍方管制，除非你在此區域有親屬關係，否則任何人都不得進入。當我們接近檢查哨，米哈爾請我保持緘默，他會告訴衛兵說我們是來探親。因為他住在四十公里遠處，所以這個故事是合理的。衛兵檢視了米哈爾的文件，接著又將目光轉向我。我停止呼吸。

衛兵用俄語厲聲問了我一個問題，我完全聽不懂他在說什麼。我開始思索該如何用俄語回應，正要張開嘴唇，米哈爾及時幫我回答了問題，衛兵終於開門讓我們通過。我吐出氣，深吸了一口充滿輻射塵的空氣。我們即將進入全世界輻射汙染最嚴重的區域。

奇怪的是它看起來並沒有那麼糟，與其說是荒地，不如說是鬼城。我以為會看到一個灰白荒蕪、毫無生命的地方，但這裡到處都有茂盛的植物，許多廢棄的房屋都有樹枝和藤蔓從破窗長出。我們開車經過空曠街道，大自然已經接掌了一切，堆疊的鏽鐵散落在路邊，看似是在慌亂中被遺棄，所有的人造元素都逐漸逝去，但生命正從每個角落冒出。在那個八月天，到處都可見到綠色，從這番景象可以瞥見人類如果從地球消失，世界重回大自然懷抱的模樣。

我們停在米哈爾的老家前方，殘破的木屋已經腐朽，青苔遍布於陰暗潮濕之處，積滿灰塵的工具和物品被遺忘在地上。後院有個小農場，宇宙亂度主宰著一切：你可以看出一個曾經井然有序的農地留下的遺跡，但它正在迅速消失。米哈爾告訴我說科學家在此區發現了變種植物，但蘋果樹依然可以長出類似的果實，我摘下一粒變種蘋果，它看起來很正常，我咬了一口，輻射從未嘗起來如此美味！芬蘭政府警告人們不要在車諾比附近採菇或釣魚，因為這裡同位素銫—一三七的含量仍超過歐盟標準，不過他們沒提到蘋果，所以我吃了一整顆！當你可以嘗到好吃的輻射蘋果，誰還需要基因改良？

這很難以置信，但有少數瘋子還是永久居住於此區。我們開車經過兩位坐在窩棚外的老祖母，真難想像她們是如何生活，這裡沒有電，也沒有警察、商店或政府服務，這些核災存活者緊抓著自己的家園，因為那是他們僅剩的一切。大約只有幾十人住在核心禁區，然而還有兩百萬人住在災情最嚴重的其他區域，他們無法遷移，因為國家操控的勞工市場很嚴格。政府為多數人提供工作與住宿，如果你搬走了，就很難有機會再找到工作或房子，況且誰會想買你的輻射屋？

米哈爾說政府重新安置了七萬五千人，但那只是「做個樣子」。那些大概是會在黑暗中發光的人，大多數人還是必須留在原地，政府可能也不想遷移兩百萬人而放棄東南部的重要工業。事實上，意外過後僅三個月，蘇聯就強迫倖存的核電廠工人回到他們的辦公室，而那邊距離爆炸的反應爐只有五分鐘腳程。他們必須重啟剩下的三座反應爐，確保人民在冬天有電可用。許多核電廠工人因長期暴露於輻射而死亡。如今政府刻意避重就輕，淡化在那些地區居住的風險，他們不但鼓勵人民搬回去，甚至切斷對受害者的補助。

離開白俄羅斯

雖然放射性電療的感覺很棒，我們並不想超越安全劑量。我們離開了草木蒼翠的車諾比禁區，回到平靜祥和的多布魯什。我在沒有衛生紙的旅館沖了最後一次冷水澡，並在臨別前擁抱了伊蓮娜和她的親友。是的，我也擁抱了迪米崔。

多布魯什的俄文意思是「友好」或「善良」，我在此地結識的每個人確實都對我很友善，我永遠都不會忘記他們的慷慨與溫情。當小型巴士駛離多布魯什的主廣場，我揮別了所有人（包括列寧）。

七年之後，伊蓮娜在臉書上找到我。她已經三十歲，現居於莫斯科。我看到她的照片時有些傷感，雖然她那令人魂縈夢牽的碧眼依舊美麗，但很多方面都變了，她已將頭髮染成金色，穿著高跟鞋和華麗的服裝。當年的純樸女孩已不復存在，連語氣都顯得不同。以下是她寫給我的信：

> 我真的很感謝莫斯科帶給我的轉變，以及這個城市對我的個性和人格所能產生的影響。我知道自己改變了，也能感受到這點。我或許可以說自己遠比以前堅強，有點火爆，不再那麼重感情。我改變了自己對許多事物的觀感，包括人生事件、原則和人際關

係。我現在很快樂，不想再做任何改變。

還記得絲薇塔和艾拉嗎？她們去年都當媽了，她們的兒子尼可萊（Nikolay）和康士坦丁（Konstantin）都是我的教子。我弟弟丹尼斯今年開始在戈梅利就讀經濟大學，我勸他去莫斯科讀大學，但他很愛國，決定留在白俄羅斯，不過他也喜歡莫斯科，曾來找過我好幾次。以上就是我的近況。

——伊蓮娜

莫斯科改變了我在多布魯什遇見的純樸女孩，儘管如此，我希望那雙迷人而透澈的眼睛深處依然潛藏著一部分當年的她，尚未遺忘她在白俄羅斯學到的一切。

白俄羅斯能教我們什麼

改裝你的廚房：如果你經常手洗碗盤，就會愛上白俄羅斯人的做法，把還在滴水的碗盤直接放入櫥櫃。白俄羅斯人不用分離式碗碟架，因為他們的櫥櫃底部是中空的，可以讓水滴在防水料理台上，或用移動式的托盤接水。雖然這個有效率的設計可以省時間，但它還是不會使洗碗盤變得有趣。

✣ **克難拼湊某樣東西：**美國人遇到東西壞掉時，通常都直接買一個新的，或是花錢請專家修理。下回不妨學學白俄羅斯人，自己嘗試修理。你的方法可能很克難，但你會學到這東西的運作原理，並提升一點自給自足的能力，省下幾塊錢。

✣ **忍著點，別抱怨：**跟白俄羅斯人相較起來，多數人都像窩囊廢。我們已習於舒適的生活，變成草莓族，一點小事不完美就怨聲載道。下回要發牢騷時，請想想白俄羅斯在二戰之後面臨的一切。然後請閉嘴去做你該做的事。

我有點捨不得離開白俄羅斯，這些充滿韌性的人們對我很好，即使他們一開始不見得會對我笑。現在我們將前往波蘭，重返資本主義和遊客的世界。在此先說個波蘭笑話，讓大家暖暖身：

一個美國人在街上走著，看到一個波蘭人正在用捲尺量木板長度，他一邊把木板直立著，一邊試著伸長手臂、跳起來把捲尺拉到頂端。美國人看他那麼辛苦，就幫他把木板平放在人行道上，而且很快就量好了。「瞧，兩公尺！」波蘭人氣憤地大叫：「你這個美國笨蛋！我不在乎它有多長！我想知道它有多高！」

第六章

波蘭——夾在兩強間的平原之國

波蘭小資料

位置：內陸大國，夾在波海三國、德國、捷克、斯洛伐克、烏克蘭、白俄中間。

面積：約31萬平方公里（台灣的8.6倍）

人口：約3800萬（台灣的1.65倍）

首都：華沙

主要族群：波蘭人

人均國內生產毛額：17,318美元（2021年資料）

- Rzeczpospolita Polska -

有兩個波蘭老粗了一艘船去湖上釣魚，他們滿載而歸，其中一個人說：「我們明天一定要再回這裡！」

另一個人問：「可是我們要如何記得這個位置？」

第一個人在船底畫上一個×，他說：「我們明天找這個×就好了！」

「你這白癡！你怎麼確定我們會租到同一艘船？」

跟波羅的海三國不同的是，多數美國人都聽聞過波蘭這個國家，但除此之外它還是個大謎團。法國人、義大利人、西班牙人和英國人對他們的了解也不多，除了「波蘭人會偷我們的工作」。對我而言，我對它的印象僅止於一堆笑話，這說來也滿尷尬的，畢竟波蘭有三千八百萬人，而且是歐洲面積第九大的國家（略小於新墨西哥州）。我們都應該多學一些關於波蘭的事物，當我的火車在首都華沙戛然而止，我不確定該期待什麼。

相較於白俄羅斯，這裡有兩點顯著不同。第一，大家都在趕時間，資本主義比共產主義重視時間，所以這裡的生活步調很快。人們不但走路快，說話也急促，使我感覺自己好像在用慢動作閒逛華沙的舊城區。第二，我一抵達舊城就立刻被自從離開赫爾辛基便沒再遇過的觀光熱潮淹沒。當時波蘭才剛加入歐盟，而歐盟各國公民都想把握先機，利用這個新開放的非管制區海撈一筆。不像多數遊客，這種盛況並不會令我感到困擾，畢竟我本身也是來旅遊，若在探索某個地方時還要抱怨「該死的觀光客」，這種感覺總是很虛偽。

歐洲古建築的迷思

華沙的舊城區很壯觀，也很漂亮。城堡廣場（Plac Zamkowy）的每棟建築都鑲滿精緻的雕琢，裝飾著彩繪牆面、手刻雕像和豐富的色彩，一切看起來都是如此完美，太完美了，聞起來也實在太新，讓我不禁起了疑心。我稍做調查之後，歐洲最大的幌子便顯而易見。

你必須先記得華沙在二次大戰期間已被徹底碾碎，才會發現這個幌子。華沙當時曾經三度遭到重創。當德國在一九三九年九月一日發動戰爭，首先攻打的就是波蘭，他們只花了一週就攻到華沙市郊四十公里遠處，對它祭出第一輪猛轟。五年後，波蘭救國軍（Armia Krajowa）領導了華沙起義，但同時也再度毀壞了城市。雖然波蘭人起初控制了三分之二的市區，但納粹的凶暴反擊迫使叛軍撤退到下水道，被德軍逐一獵殺。占全市一半的七十萬人死於二次大戰，其中多數是發生在蘇聯紅軍和德軍之間的最後大決鬥，不願服輸的德軍摧毀了當時僅存的建築，全城超過百分之八十五化為廢墟。當你看到一九四五年華沙的照片，你可能會以為有人在那裡丟了一枚原子彈。

這將我們導向歐洲最大的幌子：它的「舊城」其實沒那麼舊。華沙的「古建築」比迪士尼樂園還新！華沙的舊城區不只是經過翻修，它是從基石開始全面重建。號稱建於十三世紀、俯瞰舊城的皇家古堡其實是數十年前才從平地重新蓋起的，真是敲人竹槓！

是的，波蘭人複製古蹟的技術非常嚴謹，他們固然回收了一些原始建材，但大部分材料都是嶄新的。如今已很難分辨真偽，然而僅僅六十五年前，多數歐洲城市（除了巴黎、布拉格、羅馬、威尼斯和少數其他古都）都曾被轟炸得粉身碎骨。儘管如此，歐洲人卻捏造出他們擁有很多古蹟的迷思。美國遊客恭順地望著那些建築發愣，以為自己正看著歐洲的悠久歷史，但他們看到的東西其實比許多美國住宅還年輕。同時歐洲人來到美國看我們的房屋，不屑地說：「你們這些美國人都沒有歷史。」

當歐洲人建造假古蹟，我們就誇讚它們是多麼美麗又神奇，連聯合國教科文組織都將華沙的舊城區列為世界文化遺產。然而當美國人建造假古蹟，我們就批評那是媚俗或沒水準。拉斯維加斯複製過威尼斯、巴黎和羅馬的著名景點（好吧，古羅馬論壇廣場上的機械語音噴泉確實不太真實，但那是賭城，你能期待多高），賭城威尼斯飯店裡的巨大畫作看起來就像是直接從羅浮宮拆下來的，如果把這些贗品偷偷放在凡爾賽宮或梵諦岡博物館裡，很少會有遊客認為它們不搭調。可是不行，只有歐洲人可以欺騙民眾說他們擁有真古蹟。

持平而論，華沙是個值得一遊的城市。它有歐洲最大的遊行廣場，環境清潔美觀，但那些「古建築」的騙局仍令我困擾。我露出美式假笑，站在華沙最新的假古蹟旁邊拍了幾張庸俗的照片，然後就踏著比戰敗的德軍還矯捷的步伐憤而離去。

波蘭最迷人的古都克拉科夫（Kraków）是少數可以看到真古蹟的地方之一。克拉科夫是小波蘭區（Małopolska）的頂級寶石，但多數遊客都認為這才是波蘭最偉大的區域。就像華沙，克拉科夫位於維斯瓦河（Wisła）之上，直到一五九六年都是波蘭首都，如今它是波蘭的學術首都，它的亞捷隆大學（Uniwersytet Jagielloński）創立於一三六四年，是東歐第二古老的大學，僅次於捷克的查理大學。二次大戰的戰火幾乎沒有波及克拉科夫的奇妙建築，傲視古城的瓦維爾（Wawel）大教堂和城堡敞開著大門，邀請你前往參觀。舊城區的核心是碩大的主市集廣場（Rynek Główny），也是全歐洲最大的中世紀廣場，廣場中央的紡織會館賣的並不是布料，而是紀念品，壯麗的聖母教堂和十五世紀的市政廳鐘樓圍繞在廣場四周。真正的樂趣是讓自己迷失於邊街小巷，放任自己愛上克拉科夫和這些純正的古典建築。

接著再往克拉科夫東南行走十五公里，就會抵達維利奇卡（Wieliczka）鹽礦。這個世界文化遺產是東歐最具獨創性的地方之一，九百年前波蘭人為了開採鹽礦，在地底鑽鑿隧道，日子久了之後，礦工便在閒暇之餘雕刻祭壇和聖像。後來他們刻出了更多巧思與創意，留下怪誕的地精和強硬的侏儒，彷彿會帶領你進入冥界。這是個超凡脫俗的經驗。

你將會花兩小時探索一個布滿迷宮迴廊、巨大洞穴和地下湖泊的地底世界，陰森的光影和迴音繚繞的密室足以使奇幻愛好者的美夢成真，若隱若現的鬼影在半黑暗中望著你。最離奇的是這一切都是鹽做出來的！你若不信就舔舔看。

最令人難忘的房間是聖金加（St. Kinga）禮拜堂，近代波蘭人在一八九五年開始挖掘這個被鹽塞滿的洞窟，經過三十多年，挖出兩萬噸的鹽之後，空闊的岩穴終於現身。十二公尺高的洞頂懸掛著一顆華麗的鹽製吊燈，將整間的宗教聖物籠罩在魔幻的光芒下，每個裝飾豐裕的雕塑都是用結晶鹽製成。一位十八世紀的法國旅人曾說，維利奇卡鹽礦的宏偉不會輸給埃及金字塔。不過法國佬懂什麼？自己去看這知道了。

我從一個充滿遐想的奇幻世界前往全球最惡名昭彰且令人沮喪的地方：奧斯威辛（Oświęcim）。就算你對那個波蘭字毫無印象，你應該也聽過它的德文譯名：奧施維茨（Auschwitz）。

人類的終極死亡工廠

希特勒有個問題，他相信歐洲（尤其是東歐）有太多次等人類（untermenschen），而且不僅止於猶太人，還包括斯拉夫人和羅姆人（Roma，俗稱吉普賽人）。由於多數東歐人都是斯拉夫人、羅姆人或猶太人，這表示希特勒對他們非常有意見。舉例來說，希特勒掌權時德國有大約五十萬名猶太人，波蘭則有將近三百萬，他不知道該如何處置他們。幸好大約有一半人已經逃到海外，希特勒便決定將剩餘的猶太人放在隔坨區（ghetto），那本身也可當作一種監獄，問題是當戰爭開始後，這些隔坨區就變成一種累贅。希特勒曾考慮將猶太人送到馬達加斯加，他要是真的這麼做就好了：假設有些人在戰後留在那裡，如今就可能會有一百萬名猶太人與馬達加斯加的非洲人比鄰而居。但德國沒有通往馬達加斯加的海路主控權，所以他放棄了那個主意。

反之，到了一九四一年底，希特勒決定以他的「最終解決方案」（Endlösung）解決「猶太問題」。為了實施此方案，他成立了特別行動隊（Einsatzgruppe），專門負責殲滅占領區的次等人類。帶頭的是希特勒的親衛隊（Schützstaffel），亦即納粹黨的菁英部隊，他們殘暴地懲罰任何反抗勢力，以ＳＳ威名遠播。最後ＳＳ和特別行動部隊聯手將波蘭的三百萬名猶太人幾乎獵殺殆盡，如今即使已經過兩代的生育，波蘭依然只有兩萬名猶太人。奧斯威辛集中營完整記載了這場大屠殺的故事。

德國人做事極端有效率，當他們在製造汽車、洗碗機和啤酒時這點很棒，但如果應用在殺害猶太人就沒那麼好了。奧斯威辛是納粹黨所建造過最駭人的集中營，德式效率在這台恐怖的殺人機器中顯露無遺。當載滿猶太人和其他受害者的火車駛入集中營時，納粹迅速選出其中四分之一最健康的人，然後就把他們操到死為止，給他們每天一千五百卡的糧食，每天工作十一個小時。那些人在平均三個月內就死於飢餓、感染或疲勞。

另一方面，其餘四分之三的弱者（包括全部的老弱婦孺）則立刻被處決。行刑隊槍決速度太慢，而且會耗費大量子彈，所以德國人發明了一個更快的方法。囚犯被帶到一個房間，脫去衣服及所有珠寶、剃光頭，並假裝沖洗消毒（上方有假的淋浴龍頭）。納粹隨即將門鎖上，打入毒氣，在數分鐘內消滅了兩千名猶太人。多數集中營使用一氧化碳，但奧斯威辛用的是致命殺蟲劑齊克隆B（Zyklon-B）。完事後，彷彿這是個賓士生產線，一台電動升降機會將整間毒氣室拉到另一座巨大的焚化爐去火化。

當那兩千具屍體被火化的同時，納粹會處理他們的遺物。衣服、眼鏡、鞋子、行李箱和甚至頭髮都會被回收，供應納粹的戰備資源。猶太男人必須迅速清出他們同胞的骨灰，讓納粹把下一批為數兩千的死者送進來繼續焚化。二〇〇一年，美國大約有三千名無辜平民死亡；想像九一一事件在一天內重複數次，然後再想像隔日醒來後，同樣的循環又一再重演，周而復始。

奧斯威辛營區的龐大很難令人捉摸，今日多數遊客都會參觀寬廣的奧斯威辛一號營，然而最大的死亡工廠是距離僅三公里的奧斯威辛二號營。納粹稱它為比克瑙（Birkenau），而它簡直就是個巨無霸，想像一座小城市裡面有三百多間戰俘營房，可以容納二十萬名囚犯。它的四間毒氣室（每間可以容納兩千人）總是不斷運作。德軍光是在奧斯威辛就謀殺了數十萬羅姆人和上百萬猶太人，位於西方數公里的莫諾維茨（Monowitz）三號營也處決了許多無辜受害者，當這三間死亡工廠都在運作時，總共有一百五十萬個冤魂（大約九成是猶太人）在此熄滅。當紅軍終於出現時，德軍還在擴展他們的死亡營區。

納粹殺了五百七十萬名猶太人，單是這點就已很難想像，但他們還以同等殘暴且系統化的手段殺了將近九百萬名非猶太人。德軍謀殺了三百萬名非猶太波蘭人、一百萬名塞爾維亞人、數十萬羅姆人、數十萬奴隸勞工，以及十萬名「精神虛弱或生理遲鈍」的德國人和波蘭人。除此之外，他們還處決了四百萬名蘇聯戰俘，有些是在奧斯威辛，但這不包括更多被困在荒野、無法獲得醫療或食物的傷兵。最後德軍總共在他們的集中營或軍營裡謀殺了將近一千五百萬人。[1]

納粹集中營改變了波蘭的人口結構。數世紀來，波蘭一向是個族群熔爐，德國人、猶太人、羅姆人、烏克蘭人、白俄羅斯人和波蘭人都住在一起。二戰之後，原本祖宗八代都已定居在波蘭的德國人不得不逃回德國，免得遭到報復，現在德國人只占波蘭總人口不到千分之五。相似的，烏克蘭人和白俄羅斯人也撤回了蘇聯，因此今日波蘭的種族結構反而呈現高度同質性，全國有九成七都是波蘭人。這點在街上顯而易見，例如克拉科夫在二戰之前有三成的猶太人，如今幾乎不可能在古猶太區外面找到一個猶太人。奧斯威辛固然會使人感到壓力沉重、情緒掏空，但我們絕不能忘記這人類史上悲劇性的一頁。

我即將從波蘭進入斯洛伐克。我預計要在五個月內走遍東歐二十五國，而我光是在最前面的五國就花了兩個月，所以我必須加快腳步。克拉科夫附近的札科帕內（Zakopane）是波蘭和斯洛伐克邊境的高塔特拉山脈（High Tatras）的入口。可惜我沒機會挑戰海拔二五〇〇公尺的波蘭最高峰——萊希山（Mt. Rysy），不過我稍後仍會從斯洛伐克那端登上塔特拉山脈。雖然我很遺憾首次來波蘭就匆匆離去，但我知道自己五年後會再回來，更重要的是，我將會進行自己最愛的旅遊活動：跟當地人交流。

格但斯克的英雄：華勒沙

二月寒夜，我站在格但斯克（Gdańsk）火車站，屁股凍得瀕臨崩解，試圖在一團厚重的冬衣中尋找二十四歲的沙發衝浪主。我已經在衝浪網站看過她笑容燦爛的照片，但人們並非總是長得跟照片一樣，尤其是當他們穿了十七層衣服。

突然間，艾蜜莉帶著開朗溫暖的笑容出現在我面前，並給我一個擁抱。我不確定那是因為她覺得我很和善，或是她也快被凍僵了，雖然她穿著厚重的衣服，但她顯然很瘦，所以她應該是想取暖。艾蜜莉散發著純真的氣質：她穿著樸素，柔和的棕眼沒有任何化妝，棕色直髮的長度夠女性化，但整理起來也不耗時間。她的右臉頰有顆灰色胎記，很容易就能讓人習慣。不過她最顯著的特質是她那正向的性格，總是那麼可愛又討喜，跳著輕盈的步伐對你嬉笑。當我們抵達她的公寓，我已經做出結論：很難不愛上艾蜜莉。

1 John Keegan, *Atlas of World War II* (Smithsonian, HarperCollins, 2006), p. 70-71.

她跟其他兩名學生共用這間公寓，我可以睡在客廳的沙發床上。自從我們見面的那一刻，我們的互動就像是兩位闊別多年的老友，雖然時間已經很晚，我們還是聊到半夜兩點。我們再次擁抱，互道晚安後，我直接倒在沙發上，不到幾秒鐘就睡著了。

艾蜜莉正在攻讀生物科技碩士學位，她隔日會去舊城區的實驗室。她提議我們沿著一條風景優美的路線一起走過去。她帶領我穿過積滿雪的萬福山（Góra Gradowa），經過格羅濟斯克堡壘（Fort Grodzisko），古老的防禦城牆如今已被用來展示歷史古物，我們爬到山丘頂，欣賞舊城全景和著名的格但斯克造船廠（Stocznia Gdańsk）。

我十歲就聽過格但斯克造船廠，新聞經常報導某位留著濃厚八字鬍的波蘭人在造船廠率領群眾罷工。影片中的抗議者高舉白旗，上面的紅字寫著 Solidarność，我猜它的意思就是「團結」，因為新聞主播一直反覆說那個字。我當時還小，不了解這代表什麼意義，但我對那個畫面至今仍記憶猶新。我只曉得這種抗議平常不會發生在那些落後的共產國家，所以那個鬍鬚男的膽子一定很大。

那位蓄有八字鬍的男士名叫萊赫．華勒沙（Lech Wałęsa），他是個有趣人物。他在一九四三年出生於波蘭波波沃（Popowo）的一個貧窮家庭——顯然不是波蘭最繁華的年代。他不喜歡格但斯克的列寧造船廠勞工遭受的待遇，因此策劃了數次罷工，共產政府對此頗為感冒。當波蘭人最後一次嘗試罷工時，共產黨軍用機關槍掃射他們，造成數十人死亡及一千多人受傷，然而這回他們只是把華勒沙丟入監牢，並執行戒嚴。身為一位虔誠的羅馬天主教徒，華勒沙堅信自己的理念很快就會實現。果然如他所料：《時代雜誌》票選他為年度風雲人物，他獲得了諾貝爾和平獎，推翻共產黨，同時還有時間生八個小孩。

值得一提的是，他在一九八三年沒有親自去領取諾貝爾獎，因為他怕波蘭政府不會再讓他回國。沒錯，他寧可待在共產黨統治下的波蘭，也不願意攜家帶眷移民到自由世界，在那裡享受諾貝爾獎的果實，真是一位愛國者。一九九〇年，波蘭人民推選他為總統。突然之間，在花了二十年抱怨這個體制之後，他必須修好它。

不幸的是，華勒沙並不是華盛頓。華勒沙有句名言，他說「把水族館變成魚湯很容易」，他用這個例子比喻一個經濟系統很容易破壞，但很難建立。華勒沙很擅長領導革命，但不知道如何執政。他將部分的經濟自由化，卻繼續控管工資，這就像叫人一隻手綁在背後煮魚湯。通貨膨脹隨之爆發，波蘭的貨幣茲羅提（zloty）也迅速貶值。華勒沙的執政風格很混亂，部會首長經常還沒做滿一年就被他開除，因此他在一九九五年就連任失敗，當他在二〇〇〇年再度參選時，更是只得到百分之一的票數。不過至少格但斯克還是深愛著他，他們在二〇〇四年將機場更名為萊赫．華勒沙機場。

探索舊城

從高處欣賞完造船廠和舊城之後，艾蜜莉面帶笑容高喊：「來吧，我們走！」她像隻鹿般愉悅地奔下山坡，蹦跳著穿越深厚的雪花，我努力試著跟上。我們終究抵達了舊城，踢掉鞋子上的雪，從金門進入城區。對於來自舊金山的我而言，格但斯克的金門顯然跟陪我長大的金門大橋有些差距，他們的版本是個寬僅數公尺的中世紀城門，後面就是城牆內的古城。不過兩個金門至少有個共同點：它們都不是金色。

艾蜜莉建議我可以去看另外三道城門：綠門、高地門和聖瑪利亞門。由於它們分別位於舊城的四個角落，你可以順便交錯穿越整個城區，看到大部分的重點區域。她會去實驗室待兩個小時，我們約好在金門會合。艾蜜莉離開後，我往四周旋轉三百六十度，毫無疑問的，格但斯克的舊城真是令人著魔。

就像華沙，格但斯克曾被轟炸到石器時代，但他們起碼不會隱瞞這點。金門入口處就有兩幅大型黑白照片，呈現這座城市一九四五年從空中俯瞰的原貌，看起來彷彿曾被一隻跟城市等大的巨象一屁股坐扁。至少在這方面他們很誠實，開門見山就告訴大家：「您在『舊城區』即將看到的一切都是一九四五年之後蓋的，祝您有美好的一天。」

我悠閒地走過寬廣的徒步街道，伸頸仰望巨大的教堂聳入雲霄，可愛的商店和舒適的咖啡廳在街頭林立，其中最美麗的一個景點是海神噴泉（Neptune's Fountain），原本建於一六三三年，這座雕飾華麗的噴泉周圍環繞著彩繪建築，整個牆面都是壁畫，每一間房子都是藝術品。由此不難看出歐洲人為何會那麼高傲，他們的舊城真的比典型美國城鎮漂亮太多了。當我跟艾蜜莉重新會合時，我告訴她：「哇！你們波蘭人真的懂得如何建造一個美妙的小鎮！真是不可思議！」

她大笑著回答：「謝謝啊，但這不是我們蓋的，是德國人蓋的！」

「啊？他們來這麼北邊做什麼？」

艾蜜莉接著解釋了格但斯克的德國文化淵源，歷史上的德國版圖曾經數度擴展到今日大部分的波蘭北部，波蘭有時候還能勉強保留一條狹窄走道通往波羅的海，但多半時候它的海路是完全被切斷的。我差點忘了德國曾經包覆整個波羅的海的海岸線，一直延伸到塔林。對了，那個迷人的古城也是他們蓋的。

格但斯克的歷史追蹤起來好像溜溜球。首先，波蘭人在此定居，因為這裡是他們熱愛的維斯瓦河（它也流經華沙和克拉科夫）進入海口的三角洲；然後條頓騎士團（基本上就是德國人）在一三〇八年攻占格但斯克，在此統治了大約一百五十年，直到波蘭人把它收復；普魯士（基本上也是德國人）在一七九三年又將它奪回，並將它劃定為普魯士帝國的一個特別區，類似你在機場看到的大型免稅商店。到了二十世紀初，它甚至升格為但澤自由市（Free

City of Danzig），一個類似梵蒂岡的自治城邦，正如香港在二十世紀因其特殊地位成為重大貿易樞紐，但澤在德國統治時期也因而繁榮興盛。然後它在第一次世界大戰後回歸波蘭，最後納粹（是的，基本上又是德國人）再度把它搶回去，直到一連串的慘烈戰鬥將他們的傑作化為碎石瓦礫。

艾蜜莉和我走回她的公寓，共享一頓午餐（obiad），她做了一道傳統波蘭餐點gołąbki（白菜捲，內包米飯和絞肉）。今天是週五，她將會回故鄉奧士廷（Olsztyn）去跟父母共度週末。她想搭下一班火車，那樣就能趕得上晚餐（kolacja）。她邀請我一起去，我原本計畫獨自在波茲南（Poznań）過一夜，但跟一個波蘭家庭共處的機會實在令人無法抗拒，我們迅速打包，衝向火車站。

當火車駛近奧士廷，我們經過許多平原和溪流，艾蜜莉提到她曾多次在附近的馬祖爾湖區（Masurian Lakes）露營，那裡也是遠古冰川的遺跡，可惜我們沒時間去，而且現在也有點太冷了。我突然看見遠方有個龐然大物，不禁驚呼：「哇塞！那是什麼鬼？」

「喔，那是馬爾堡城堡（Malbork Castle），歐洲最大的哥德式中世紀城堡。」

「真的，它好大啊，在夕陽之下看起來真是戲劇性。」我們直接從它旁邊經過，那些壯觀的塔台、高聳的石壁、漫長的護牆和寬闊的護城河形成了一座完美如夢的古堡。我幾乎可以看見甘道夫騎著白馬站在壁壘上。

「喔對了，那也是德國人蓋的！」艾蜜莉咯咯笑著。

「是啊……那些勤勞的小德國人……」我低聲咕噥。

「也是被他們毀的！」她大笑。這基本上沒錯，條頓騎士團在七百年前建造這座城堡，然後二次大戰時納粹和蘇聯的交火把它轟成了碎片。

> 每過一場戰爭，有人總是得收拾殘局。——辛波絲卡（Wislawa Szymborska），波蘭詩人

在奧士廷認識艾蜜莉全家

我們搭乘巴士來到艾蜜莉的老家，當她的父母開門時，他們像是多年未見似地擁抱她，雖然他們上週末才剛聚過。亞努士（Janusz）和艾希貝塔（Elżbieta）跟我想像中的波蘭父母完全一樣：中等體格，單純而不矯飾，謙遜而大方。我跟他們握手後說了聲 cześć（類似英語中的哈囉），這個字用來問候長輩有點隨便，但他們還是微笑回應，似乎很高興能認識一位只懂一個波蘭字的美國人。

公寓有三間狹小的臥室，所有東西都很簡單，但功能齊全。我在其中一間遇到艾蜜莉的十九歲妹妹波蓮娜（Paulina），她正在跟朋友卡洛琳娜（Karolina）聊天。兩位女孩都很友

善，但她們說起英語就顯得有些害羞，即使她們英語都講得不錯，事實上卡洛琳娜的西班牙語能力很強，但當我開始用西班牙語對她說話，她卻滿臉漲紅，緊張地傻笑著。我們齊聲大笑，然後我就放過她們，去樓下跟艾蜜莉和她父母聚餐。由於我明天就要搭早班火車離開，艾蜜莉建議我們跳過正餐，隨便吃點輕食就好，好讓我能趁夜色未深之前參觀奧士廷的市中心。我同意她的提議，但我想先跟她父母聊一下，因為我知道他們會說些有趣的故事。

艾希貝塔端出了一些輕食，選擇包括某種肉，另一種肉，或是更多肉。當然啦，還有些麵包和乳酪。如果你喜歡厚重的肉食，波蘭將是你的天堂，你可以嘗到各種美食，例如żurek（一種含有雞蛋和香腸的酸湯）、schab pieczony（烤豬腰肉配上藥草和梅乾）以及golonka（豬腳配辣根）。艾希貝塔發現我都沒碰那些肉，於是她又打開冰箱，拿出了鯡魚凍。

別認為住在波羅的海附近的人都不知蔬菜為何物，雖然有時確實看似如此，但現在情況已經比以前好多了。例如一五一八年的波蘭人認識的唯一蔬菜就是甜菜根，救星是誰？歐洲的烹飪大師：義大利人。當波蘭國王齊格蒙一世（Sigismund I）娶了他的第二任妻子、義大利王后博娜．斯福爾扎（Bona Sforza）之後，她就飆罵：「混蛋！我要吃義大利菜！我受夠你的鳥食物了！」

義大利王后引進了一整個軍團的義大利廚師，而他們必須盡可能用波蘭能種出的植物變出花樣。義大利人向波蘭人介紹了生菜、韭蔥、芹菜、胡蘿蔔和捲心菜，現在波蘭人通稱這些蔬菜為 włoszczyzna，此字就是源自「義大利」的波蘭譯名 Włochy。我問艾希貝塔：「波蘭食物自從共產時代以來有改變很多嗎？」

她的英語有些生硬，說話時眼神有點緊張。她說家常菜沒有變很多，但餐廳品質變化還滿大的。共產政府將所有餐廳收歸國有，將價位設在遠高於一般人能支付的標準，最後多數餐廳也關門大吉。只有在大眾食堂或牛奶吧（bar mleczny）才能吃到廉價外食，例如湯、麵或波蘭餃子（pierogi，內餡通常包蘑菇和白菜）。如今波蘭的餐廳食物選擇已大幅進步，而且如果努力找，甚至還能找到少數不只會提供豬肉或香腸的店家。

我們的對話觸及了許多議題，但母女倆終究起身去聊她們的女人經，而艾蜜莉的父親和我則繼續坐著討論男人話題，例如戰爭、歷史和政治。

波蘭手風琴

波蘭人通常比多數歐洲人更了解歷史，亞努士當然也不例外。他們的小公寓牆上幾乎擺滿了書籍，他取下一本厚重的卷冊，用力丟在桌上，翻遍整本頁面，直到他找到一系列描繪波蘭隨著世紀演變的地圖。在時代洪流之下，每個歐洲國家都像手風琴般不斷收縮，每個故事都是一連串占領別人和被別人占領的輪迴，但沒有任何國家比波蘭收縮得更誇張。由於它位於歐洲中央，百分之九十五的地形像波蘭煎餅一樣扁平，任何有軍隊的國家都會想直接輾過去，大家確實也都這麼做了。

羅馬帝國衰亡之後，第一個席捲而來的民族是波里安人（Polanie），這個斯拉夫部落定居於奧得河（Oder）和維斯瓦河之間的平原低地，如今此地區依然是波蘭的精神與靈魂。數百年後，波里安人在西元九六六年放棄多神教的習俗，接受基督教的洗禮，創立了一個名叫Polska（波蘭國名原文）的國家。當日耳曼人在一〇三八年推擠進入波蘭，波蘭人將首都從波茲南遷移到克拉科夫。到了十三世紀，入侵者從雙面夾攻，韃靼人從南方發動攻擊，日耳曼人則從西方乘虛而入。雖然波蘭的手風琴縮小了，但它之後還會擴展到最大程度。

雅蓋洛（Jagiellonian）王朝是波蘭黃金時代的開始，它帶來了盧布林和約（Union of Lublin）與立陶宛—波蘭聯邦的誕生，先前的立陶宛章節也有提到它。當波蘭和立陶宛在一五六九年結盟後，他們將首都從克拉科夫移到華沙，統治當時歐洲最大的國家。當時的版圖可延伸至黑海，亞努士想花一整晚談論這段輝煌時期，但我比較好奇手風琴是怎麼再度萎縮的。

他低哼了一聲，往後翻了幾頁，指出三張波蘭依序被分割的地圖，簡述它們背後的歷史。到了十八世紀，立陶宛和波蘭已經彼此看不對眼，俄羅斯的凱薩琳大帝（Catherine II）正在有形無形地剝蝕著波蘭，日耳曼民族則憂慮地看著她的帝國日漸茁壯，所以他們有藉由協助波蘭而阻止俄羅斯嗎？結果奧地利和普魯士反而暗中向凱薩琳提議：「聽著，凱西，我們各自瓜分波蘭的一部分如何？」凱薩琳同意，並賄賂數名波蘭政客敲定此交易。一七七二年，波蘭將四分之一領域割讓給奧地利、普魯士和俄羅斯，這是三次分裂中的第一個階段。

接下來的兩個階段很難看，波蘭的愛國人士與普魯士合作爭取權益，同時凱薩琳則與其他不怎麼愛國的人士合作扯他們後腿。你可以猜到接下來會發生什麼事——戰爭。普魯士背棄了波蘭，占據波蘭西部，俄羅斯則掌控波蘭東部。這是第二次分裂，波蘭正在迅速萎縮。

然後在一七九四年，曾於美國獨立戰爭與美國人並肩作戰的塔德烏什．柯斯丘什科（Tadeusz Kościuszko）認為自己可以在祖國複製相同的勝利。雖然他一開始氣勢強盛，但俄羅斯與波蘭之間的距離畢竟還是遠比英國和美國近，再加上普魯士和奧地利再次跟俄羅斯結盟，撲滅了波蘭的最後一絲氣息。於是波蘭在一七九七年經歷了第三次和最後一次分裂，昔日強國不復存在，手風琴從地圖上消失了。

痛苦的重生

> 我來自一個數百年來經歷過許多苦難和逆境的國家。當敵軍反覆穿越波蘭國界，這個國家雖擁有獨立主權，卻必須向蠻力屈服，而全世界只是沉默以對，頂多也只能表示同情。——華勒沙

我嫁給了一個德國人，每天晚上我都要扮演成波蘭，讓他侵犯。——貝蒂・蜜勒（Bette Midler），美國歌手兼諧星

接下來一百二十三年的故事簡單得可悲：俄羅斯試圖將波蘭人同化為俄羅斯人，日耳曼民族試圖將波蘭人同化為日耳曼民族，波蘭人頑強地試圖抗拒。一八一二年，拿破崙為波蘭帶來一線希望，他答應讓他們收復國土，如果他們可以先幫他攻打俄羅斯；波蘭人慷慨激昂地加入了這趟失敗的遠征，死得毫無意義。

俄皇亞歷山大一世（Alexander I）試圖釋出善意，給予波蘭一點自由空間。然而到了一八三〇年，不滿足的波蘭人開始呼口號：「不自由毋寧死！」俄皇則學黑武士回答：「如您所願。」他賜予他們死亡。俄羅斯撕碎波蘭的憲法，廢除波蘭的政府，壓垮波蘭的軍隊，掠奪他們的文藝作品，撤銷他們的公民自由權，打壓他們的羅馬天主教會，強迫他們學習俄語。至於德國那一邊也沒有多好，德國人擰著波蘭人的手臂，咬著他們的耳朵尖叫：「你要說德語，你要表現得像個德國人，而且你會喜歡這樣！」

亞努士講述這段悲慘歷史時提高了嗓門，像個打翻了番茄醬的義大利人般激動地比手畫腳，他的叫聲引起艾蜜莉的注意，她在門口探頭，揚眉露出「你們這些男孩到底講完了沒」的表情。

「再給我們兩分鐘就好，」我央求，「然後我們就去奧士廷，我跟妳保證。」

艾蜜莉點頭離開，我手持筆記本轉向她的父親，問他接下來發生什麼事。他深吸一口氣，看著書上的地圖輕聲說：「然後災難就發生了。」

雖然波蘭在二十世紀重返世界地圖，那將是波蘭史上最黑暗的一刻。一次大戰結束後，波蘭像個破爛的手風琴似地爬回歐洲地圖，許多人奉獻生命跟俄羅斯奮戰，拋頭顱灑熱血換回了維爾紐斯（現在是立陶宛的首都）和利維夫（現在屬於烏克蘭）。到了二次大戰前夕，俄羅斯和德國再度聯手扮演擠壓這台脆弱的手風琴的虎頭鉗。

在用不到一個月的時間征服波蘭後，希特勒給了波蘭人三個選擇：接受德國化，當奴隸，或是被滅種。猶太人只有被滅種的選擇。德國想要把所有跟波蘭有關的事物從地球表面抹除，納粹關閉了波蘭的歌舞廳、電影院、戲劇院、無線電台、報章雜誌和學校，燒毀波蘭文書籍，送給知識分子一張前往集中營的單程票，摧毀將近一半的教育和科學研究機構，名副其實地封殺了波蘭教師。納粹領導人海因里希．希姆萊（Heinrich Himmler）曾經寫過：「這個教育制度的單一目的就是教他們簡單算術，數字不會超過五百，以及如何拼寫名字，遵從德國人是神聖的基本教義……我不認為他們有閱讀知識的需要。」當被問及東歐人應如何接受教育時，希特勒回答：「地理學可以簡化為一句話——帝國的首都就是柏林。」

為了增強效率，納粹在波蘭的國內族群之間製造對立，希望他們自相殘殺。例如他們強迫猶太人摧毀一位波蘭民族英雄的雕像，拍攝影片並將之公開；後來他們又燒毀一間猶太會堂，拍攝街上的波蘭旁觀者，然後將影片加註「暴民復仇了」的標題，對外公開。

每當納粹試圖表現善意，卻顯得虛偽狡詐。例如德國只允許波蘭人參與「原始」文化活動，那些不是很粗俗就是色情。這樣他們不但可以讓世界知道他們並沒有不讓波蘭人自我表達，更可以「證明」波蘭人是只會製造低劣藝術的次等人類。他們甚至邀請中立國家來觀賞「波蘭人的表演」，而那些表演不是猥褻的色情戲就是極端無聊，最後納粹公關就會轉身對他的賓客說：「瞧，這就是波蘭文化！很噁心吧？這就是我們所謂的次等人類！」

在蘇聯統治下生活也很無趣，想像你是波蘭軍隊，被夾在史達林的紅軍和希特勒的納粹軍團中間，你會向誰投降？波蘭人選擇了德國，他們猜想蘇聯會更殘忍。他們的直覺可能是對的，蘇聯將超過一百萬名波蘭人放逐到西伯利亞的勞改營，在斯摩倫斯克（Smolensk）附近的卡廷森林（Katyn Forest）屠殺了兩萬兩千名波蘭軍官。二〇一〇年，包括波蘭總統在內的多位政府高官搭機前往俄羅斯參加該事件的七十週年紀念儀式，軍機在這個大屠宰場附近墜毀，無人倖免。這個悲劇是如此諷刺，很難不招惹爭議。

正如納粹，蘇聯也強制推行他們的語言。二次大戰剛開始時，許多猶太人往東逃到蘇聯占領的區域，但經過幾個月的虐待，他們得到的結論是：「糟透了，這裡更糟！我寧可待在納粹占領的波蘭！」

如果你在一九三九年居住在波蘭，你每認識的六個人中就有一人會在六年內死亡。波蘭在二戰期間失去了總人口的百分之十六，這個比例高於任何非蘇聯國家（白俄羅斯失去了百分三十三，但它當時屬於蘇聯，整個蘇聯則失去百分之十四），最後總共有六百萬名波蘭人死於二次大戰，其中有一半是猶太人，而存活者也飽受難以抹滅的心靈創傷。你還自以為過得多苦？

每一齣悲劇都會保留一小部分的喜劇元素，喜劇只是悲劇的反面。——辛波絲卡

戰爭有利於經濟的迷思

快速插個題外話：人們普遍相信戰爭都是為了錢，而且戰爭對經濟有利。許多人認為美國攻打伊拉克只是為了取得廉價石油，即使美國早在戰爭開始前就已經在向伊拉克購買原油，而且戰爭過後的油價反而更貴；美國攻打巴拿馬是為了掌控巴拿馬運河的貿易，即使他們早已控制它多年，並在數年後遵照合約將它釋出；美國進軍索馬利亞是因為……嗯，其實我們也不確定，可能是因為沙子很值錢吧；美國攻打加勒比海的小島格瑞那達是因為……嗯，那邊一定也蘊藏著某些豐富的經濟利益。

重點是，國家之間會發生戰爭有很多原因，金錢通常是個重要原因，但它通常不是唯一

的原因，甚至也不是主因。我們有時候打仗是出自於道德因素（為了阻止種族滅絕或某些重大的不義），但也有很多其他因素，例如宗教信仰、族群仇恨、語言爭議、歷史宿怨，有些社會裡有太多失業的年輕男性（所謂的青年膨脹），有些人假借「他先打我」的藉口，要搶回「原本屬於我們」的領域，最後當然還有些患有大頭症和陽痿的政客在興風作浪。

「別管那麼多！」憤世嫉俗者會大喊，「戰爭還是有利於經濟！」真的嗎？好啊！何不在西班牙丟幾顆核彈幫助他們的經濟，地毯式的轟炸法國，好好幫助他們？等一下，他們說那只對戰勝國的經濟有利？喔，好吧。波蘭和白俄羅斯都是二次大戰的戰勝國，但他們的城市幾乎都化為廢墟，三分之一的國人都死了；法國也屬於戰勝的一方，卻損失了將近一半的資產；俄羅斯凱旋歸來，看見國內一千七百個城鎮和七萬個村莊全毀。看來戰爭對那些勝利者真有利，是嗎？

喔等一下，他們說它只對沒受到戰爭影響的經濟有利。美國在二次大戰期間將九成的聯邦預算花費在戰力（相較於今日的兩成），而且身負重債。你覺得那些錢花在哪裡會比較有意義：製造一些爆炸後就消失的東西，或是建造一些可以持久使用多年的東西？利用戰爭刺激經濟發展是極沒效率的，如果戰爭真的能幫助經濟，那非洲早就擁有全球最強大的經濟環境了。

事實是戰爭不會幫助經濟，它只會破壞經濟。這就是為何每當戰火在某處醞釀，股市就會狂跌，投資會突然止步，人們會停止花錢，開始把鈔票和黃金塞在自己的床墊下，企業財團會開始裁員、停止加薪。這一切只會扼殺經濟成長。

是的，占全國經濟一小部分的國防工業將在此刻獲利，他們的股價確實會上漲。有些人可能會說：「美國二〇一九年花費了七千多億元在軍事上！那怎麼會只是一小部分？」拿那個數字跟國內生產總值的二十兆元相比，就會發現軍費只花了美國總經濟的百分之三點五。

因此，鑑於多數競選活動的造勢者和捐贈者都跟軍隊沒有利益關係，政客們如果發動戰爭就太蠢了，因為多數政客只有當經濟發展順利時才能連任成功。小羅斯福很清楚這點，這也是他在二戰期間想要維持中立的原因之一。戰爭是激化經濟最差的方式，與其加入那些白癡的大亂鬥，還不如賣東西給那些互相殘殺的白癡。這就是為何阿根廷能在二戰期間躋身全球首富之列，它把商品賣給那些為了殺人而掏空國庫的蠢蛋。

所以下回有人告訴你「戰爭有助經濟」時，記得用這本書搧他巴掌，跟他說：「不，你這智障。第一，戰爭只會傷害經濟；第二，我們不只是為錢打仗；第三，戰爭只對少數武器製造商有利；第四，最大的受益者是那些未加入戰場、在外面提供補給品的國家。」

在奧士廷眉目傳情

艾蜜莉已經靠在門邊打哈欠。「好啦，艾蜜莉，我們現在就去逛市區吧！」我穿上冬衣，雖然我對奧士廷有點好奇，但我並沒那麼興奮。它到底有多好？有誰聽過這個鬼地方？

正如往常，我又錯了。我們穿過曾在十四世紀連接城牆的高門，踏入一個中世紀的奇幻世界。歐洲的古城通常在夜晚看起來比白天漂亮，因為燈光實在很完美，路燈散發著金黃的柔光，反射在冰雪覆蓋的鵝卵石街道和高挺的城牆上，營造出浪漫舒適的氛圍。我們慢慢走到市集廣場，望著紅磚色的聖雅各大教堂，欣賞那哥德式的莊嚴，我喜出望外地讚嘆：「這個小城真是驚人啊！讓我猜猜，它是德國人蓋的。」

她開懷大笑，「是啊！」

「然後他們又毀了它？」

「當然！」我們像淘氣的小學生般竊笑。

我走向教堂旁的一座雕像。我喜歡檢視各種雕像，雖然我通常都不認識那些人，他們多數都是當代某些位高權重的政治人物，但如今幾乎無人知曉。這是個提醒人們名氣只是一時的好方式，然而這座雕像不同，此人是採坐姿（不太尋常），手上捧的是地球儀，不是武器。然後我看到他的名字，「天啊，這是我的偶像！」我大叫。

他名叫哥白尼，曾為世界帶來革命性的劇變，但不是政治方面，而是天文方面。他發現地球是繞著太陽旋轉，宇宙並非以地球為中心，這聽起來或許沒什麼，但這在一五四三年會被視為邪說，可能會招來火刑伺候，所以哥白尼等到自己老了才宣布這個發現。他在臨終時獲贈自己曠世巨作的第一個印刷本。但我不知道他是波蘭人，也不知道他是奧士廷所屬的瓦米亞區（Warmia）的行政官。看來他就像一位超級英雄：白天處理無聊的公務，晚上則帶著望遠鏡，鬼鬼祟祟地爬到屋頂去量測宇宙。

艾蜜莉拍了一張我坐在哥白尼大腿上假裝跟他搶地球儀的照片，然後我們爬上一個小山坡，沿著火車鐵軌散步，遠眺古城和它上方的十六世紀城堡。「很可愛，很漂亮。」我說。艾蜜莉露出微笑，我們隨即走回家去。

波蘭人對俄羅斯人和德國人的看法

在向艾蜜莉的父母互道晚安（dobranoc）之後，我們加入正在忙著「讀書」的波蓮娜和卡洛琳娜。基於波蘭曲折的歷史，我很好奇一九八九年後出生的波蘭人如今對他們的鄰國有何看法。波蓮娜的答案令我驚訝，由此可見波蘭的歷史傷痕有多麼深。她說：「我覺得我們的社會意識深處仍在警惕大家要防範德國人，例如我最要好的朋友就痛恨德國的一切，不管那是什麼，從語言到音樂、文化和人民都一樣。我猜我們這個年齡層以上的人還是離二戰太近，無法遺忘那個時代，當然對於更年輕的人而言，遺忘的過程應該進展得較順利。」

我的視線轉向卡洛琳娜，她說：「我不知道，我會說那些跟我父母同年齡、大約五六十歲的人對德國還是心懷怨念，他們還是一直說：『唉，德國人把所有值錢的東西都搶走了，破壞所有對我們重要的東西，然後就跑了。而且現在他們還在做相同的事！他們跑來這裡設立工廠，買斷波蘭的公司，想要干涉我們的政府，又想奪回他們在二戰從我們手中剝奪的領土！混蛋！』」

「那你們怎麼想？」我問卡洛琳娜。

「許多年輕人都沒有這種感覺，我不認為情況像波蓮娜說的那麼負面。年輕人相信德國為歐盟和波蘭做了很多好事，他們設立那些公司，讓我們有工作機會，而且現今的德國跟納粹完全不同。這很明顯，」她接著低聲說，「但不是每個人都如此認為。」

她深吸口氣，「所以社會對德國的反感會慢慢消失，」她朝波蓮娜看了一眼又說，「好吧，會很慢的消失。」我們都大笑。

「話說回來，」卡洛琳娜繼續說，「我覺得波蘭人整體來說比較討厭俄羅斯人，而討厭的程度跟對德國一樣，年紀愈大的人反感就愈深。」

卡洛琳娜的評語使我想起幾天前跟一位五十二歲女士的對話，她在俄羅斯的烏法（Ufa）出生並長大，但過去二十二年都居住在波蘭。既然她腳跨兩個世界，我請她拿俄羅斯人跟波蘭人做比較，她說：「我喜愛俄羅斯人的一點就是他們很開放，不會口是心非。波蘭人比較閉塞，而且俄羅斯人比波蘭人喜歡閱讀。」

「你覺得波蘭哪一點比較好？」我問。

「雖然我不是天主教徒，但我喜歡波蘭人對天主教的重視，他們嚴守紀律，遵守法律規範。我不喜歡俄羅斯盛行的暴力犯罪，我欣賞波蘭人的職業道德和準則。另外波蘭人也很有文化素養，尤其是音樂和藝術方面。」

現在已是半夜，卡洛琳娜必須回家了，我們相擁道別。我要搭早上六點的火車，身體已經筋疲力竭，但還是不想睡。我繼續跟兩姐妹聊天，直到我的大腦終於在凌晨三點關機。兩個小時後，我像個殭屍般起床收拾行李。艾蜜莉幫我準備了簡單的早餐（śniadanie）。我正要離開前，波蓮娜急忙穿著睡衣跑出來向我道別，她堅持要被挖起來，只為了見我一面，真是令我感動。我給了她一個緊緊的擁抱和友善的吻。「快回去睡覺吧！」我說。

「噢，一定會的！」她滿懷殷勤地回答。

艾蜜莉開車送我到火車站。當火車即將離開時，我們站在月台上，凝視著彼此的雙眼微笑。當你在旅行時，偶然就會遇到一些非常特別的人，讓你感到自己似乎早已認識他們一輩子，可以行雲流水般交談，彼此之間有一種通常需要多年才能培養的同理心。這種默契就像行星排成直線一樣罕見，哥白尼可以預測這些天文現象會何時發生，但我們不能。無論如何，他都會建議我們珍惜這些時刻。

我們深情相擁，過了很久才不捨的分開。我登上火車，在火車開始移動時揮手道別。我很遺憾沒有更多時間，但我很珍惜這個時刻。

人生只會在沙中留下些許爪痕。——辛波絲卡

為何有那麼多波蘭笑話？

小時候在加州長大時，同學之間常拿波蘭開玩笑，即使沒有人見過波蘭人。沒錯，我們完全不認識波蘭和它的人民，只是一群覺得那些笑話很好玩的幼稚少年。

話說回來，這些笑話一定有其根源，但我實在想不出個合理的原因。波蘭曾經是全世界最強大的國家之一，今日它仍然擁有許多美麗的城市和豐富的歷史文化，它的人民很善良，有魅力，也很聰明，因此大家照理來說不應該那麼喜歡嘲笑它。到底是誰開始的？我們應該照往常責怪德國人嗎？或是那些討厭的俄羅斯人？答案兩者皆非，這回完全是美國人和法國人的錯。

當年波蘭移民大量湧入美國時（許多人定居在芝加哥附近），在地人都會嘲笑這些移民的奇怪行為。舉一位伊朗人告訴我的笑話為例：她有很長一段時間都以為美國城市路邊的大信箱是垃圾桶，還經常把飲料罐丟進去。

試想自己剛來到一個陌生的異國地區，講話就像個三歲的智障，連最簡單的事情都做不好，例如買火車票，用奇怪的錢幣買水果、尋找鎮中心、遵守交通規則，甚至沖馬桶。當地

居民看著你鬧笑話，無奈地搖頭，結論就是你是個白癡。

儘管如此，美國人和法國人早在移民潮之前就在歧視波蘭人。例如兩百多年前，美國清教徒約翰・萊德亞（John Ledyard）在歐洲探險時就曾描述波蘭和俄羅斯的國界，「只有猶太人居住，而且他們總是很惹人厭。」不過這個偽君子確實曾與猶太人共居過，他的住處是「一個髒亂的大房子，充滿汙泥、噪音和孩童。」他對「不僅是最貧窮的農民，更是我所見過最窮困的人類」感到震驚，「這些可悲的人們身材矮小、發育不全、缺乏營養、衣衫襤褸、滿臉病容。」並補述「這裡有一種蠻橫無禮、不修邊幅、變幻莫測的奇異品味，使波蘭和俄羅斯無法跟歐洲的卓越相提並論。」萊德亞很慶幸自己能逃離東歐，重返「西方的神聖領域」。他沒料到這趟旅程證明了「東方世界的拙劣，以及人類的心靈和思想水準竟然有如此巨大的落差。」他的結論是：「關於波蘭人，我無法想出任何能使我感到興趣的事物，也許這是因為我很愚蠢或漫不經心，如果他們真的有某些過人之處，我由衷向他們道歉，但我從靈魂深處存疑。」[2]我們現在終於知道「愚蠢的美國人」這個詞的由來了。

美國人再怎麼糟，若說到鄙視其他國家，沒有人能比得上法國人。路易・若庫爾（Louis

---

2 John Ledyard, *John Ledyard's Journey Through Russian and Siberia 1787-1788: The Journal and Selected Letters*, ed. Stephen D. Watrous (Madison: Univ. of Wisconsin Press, 1966), p. 201-5, 211, 223.

de Jaucourt）在十八世紀編撰百科全書時寫了一篇關於波蘭的文章，這位法國學者用一些輕微的諷刺語作為開場白，例如波蘭是「猶太人的天堂」、「它的蠻荒時期比西班牙、法國、英國和德國都長」。他對波蘭的觀察是「全歐洲沒有比他們更貧窮的人，對於羅馬教廷的法令有著誇張的忠誠與充滿迷信的恐懼。」接下來是慈悲的致命一擊，正如法國人鄙視美國人缺乏文化素養，若庫爾先生對波蘭的文化匱乏做出總結：「它沒有繪畫學院，沒有劇院，建築藝術還處於嬰兒階段，人們對歷史毫無品味，數學人才幾乎未受培育，對它南方的哲學也鮮為人知。」但他至少幫波蘭人說了一句好話：「時間會使一切成熟，或許有朝一日波蘭也能達到其他地域已經爐火純青的境界。」[3]

另一位十八世紀的法國社會名流，喬芙蘭夫人（Madame Geoffrin）對波蘭的只能如此說：「自從離開巴黎，我看到的一切都使我感謝上帝自己是法國公民。」當然這兩位作家給我們的最大教訓很清楚：法國人真是完全沒變。

當交涉對象是波蘭時，連法國的外交官都不是那麼圓融委婉。著名的政治哲學家盧梭（Jean-Jacques Rousseau）曾警告來訪的華沙代表說：「波蘭人在宮廷不准穿法式服裝。」為什麼？因為這顯然會玷汙法國的文化傳統，在盧梭優越的法國頭腦中，「已受過啟蒙的」歐洲人顯然比波蘭人更高一等。「無論是法國人、英國人、西班牙人、義大利人和俄羅斯人，大家都應被一視同仁」，唯獨波蘭人只能當「波蘭人」。

最後這個例子是我的最愛。一本一七八〇年出版的法文小冊子有這個好笑的標題：「歐洲的紅毛猩猩，或是名副其實的波蘭人。」作者還假造科學論據，宣稱這是根據一項「獲得自然歷史獎」的研究，波蘭人是「猿猴類中最粗俗鄙陋、最可恨、最無恥、最愚蠢、最骯髒、最虛偽且最懦弱的物種。」[4]聽起來真是有夠科學啊。我不禁懷疑那些非科學類的法文小冊子會怎麼寫，現在我們也知道「愛慕虛榮的法國人」這個詞的來源了。

或許把所有波蘭笑話都怪罪於愚蠢的美國人和臭屁的法國人也有失公允，德國人和俄羅斯人確實也有貢獻一份心力。無論如何，這個看貶波蘭人的惡習顯然很久以前就存在，後來又隨著波蘭的移民潮逐步高漲。

國際法律學者尼爾．米契爾（Neil Mitchell）曾在一九六七年拜訪波蘭，他告訴我：「當全世界都在拿波蘭開玩笑時，波蘭人也在講俄羅斯笑話。蘇聯曾經送給華沙一座摩天高樓，造型類似莫斯科的七姐妹，我記得蘇聯稱它為『友誼之塔』。它很礙眼，相當醜陋。一九六七年華沙最流行的笑話是『華沙最具吸引力的觀景點在哪？就在友誼塔頂，因為在上面看不

3 Louis de Jaucourt, "Pologne," *Encyclopédie: ou dictionnaire raisonné des sciences, des arts et des métiers*, nouvelle impression en facsimile de la première edition de 1751-1780 (Stuttgart: Friedrich Frommann Verlag, 1967), vol. XII, p. 930.

4 Larry Wolff, *Inventing Eastern Europe* (Stanford: Stanford University Press, 1994), p. 342.

到這座塔。』」

波蘭五大C

我抵達波茲南時已是行屍走肉，但二月的寒風使我瞬間驚醒。波茲南對於波蘭人就像費城對美國人代表的意義：它是國家的誕生地和第一個首都。而正如美國將首都往南移到華盛頓，波蘭也將首都往南移到克拉科夫（後來又往北移到華沙）。令人愉悅的徒步街道終止於舊市集廣場，周圍有許多博物館，但我比較喜歡望著粉色系的房屋發愣，它們在層疊的白雲和積雪下顯得格外美妙。廣場中央是典雅的十六世紀市政廳，德國人也曾在那裡執政數百年。波茲南的戰略位置為它帶來繁榮，它位於華沙和柏林之間，對商人而言是個完美的休息站；對我而言，它是前往大波蘭地區戈茹夫（Gorzów Wielkopolska）途中的一個歇腳站，我將在戈茹夫與一對波蘭兄妹共居。

沙發衝浪主通常只會教你如何走到他們家，有些屋主同時招待多位客人，實在無法為每個人安排接送，有些人則是太忙。然而我在波蘭遇到的主人都會特地來火車站接我，表現出他們熱情好客的民族性。當我走出戈茹夫火車站時，安娜・喬德洛斯卡（Anna Szczodrowska-Rożek）和她的哥哥庫巴（Kuba）立刻上前迎接我。我們走了幾分鐘就到達他們的十一層樓公寓，安娜為我盛上一碗熱騰騰的義大利麵，她說：「你一定餓了。」

「Dziękuję!（謝謝），它看起來和聞起來都好可口喔！是什麼口味？」我問。

「這是素食口味。」

波蘭竟然有素食？或許這個國家還是有希望。我享受著好吃的義大利麵，庫巴問我美國生活過得如何，我給他中情局的官方答案，然後問他波蘭有哪些英雄。在聽過那麼多的波蘭血淚史之後，我想多認識一些他們的明亮燈塔。

庫巴開始列舉一些波蘭的英雄人物。我稱他們為五大C：耶穌基督（Christ）、哥白尼（Copernicus）、蕭邦（Chopin）、居禮夫人（Curie）和樞機主教（Cardinal）。雖然耶穌不是波蘭人，但九成多的波蘭人都是羅馬天主教徒，在一個波蘭城市每走十分鐘就會撞上一間教堂。二〇一〇年，波蘭擁有全歐洲最高的蓋洛普宗教虔誠指數，這是根據多項關於宗教角色的問卷調查，愛沙尼亞和瑞典則位於光譜的另一端。不過到了二〇二〇年就只剩五成的波蘭人認為宗教對他們的人生很重要，遠低於二〇〇八年的百分之七十五。正如往常，年輕人不像老年人那麼虔誠，然而跟多數歐洲人相比，波蘭的年輕人公開參與宗教活動的比例還是高很多。曾在波蘭教書的美國學者尼爾．米契爾說：「即使在蘇聯全盛時期，波蘭人還是堅信天主教遠勝過共產主義。」

我們已經討論過哥白尼，現在就來看看其他三個C。蕭邦大約兩百年前出生於波蘭，但他大半輩子都待在法國。基於法國人當時對波蘭人的歧見，蕭邦很快就把自己的名字從

Fryderyk（波蘭語）改成Frédéric（法語）。他的一些作品靈感都來自波蘭的民俗歌舞，例如波蘭舞曲和馬祖卡舞曲。由此可見這位波蘭作曲家兼鋼琴大師必須是多麼天賦異稟，必須一直維持超高水準，才能克服那個年代的種族偏見。而且他不到四十歲就達成了這一切，就像莫札特，蕭邦也在英年早逝。

克服法國人的偏見對男人而言已經夠困難，試想你是個女人，或是更糟的。一位女科學家瑪利亞・斯克沃多夫斯卡（Maria Skłodowska）就做到了這點。跟蕭邦一樣，她改了自己的名字，讓自己較容易被法國社會接受，並嫁給法國科學家皮耶・居禮（Pierre Curie），因此後世多稱她為居禮夫人。居禮夫人發現了放射性物質，一輩子幾乎都在玩放射性的石塊，她的實驗室筆記和食譜至今仍含有高度輻射。居禮夫人的天賦為她帶來兩座諾貝爾獎。起先人們以為如此高能量的物質一定對健康有益，有些公司還把放射性元素加在產品裡，例如牙膏。不幸的是，當居禮夫人發現輻射的危險時，這對她來說已經太遲了。她死於血癌。

最後一個C是位樞機主教，他也是另一個改過名字的波蘭人。一九七八年，克拉科夫大主教嘉祿・若瑟・沃伊蒂瓦（Karol Józef Wojtyła）獲選為教宗，以若望・保祿二世這個封號聞名全世界。他是波蘭最偉大的英雄，如今天主教的勢力能深植波蘭和全世界，都應歸功於此人。今日在波蘭到處都可以看到他的肖像，只有耶穌比他更受歡迎，他不僅是史上唯一的波蘭裔教宗（也是自從一五二〇年代以來第一位非義大利裔教宗），更在擊敗共產主義的過程中扮演要角，利用自己的權勢（以及精通十二種語言的能力）走遍全球一百二十九國，抨擊共產主義的大逆不道。

除此之外還有一位墮落英雄：波蘭籍導演羅曼．波蘭斯基（Roman Polanski）。他的第一部成名作是《失嬰記》（*Rosemary's Baby*），雖然一九七五年就以《唐人街》（*Chinatown*）入圍奧斯卡最佳導演，但他直到二〇〇三年才以《戰地琴人》（*The Pianist*）贏得最佳導演獎。然而這位波蘭明星自從在一九七七年坦承強姦一名十三歲加州少女後就身敗名裂，他逃離美國的司法系統，這激怒了許多波蘭人。波蘭斯基絕不會想要接受波蘭的法律制裁，因為波蘭政府在二〇〇九年制定新法，針對任何跟未成年人發生性關係者強制執行化學去勢。但這至少勝過他母親的命運：她在奧斯威辛慘遭殺害。一九四三年，十歲的波蘭斯基逃出克拉科夫的隔坨區，改名為羅米克．威爾（Romek Wilk）而存活下來。

總之，這些波蘭名人的故事告訴我們，你若是波蘭人又希望成名，就改名字。

在戈茹夫品嘗伏特加

晚上我跟安娜和庫巴一同外出，體驗戈茹夫的夜生活。途中經過了連接德國與這個工業城的瓦爾塔河（Warta），戈茹夫不如我見過的其他波蘭城鎮漂亮，但也不差。偶爾逛一個多數觀光客不會去的地方也是很好的經驗。當我們路過中世紀的哥德式教堂和十六世紀的城牆，我必須問：「這個城市是德國人蓋的嗎？」

「不是，」庫巴平靜地說，「它起初是個十一世紀的斯拉夫堡壘。」

「噢，可是德國人應該有來過吧？」

「當然，這裡有很多古建築都是他們蓋的，直到今日德國人還稱這個城市為蘭茲堡（Landsberg），他們還認為它是屬於他們的。來吧，我們去這間酒吧喝幾杯。」

這是一個週六夜晚，但酒吧相對還算安靜。我無法阻止庫巴去點第一輪飲料，波蘭人有時真是盛情難卻。庫巴端來了幾杯酒，滿臉笑容地對我說，「你一定要嘗試這個波蘭人發明的酒，」他把小杯子推過桌面，「它叫伏特加。」

「真的？伏特加是你們發明的？若要我打賭，我絕對會猜是俄羅斯人。」

「這個嘛，他們可能也會那樣認為，但有充分證據支持我們是第一個發明它的國家。」他舉起酒杯說：「Na zdrowie!（乾杯）。」

我平常不喝酒，主要是因為不喜歡它的味道，不過基於禮貌我還是淺酌了一口，再次確認我還是寧可喝機油。「天啊，真強烈！那是什麼味道？」

「聖草！」他一飲而盡，將空杯大力甩回桌上。

「真的？我在立陶宛聽過這種口味，還以為那只是玩笑話。它到底是什麼？教宗用大麻製造伏特加的祕方？」

「不是啦，它是用比亞沃維耶扎森林的野牛草釀造的，那是在白俄羅斯附近。」

「波蘭跟白俄羅斯的關係到底如何？你們曾經擁有布雷斯特……」

「也有維爾紐斯、利維夫，還有更多。是啊，我們在二次大戰之後被剝得精光，不過這不重要，事情都過去了。但如果你真的想知道，我就告訴你。」

其實就是個簡單的大風吹遊戲，二次大戰後，波蘭得到一些德國的領土，但必須割讓幾乎兩倍的領土給蘇聯。史達林爭論說那塊「蘇聯土地」的一千兩百五十萬人只有三分之一是波蘭人，所以應該給他，況且多虧有紅軍他們才能擊敗德國。於是同盟國給了波蘭那塊德國領土作為補償，問題是該地區的八百九十萬人有將近八成是德國人。接下來就是一場大風吹，蘇聯將數百萬波蘭人踢出去，波蘭將數百萬德國人踢出去，而數百萬德國人只能踢自己屁股，哀嘆早知如此當初何必開戰。

我問安娜：「就波蘭目前的國界而言，波蘭人如何對內部做區分？他們較傾向用東西軸或是南北軸作為分界線？例如義大利人通常喜歡把自己分為北義和南義，德國人則通常會分東德和西德。」

「波蘭人習慣用東西劃分，」安娜回答，「我們會用維斯瓦河當界線，東邊的人比較著重信仰，比較保守，以農業為主；西邊的人則較重視科技，思想較自由。」

「確實是，」庫巴說，「不過我們波蘭人有個優點，那就是我們遇到困難時就會團結起來。

我們或許會互相競爭，彼此嫉妒，但當國家遭受外人攻擊時，我們總是會團結對抗外力。」

我點了下一輪飲料，我們花了一個晚上解決世界的所有問題，可惜我完全不記得解決方案是什麼。翌日上午，我感謝了他們的殷情款待，他們則送我到火車站。

學習波蘭字母

當我用英語發音對售票小姐說我要去「華克勞」時，她一頭霧水地瞪著我，好像我是在問她是不是處女，於是我在一張紙上寫Wrocław遞給她看，她恍然大悟：「喔！弗茨瓦夫！」什麼？我重新檢視那張紙條，確認我沒有拿顛倒。波蘭人喜歡用他們的城市名字誤導英語系國家的人，華沙的正確唸法其實是「瓦沙瓦」，既然如此為何不把它拼成Varshava就好了？

雖然波蘭人採用了我們熟悉的拉丁字母，但他們把一些發音改得有點怪。比方說c唸起來像k，這倒還好，反正英文中的c也沒固定唸法，例如英文的cat唸起來就像kat（順便一提，波蘭文中的kat是劊子手）。雖然他們還有好幾個變音符號，卻沒有q或x，因此在這個篤信天主教的國家，人們在婚前沒有sex，只有seks。

說到w就要開始頭痛，它唸起來像v，為什麼？也許是因為他們的v已經用來發其他音了？錯，他們的字母根本沒有該死的v！他們大可以用它就好了，卻偏要用w，然後跟你說w要唸成v。這還不是最糟的，要不要猜猜ł這個怪字母怎麼唸？你不會喜歡答案，它唸起來像w。所以tindoł聽起來就像window，ł其實是w，w其實是v，v根本不存在。我實在很想去找當初發明這個語言的人，掐扁他的波蘭小脖子。

我曾經問過卡洛琳娜（她主修語言學）波蘭文為何如此複雜，她回答：「我真的不知為何有人要在我們的字母裡加上ł、ź、ć、ą、ę、ż、ź這些怪字，或許就是波蘭人的獨特心理，我們喜歡自討苦吃。」

波蘭的未來

如果你問波蘭人對國內任何一個城市的看法，他們都會一臉不屑，但如果問他們弗茨瓦夫，他們就會百感交集地仰望天空，彷彿在回憶初戀，微笑著說：「噢，弗茨瓦夫啊！好棒的地方！」從它的哥德式和巴洛克式建築，朝氣蓬勃的校園文化，到它那珍貴的古城，這一切都使它在波蘭人的心中占有獨特地位。你應該也會陶醉於雄偉的奧得河環繞著沙島（Wyspa Piasek）的景觀，並從那邊過橋來到恬靜的座堂島（Ostrów Tumski），參觀那座名副其實的大教堂，再重新過橋，欣賞壯觀的百年市政廳，前往鹽廣場（Plac Solny）。不過那邊賣的是花，不是鹽。

你現在應該也猜得到，弗茨瓦夫並非一直都是波蘭人的地盤。普魯士在一七四〇年代占領此城市，將它改名為布雷斯勞（Breslau），變成紡織工業中心。德國人最擅長的就是這些事：清理環境、製造物品、建立秩序、增加產能，蓋一些美麗的建築，做完這些事後就去喝杯爽口的啤酒。而如果有人在他們享受啤酒時惹火了他們，就會掀起世界大戰。一間百年市政廳要花將近兩百年才蓋得起來，但只需幾秒的轟炸就能嚴重損傷；二次大戰結束時，弗茨瓦夫的古建築有七成被轟成碎片。

如今弗茨瓦夫已重現昔日美貌，波蘭亦如此。雖然波蘭正逐漸重拾信心，它對未來還是不甚樂觀。這點由他們的國歌標題Mazurek Dąbrowskiego即可看出，它的意思是「波蘭尚未亡國」。注意「尚未」這個字，他們似乎在潛意識中知道波蘭總有一天又會被侵占。

我後來在阿爾巴尼亞跟二十六歲的波蘭人雅各・皮爾赫（Jakub Pilch）一起旅行了兩天。他研習過國際關係，專長是前蘇聯國家，曾在加州住過幾個月。我很高興能連續數小時跟他討論波蘭，因為他簡直是一本會走路的百科全書。當我問他認為美國人能從波蘭學到什麼，他沉思片刻後說：「如何當個好朋友，波蘭一向對美國很忠誠，你們要求什麼我們就照做。但美國有時令我們失望。」

正如往常，當我請雅各舉例，他就開始滔滔不絕地引經據典，如同失控的消防水帶泉湧而出：「第一，波蘭人不像多數中歐人，我們仍需要申辦昂貴的簽證才能入境美國。第二，儘管我們在伊拉克的駐軍人數是全世界第四高，波蘭的軍武公司卻未獲得伊拉克地區的合約。第三，多數波蘭人都希望美國在波蘭境內設置反飛彈防禦系統，但歐巴馬把它取消了，而且諷刺的是取消時間就在蘇聯占領波蘭的七十週年。第四，波蘭為了換取美國對民營企業的投資，向美國購買軍事裝備，卻未見美國提供任何外資。第五，美國賣給波蘭的軍事裝備大部分都是已生鏽的廢鐵，他們好像當我們是傻子。第六，波蘭人不太認同歐巴馬試圖與俄羅斯和解的態度，大眾都擔憂俄羅斯近年來態度愈來愈強硬，感覺上美國都不敢挑戰它，只是默然接受俄羅斯重新建立勢力範圍。好了，我不再多說。」

我邊聽邊做筆記，這時一隻膽怯的阿爾巴尼亞流浪犬小心翼翼地接近我們，使我想起波蘭有時候也像隻受虐的小狗，主人毒打牠，讓牠挨餓，試圖把牠訓練成德國牧羊犬或西伯利亞哈士奇，從未把牠當作波蘭貴賓犬給予關愛。牠經歷的身心折磨已對牠形成創傷，但就像多數狗，牠從未放棄希望。每當有陌生人接近，牠就熱情地搖著尾巴說：「你想當我的朋友嗎？來嘛，我們交個朋友！我很忠實，很耐操，我不會讓你失望！我會永遠陪著你！嘿，我畢竟是波蘭人啊！」

波蘭不斷尋找強而有力的朋友，因為他們過去三百年都沒有這種盟友，因而受到慘痛教訓。北方或南方鄰國的實力都無法保護被夾在德國和俄羅斯之間的波蘭。正如雅各所言：「波蘭人支持美國，懼怕俄羅斯，將美國視為唯一能確保我們自由的世界強國。在國安方面，我們不信任其他歐洲人，英國和法國曾在一九三九年保證會維護我們的安全，結果他們並沒有幫助我們。波蘭很依賴美國，只有它能幫我們抵禦俄羅斯。」

波蘭只想安靜地享用自己的餃子，所以它才對歐盟和美國如此友善。波蘭積極地採用了西方世界的資本主義，在一九九九年加入北約，並成為聯盟裡面最激進的鷹派。它也在二〇〇四年加入歐盟，給予全心支持。它可能會在二〇二〇年代採用歐元。要做出這些轉變需要很大勇氣，因為波蘭在蘇聯時期的國際地位其實比今日高。雖然有些波蘭人會懷念共產時代，很少人真的想走回頭路，然而如果它想要前進，波蘭必須先接近一位宿敵。

正如波羅的海三國需要跟俄羅斯重修和好，波蘭也必須跟俄羅斯重建關係。這很困難，多數波蘭人仍相信俄羅斯對他們有負面影響，若要改變此觀點，首先就要放下舊恨，並承認自己也並非永遠都是聖賢。我在弗茨瓦夫火車站結識了一位名叫卡斯柏（Kasper）的年輕人，他了解這點：「很多波蘭人不喜歡俄羅斯人，但我們也沒有好到哪裡，我們以前也對俄羅斯人做過一樣的事情。我們在一九二〇年跟俄羅斯對戰時逮捕了許多敵兵，也是沒有給他們食物，害他們活活餓死。」

波蘭人在二次大戰後也沒有善待無辜的德國平民，當時的景象也不太好看。現在波蘭已幾乎跟德國和解，它需要對俄羅斯表現出同樣的寬容，所幸波蘭人比多數東歐人了解自己的歷史，也懂得如何不讓歷史操縱自己的人生。在看過那麼多東歐人一談到過去就捶胸頓足，能聽到波蘭人對此自我解嘲，感覺真是耳目一新。波蘭人的好客證明了他們在個人層面的友善，希望他們也能將同樣的溫情提升至國際層面，拿出勇氣向俄羅斯伸出友誼之手。

我剛來到波蘭時，對它的認知僅限於幾個無厘頭的笑話。我離開它時，雖然還不是專家，而且我大概永遠都學不會他們的瘋狂語言，但波蘭對我已不再是個謎。這個美麗的國家和它的人民使我讚嘆不絕，他們能教我們很多事。最後，我想對那些認為此章節寫得很爛的波蘭人說，請記住偉大的波蘭詩人辛波絲卡的名言：「即使是最爛的書也能讓我們思考。」

波蘭能教我們什麼

- **學習歷史，但不要對它太認真：**就像多數東歐人，波蘭人也很熟悉東歐歷史。不同的是波蘭人不會那麼情緒化，他們可以一笑置之，專注於當下，同時也不會完全遺忘過去。所以好好研讀歷史，記取教訓，但切勿走火入魔。
- **團結面對危機：**當國家陷入困境時，波蘭人會放下彼此的瑣碎心結，團結致力度過難關。波蘭歷經反覆波折，卻依然能存活到現在，這顯示了鄰居之間互相協助的力量。
- **當個好朋友：**波蘭人對朋友很忠誠，根據蓋洛普訪查，百分之九十四的波蘭人說他們若需要別人協助時，可以絕對信任自己的親友。全世界只有三個國家有更高的信任度（愛爾蘭、英國、冰島）。請試著培養波蘭式的人際關係。

又該是動身的時候了，在久聞德國人「愛管東歐閒事」的名聲後，我顯然應該去一趟德國，尤其是東德，聽聽他們那邊的故事版本。我準備前往德國邊境的波蘭小鎮斯武比采（Słubice），火車還要等二十分鐘，於是我就跟旁邊一位波蘭青年聊了起來。他住在德國邊境附近，有一些德國朋友，他也認為兩國關係很好，不過他還是說：「東德人有時候態度很高傲，自認為比我們優越，但我們並不介意。」

「為什麼？」我問，火車也在此刻進站。

「東德人比其他區域的德國人窮，比較沒有組織。」他捻熄手上的香菸，並補充，「東德人不是真正的德國人。」

「我們走著瞧。」我低聲說著登上前往德國邊境的火車。

讓我們用最後一個波蘭笑話結束此章節：

有個波蘭人想學跳傘，他的指導員讓他先跳，幾秒後再跟著跳。波蘭人成功拉開了自己的傘，然而指導員的傘沒開，所以他就從波蘭人身邊直接墜落。波蘭人解開安全索，撲向指導員並大喊：「喔，你想比賽是嗎？」

第七章

東德——柏林圍牆倒下三十年後

東德小資料

位置：已經消失的社會主義國家，位在西德、波蘭、捷克斯洛伐克中間。

面積：約10萬平方公里（台灣的2.8倍）

人口：約1600萬（1989年資料，台灣的0.7倍）

首都：東柏林

主要族群：德國人

人均國內生產毛額：12,500美元（1988年資料）

- Deutsche Demokratische Republik -
Vergangenheitsbewältigung

斯武比采這個波蘭小鎮會使你不禁自問：「我到底來這裡做什麼？」俯拾皆是紛飛的雪花，跟太平間一樣生意盎然，唯一的好處是你可以在十分鐘內穿越全鎮，從奧得河畔的橋進入彼端的德國。我深吸口氣，開始過橋走向東德。

我才走了幾步，一位腳步飛快的金髮女士就拉著小行李箱從旁邊經過。我很驚訝這種雨雪交加的天氣還會有人走路過橋，心想著「痛苦最好與人分擔」，我問她會不會說英語。她搖頭繼續前進，於是我試圖用破碎的德語和波蘭語溝通，或許是不忍心看我出糗，她終於承認：「好吧，我會說一點英語，我只是討厭它。」

「為什麼？」我問。

「我不知道，反正我們在波蘭學校必須學它。」

「那你喜歡德語嗎？」

「是啊！我想住在德國，我喜歡那裡。」

我覺得她若不是因為被困在這座橋上，應該就會更努力逃避我，於是我問了最後一個問題：「我在寫一本書，想訪問一些當地居民，你會建議我在這美好的週日去哪些地方？」

「麥當勞，」她指向對面，我們已經快過橋了。「只有那邊會開門，不過你可能不太容易找到願意說話的人，德國人都很閉塞，不太友善。」

跟你差別真大啊，波蘭冰雪女王小姐——我心裡想著，反問她：「但你還是想要住在那邊？」

「對，那邊的工作機會比較多，日子過得比波蘭好。祝你好運。」

我們過橋之後，她就加快腳步離去，我則如釋重負放慢了腳步。我現在位於一個名叫奧得河畔法蘭克福（Frankfurt an der Oder）的小鎮，德國人給它取這個長名字是為了避免跟正宗的法蘭克福混淆。德國的統一是否已消弭東西德的歧異？我在中情局指揮中心——麥當勞的玻璃門外停了一下，將頭腦中的少數波蘭字轉換成德文，邊開門邊對自己說：「好了，來認識一些德國人吧。」

跟最東方的德國人會面

二樓用餐區有幾名顧客，但沒有人單獨坐。我平靜地走向一對夫妻，他們的小孩正在遊戲室裡玩耍，我問那位男士：「Entschuldigung, sprechen sie Englisch?」（不好意思，你會說英語嗎？）

他揚了一下眉毛，安靜地說：「會一點點。」

「Sehr gut（非常好）。我是個作家，」我亮出《走你自己的路》[1]的封面給他看，「我目前正在寫一本關於東歐的書，想問你一些日常生活的問題。」

他遲疑地看了太太一眼，又凝視著桌上的麥當勞快樂餐，彷彿在裡面尋找答案，最後終於打破沉寂：「好吧。」

他名叫托馬斯（Tomas），職業是計程車司機，在東德出生並長大。我知道德國人極端重視效率，所以我直截了當地問：「現今生活跟二十五年前的共產政府有何差異？」

他觀望四周，確定KGB或CIA沒在監聽後才回答：「好處是現在我們有較好的健保福利，比較自由。」

「那以前的好處在哪？」

「以前大家都有工作，現在百分之十五的人沒工作，這很糟，不過政府會給他們錢。」

「德國人對波蘭人有何看法？」

他翻了一下白眼，往後靠了一秒，不安地變換坐姿，努力思考一個委婉的說辭。最後他說：「我們對波蘭人有些意見。他們來這裡工作，卻沒有合法文件，所以他們是在檯面下拿錢，你了解嗎？不用繳稅。而且有些波蘭人還會偷我們的車，這是個問題。」有個東德笑話是這麼說：「去波蘭就會找到你的車。」

托馬斯解釋說現在問題已沒那麼嚴重，因為所有的波蘭汽車牌照都必須登錄在歐盟資料庫裡。在此之前，政府當局很難追蹤贓車。我們又交談了十分鐘，但他的小孩需要關注，於

---

1 譯者注：*Hike Your Own Hike* (2006)，作者的第一本著作。

是我就向他道謝，繼續尋找下個獵物。

一位瘦高的男士正在獨自狼吞虎嚥他的大麥克，彷彿漢堡裡面的牛肉還活著。我謹慎地接近他，試著壓抑自己的美式假笑，詢問他能否借我幾分鐘時間做訪談。他停止咀嚼了一秒，面無表情地瞪著我，好像我是在叫他幫我擦鞋子，然後他像納粹親衛隊般嚴厲地舉起五根手指，「Fünf minuten」（五分鐘）。

「Danke」（謝謝），我小心翼翼地在他的可樂和薯條旁坐下。顯然如果我跟他講話超過五分鐘，他就會把我丟入最近的新納粹集中營。我並不知道自己即將訪問的是怎樣的一個人，他將會帶給我許多驚奇。

圍牆之前

在認識這位東德人之前，首先要了解他出生的世界。雖然我們現在是坐在德國最東的地點之一，其實奧得河畔的法蘭克福曾經位於德國中部，因為歷史上「東德」曾經數度位於奧得河與尼薩河（Neisse）的遠東，堅強地占據著今日的北波蘭、加里寧格勒和西立陶宛。然而就像我們在波蘭身上所見，各國都會像手風琴般規律伸縮，德國的手風琴在二次大戰後不但萎縮，還分裂成兩半。

當初美國和蘇聯決議讓自己的軍隊在易北河會合時，就植入了分裂的種子。海軍總司令鄧尼茨（Karl Dönitz，在希特勒自殺後領導德國）得知此計畫後，他繼續抵抗俄羅斯的攻勢，一方面拖延時間，另一方面跟英美協調，為數百萬正在撤退的德軍網開一面，放他們一條生路。他深知德國人如果待在西方，下場至少會比在東方等著被報復來得好。他猜對了，接下來發生的是史上最浩大的種族清洗。

阿諾·史瓦辛格曾在電影《魔鬼終結者》中操著濃厚的奧地利口音說出這句名言：「滾出去，混蛋。」那正是東歐各國在二次大戰後對居住在自己國內的德國人說的話。大多數被強迫遷移的人都是無辜的平民，他們只能自認倒楣，偏要住在德國戰後的新國界之外。東歐人對那些試圖留下的德國人非常蠻橫，即使他們已經在那邊定居了好幾個世代。圖謀報復的波蘭人、匈牙利人、捷克人和羅馬尼亞人才不管你只是個善良的德國平民，也不在乎你已在此居住和工作數十年，對社區沒有功勞也有苦勞。你是個德國人，「所以你必須立刻離開，否則我們就燒掉你的房子！」種族清洗的定義不只是殺人，也包括強制遷移。從一九四四到一九四八年，大約有一千五百萬名德國人被粗暴地踢出東歐，多達三百萬人在這史上規模最大的驅逐過程中喪生。諷刺的是多數人都以為史上最大規模的種族淨化是德國人的傑作，但事實上德國人才是受害者。

蘇聯也舔著嘴唇，摩拳擦掌準備報仇。他們搬走了東德三分之一的工業裝備，這就像從一個瀕死的女人身上奪走藥物，然後蘇聯又割開她的手腕，強迫東德交出價值一百億美元

（在當時是天文數字）的免費工業產品，償還二次大戰的血債。東德的煤礦和最有價值的海港斯德丁（Stettin）都落入波蘭的地盤，並被改名為斯賽新（Szczecin）。東德只剩一片廢墟，他們已經一無所有。

另外，蘇聯也不希望東德進行民主選舉，於是他們設置了一個傀儡政府，植入自己的共產黨員，而這個新國家的名字還真諷刺：德意志民主共和國。德文的DDR（Deutsche Demokratische Republik）和英文的GDR（German Democratic Republic）都是常用的簡稱。此刻許多東德人乾脆丟下一句auf wiedersehn（再見）集體往西出走，菁英人才的流失擊垮了他們想要迅速恢復國力的任何希望。

既然共產主義是如此美好，共產黨員當然也不希望任何人脫黨而錯過精采好戲。到了一九五〇年代中期，他們已經封鎖東德對西方的多數邊界，但還有一個逃生口：柏林。二次大戰後，蘇聯強力遊說盟國將柏林完全歸由他們管理，因為柏林周圍的區域已經在蘇聯勢力範圍內，這是最合理的做法。然而美國人提出這個瘋狂的主意，主張將柏林劃分為四個區域：美國管轄區、英國管轄區、法國管轄區、蘇聯管轄區。美國人認為柏林既然是第三帝國的首都，就應該毫無理由地搞得如此複雜。

蘇聯讓步了。因此東德人就可以輕易從柏林的蘇聯管轄區奔越一條街，逃入三個西方轄區之一，然後就能搭便車進入西歐。所以政府雖然能在郊區輕易阻止人民越界，若想在柏林市區阻止他們，那簡直就是惡夢。東德人民用他們的腳投票，大批前往柏林，只為了逃往西方世界。一九六一年八月，為了避免更多人離開極權政治的盛宴，共產黨建造了柏林圍牆。

這位正在吞食大麥克的東德仁兄就是在那年出生。他名叫維特（Veit），出生於萊布斯（Lebus）小鎮。在花了兩分四十七秒破冰之後，我問維特記得多少關於德意志民主共和國和共產政權的往事，他目光銳利地瞪著我，讓我感到自己反而是被審問的人。然後他回答：「這很奇怪，但我對德意志民主共和國只有好的回憶。我知道當時人們過得很苦，但我似乎不記得那些事。我們似乎擁有一切該有的，食物、衣服、學校、工作，心裡很滿足。」

「是的，這是一項很重要的觀察。有些人不知道共產制度確保大家都能擁有基本的民生必需品。你說你有好的回憶，可是你記得任何自己不喜歡的事嗎？」

他伸手拿薯條，繼續以懷疑的眼神盯著我說：「有，每年五月一日，我們都必須參加遊行慶祝共產主義。我很討厭那個，很浪費時間。」

時間！該死！我快速看自己的手錶：四分二十三秒已經過了。好險！正好有足夠秒數讓我做個總結。「維特，看來五分鐘快到了，我很感謝你挪出時間跟我說話……」

「沒關係，你如果想要，我們可以談更久。」

「可是你剛才說只有五分鐘。」

「是啊，我知道。沒關係，可以再談一點。」

「Wunderbar!」（太好了），我在座位上放鬆了一些，決定試探運氣，問他對波蘭人有何看法。他張大眼睛，再度露出那個詭異的神情。糟糕，我惹火他了嗎？

他仔細觀察我，吸了一口可樂後回答：「假如波蘭跟德國一樣有錢，他們就會像德國人一樣了。」

我不太確定自己是不是在跟一位小希特勒交涉。「那是什麼意思？」

「這兩國除了語言之外，唯一真正的不同就在錢。我們是同樣的人種，有相同的價值觀，都很努力工作，我們其實沒什麼不同。我們只是比波蘭有錢，這是主要的差別。」

「那麼你對波蘭的未來和你們跟它的關係是保持樂觀或悲觀態度？」

「樂觀。是的，他們現在已屬於歐盟，會拿到更多錢。事情會改善的。」

充滿驚喜的導覽

我們繼續談了二十分鐘。他承認波蘭人會學德語，但德國人並不願意學波蘭語；波蘭人會來德國買便宜貨，但德國人也會買廉價的波蘭汽油和香菸。更重要的是，他所認識的夫妻中只有百分之五是德國—波蘭組合，這代表兩個族群離融合還很遙遠。訪談結束後，我向維特道謝，起身離去整理我的東西。當我正要走出門，他上前對我說：「天氣很糟，我開車帶你去逛逛，來吧。」

好大的轉變！他起初是如此冷漠不友善，現在卻主動要當我的導覽！我們坐上他的車時，我發現那是一台歐寶（Opel），那是通用汽車（General Motors）的牌子。「你是德國人，卻開美國車？」我還來不及過濾自己的思緒就脫口而出。

「是啊，但這是通用汽車和德國的合資公司。」他好像找到了一個脫罪的藉口。

我們開了一分鐘就抵達鎮中心，外面繼續下著冰冷的細雨，能夠坐在溫暖的車內欣賞風景，確實舒服很多，況且街道很冷清，感覺有點像個死城。維特解釋說當柏林圍牆在一九八九年倒下時，這個法蘭克福小鎮總共有九萬人，但現在只剩六萬五千人，另一個東德城鎮霍耶斯韋達（Hoyerswerda）的人口也在同段時期從七萬縮減至四萬。當初東德人關閉了共產黨留下的低效能工廠和企業，所以數千人都跑到西德去找工作。雪上加霜的是，東德的生育率是全球最低，平均一位婦女只會生一胎，因此許多東德城鎮都在凋零。他有條不紊地依序指出關鍵景點：「這是鎮長的房子，那邊是奧得河。」他將車停在全鎮最醒目的聖瑪利教堂，「你想進去看看嗎？」

我仍無法相信自己的好運，「Ja, sehr gut! Danke!」（好啊，真好！謝謝！）

它的外觀看起來普通，但內部令人驚嘆。教堂沒有長椅，所以它的穹頂將人直接帶往天堂，中世紀教會的典型結構凌駕在八百歲的教堂之上，維特指出許多可以證實它的實際年齡的證據：「你看，這個墓石已經超過六百歲。」

就像德國的多數東西，這座教堂也是在二次大戰時被毀。德意志民主共和國不信宗教，所以教堂在一九八一年還是一堆廢土，但德國人依舊以一貫的組織效能逐漸將它修復。當我們四處走動時，鐵鎚或電鑽的聲音不時打斷我們腳步的回音。參觀手冊精準地列出所有關鍵數據：聖壇高度是三十九點五公尺，總共有一百一十一扇彩繪玻璃，一座十二公尺高的特殊鷹架協助德國人重建了教堂的拱頂。免費的手冊中還附有一張簡化版的藍圖，標出確切的測量數據與顏色組合。你不得不愛這些德國人。

除了發送參觀手冊之外，教堂的辦公室也有賣幾個紀念品，令我想起東德最有名的人：巴哈（Bach）。他位於艾森納赫（Eisenach）的故居如今已是巴哈博物館，裡面展示三百多樣他的樂器。雖然他以巴洛克樂派之父聞名全球，許多人並不知道他在十歲就成了孤兒。他長期待在東德，大半輩子都在萊比錫度過，並在該城市死於（根據一七五〇年的報紙所述）「一項極不成功的眼科手術的不幸後遺症」。

維特和我回到車上後，我問他是否知道最近的波蘭火車站在哪裡。他不太確定，但他隨即開往波蘭。他從未說會帶我去，但他以自己低調的方式找到最有效率的走法，開了十分鐘後，在一間小車站外停下。他淋著風雪下車向一位停在路邊的波蘭警察確認這是正確的車站，最後與我握手道別，我不斷的感謝他。

這位純樸的德國藍領簡直是脫胎換骨。他起先表現得冷酷多疑，只給我五分鐘的說話時間，最後卻花了九十三分鐘陪伴我，開車帶我參觀整個小鎮，還特地進入另一個國家，送我到火車站。人們常說東歐人一開始都會顯得很保守，然而他們一旦喜歡上你，就會為你赴湯蹈火。雖然波蘭並不是世界的盡頭，但它對德國人也算是了。

邪惡的聖誕老人

東德人一開始態度會冷漠多疑是有理由的，他們從小在聖誕老人的監視下長大。他們的聖誕老人很清楚你什麼時候乖或不乖，但他通常只在乎你何時調皮搗蛋。德意志民主共和國稱他為Staatssicherheit（國家安全部），孩童則叫他Stasi（史塔西），這個部門就像蘇聯的KGB一樣溫柔可愛。

史塔西就是傳說中「老大哥」的化身。那些有被害妄想者、認為政府會監視他們一舉一動的人肯定會很愛住在德意志民主共和國，因為那邊所有人都會相信你的妄想。到了一九八九年，史塔西已經收買了九萬一千人來管理一千六百四十萬名公民，但真正殘酷的事實是任何人都可能是告密者。為了向政府爭取甜頭，例如出國的權利，連鄰居都會互相告密。因此假如有個陌生人對你說：「嗨，我想問你一些關於在東德生活的問題。」你會如何反應？東德人多疑的個性已經根深柢固了數十年，這個舊習需要更多時間才能淡去。

國際學者尼爾．米契爾曾在一九六七年搭乘巴士從布魯塞爾一路走到莫斯科，他還記得入境共產德國時的趣事：「東德的共產黨員畢竟也是人。我們入境東德時，每件行李都被仔細搜查，他們要搜尋任何西方世界出版的刊物，因為它們可能會散播邪惡的西方思想。我們的督察員是一位身材豐滿的德國女士，她巨細靡遺地搜索所有行李，巴士在邊界停留了兩至三小時。啊哈！她終於找到了一本雜誌，聚精會神地研究著其中一頁，其他乘客都開始緊張了，他們到底會不會讓我們通過？由於她就站在我的座位旁邊，而且我滿高的，所以我能看見她在研究什麼。那是一張內衣廣告！我努力憋著不笑，最後她沒收了那本雜誌，可能是想給自己訂購內衣吧。」

詹姆士・龐德可能需要他最好的小工具才能擊敗邪惡聖誕老人。史塔西在二十五至五十年前就有那麼多性感的間諜玩具，真是不簡單，那些小玩意即使在現今也很難找到。菸灰缸內有隱藏的監聽裝置，攝影機可以藏在鋼筆、雕像和內衣裡。別忘了這是迪斯可年代，這些小玩具只有在科幻小說才會出現。其中功能最強大的是「體味椅」，這張椅子上面鋪著一種特殊布料，外表就像普通的椅墊，當有人在上面坐過後，邪惡聖誕老人就會把那塊布收進一個密封的瓶子，你留下的氣味相當於費洛蒙指紋，下次再坐那張椅子時，聖誕老人就能辨識你的身分。沒有人知道他需要體味椅的確切理由，不過東歐人為了使聖誕老人混淆，有時會故意在自己坐過的椅子上放屁。「親愛的，抱歉放了臭彈，我只是想逃避史塔西！」

邪惡聖誕老人手下有四千隻黑暗精靈，他們唯一的工作就是竊聽別人，蒐集把柄來施加勒索。史塔西以德國人一貫的超高效率建造了一種蒸氣拆信機，每小時可以打開六百封信件，再用兩倍的速度將它們封回去，不會留下任何遺跡。反對派的女權人士烏芮克・波佩（Ulrike Poppe）曾遭受嚴密監視，電影《竊聽風暴》（*Das Leben der Anderen*）的靈感就是取自她的人生故事，她創立了婦女和平組織，曾因叛國罪被逮捕入獄十四次。史塔西對她使盡恐嚇絕招，他們會偷走她的娃娃車，將她的腳踏車輪胎放氣，在她的公寓裝滿攝影機，偷開她的郵件，竊聽她朋友們的臥室。雖然這橫行全國的諜報活動可能捻熄了德意志民主共和國內部的一些反抗氣焰，它的壓迫性也引燃人民革命的欲望，因此史塔西的努力並沒有為共產黨帶來好處。事實上，負責監視波佩的那個人後來還自殺了。當革命旋風在一九八九年席捲東歐，邪惡聖誕老人不得不掩埋他的馴鹿足跡。[2]

當柏林圍牆倒塌，就換成史塔西開始妄想了：「人們發現我們這些年來做的事後會對我們做什麼？」正如納粹試圖毀屍滅跡，在逃亡時摧毀集中營，史塔西也試圖摧毀自己的文件。問題是他們有很多文件，如果你把它們全放在一個書櫃上，可以延伸到一百六十公里。但這並沒有阻止固執的德國人，邪惡聖誕老人放出「紙狼」（papierwolfs）和「撕狼」（reisswolfs），這些碎紙機從早運轉到晚，直到報銷。如果機器壞了，他們就直接用手撕紙。

2 Kristie Macrakis, *Seduced by Secrets: Inside the Stasi's Spy-Tech World* (Cambridge University Press).

然而時間已經來不及了，柏林圍牆倒塌大約三個月後，德國平民一獲知情報就闖進史塔西的辦公室。紙狼和撕狼當時已將四千五百萬份文件撕成六億四千萬片碎紙，這是只有德國人才能完成的壯舉，但試想這點：那只是全部檔案的百分之五。[3]

復原四千五百萬份文件？

今日東德人要求政府公開所有祕密，包括那百分之五。復原四千五百萬份文件？你在開玩笑嗎？信不信由你，那正是這些固執的德國人在做的事。他們先從撕狼的傑作下手，因為手撕的紙片比碎紙機吐出的紙屑容易重組。這種手撕紙總共有一萬六千三百二十七袋，每袋有四萬個紙片，經過十三年，二十五位持之以恆的德國人重組了六十二萬五百頁，等於每人每年完成了一袋。他們目前完成三百二十七袋，還有一萬六千袋要進行，照此速度他們會在七百年內完工。

你認為這會使德國人知難而退？相反的，這只是促使他們發明更好的方法。富有創意的德國人設計了一個自動化流程，他們結合掃瞄器和智慧型軟體，自動重組碎紙片。目前共有一百七十萬名德國人提問自己被史塔西挖過哪些內幕，這就是德國人所謂的「反思歷史」（Vergangenheitsbewältigung），用白話講就是「與過去妥協」或是「老兄，那到底是怎麼一回事？」國會花了九百萬元測試新的自動掃瞄系統，目前處理了四百個紙袋，已建造二十二兆位元組的資料。若要加速（讓完工時間可以遠低於七百年）就得耗費三億，那是很多輛賓士轎車。

這樣重塑歷史不只是為了展現德意志民主共和國時期的生活，也是因為沒有更好的方式可以證明人類和德國人是不同物種。當全世界還在隨著比吉斯樂團起舞、吸著大麻，只有德國人能研發太空時代的器具。只有德國人能製造如此龐大的監控資料庫，只有他們能在如此短的時間內撕碎那麼多紙，只有他們會有勇氣重組六億四千萬片碎紙，而且這件事只有德國人做得到。

這個星球上的其他國家一定都會說：「好吧，我們只失去了八公里的紙，就把它忘了吧，好好閱讀剩下的一百五十二公里就夠了。」只有德國才會說：「不行，不能接受那樣，我們可以做得更好。」唯一有機會追上德國腳步的國家是日本，所以這個故事告訴我們：世界上有德國人和日本人，然後其餘都是凡夫俗子。

鐵幕熔化的那一天

我的童年好友吉爾・蘇歐（Jyll Tsouo）曾經在一九八五至二〇〇五年之間居住在柏林，

3 Andrew Curry. "Intel Inside," Wired, Feb 2008, pp. 128, 148.

她告訴我：「圍牆還沒倒之前，住在柏林的感覺很像一個小島，治安非常好，我可以獨自在半夜到處閒逛。柏林好像一個村莊，沒有交通，真好！」

「可是你不覺得有點像囚犯嗎？」我問，「離開柏林不是很困難？」

「有一點，我們通常會坐飛機，因為機場離市區很近。開車就傷腦筋了，每次經過查理檢查哨（Checkpoint Charlie）之後，德國人都會規定我們在某個時間點要抵達西德邊界，例如兩小時。如果我們提早幾分鐘到，那就表示我們超速，就會被罰錢；如果我們晚幾分鐘到，那就表示我們在途中有停下來跟東德人互動，甚至聯手策劃反抗共產政府，因此也會被罰錢。他們實在很嚴謹。」

德意志民主共和國很聰明，懂得利用柏林圍牆塞住鐵幕的漏洞。共產黨有先見之明，擔心如果他們不這麼做，整個東歐就會從這個洞流竄出去。他們猜對了，因為匈牙利在一九八九年夏天就在鐵幕上面戳了一個洞，它開放了西方的國界，讓所有人從那邊離開。超過二十萬名東德人爭先跑到匈牙利，從那個洞往外流。捷克斯洛伐克隨即抄襲了匈牙利的做法，人潮不斷從水壩的兩個破洞汩汩流出，裂縫也開始擴散，時間所剩無幾。德意志民主共和國曾考慮封鎖自己與其他共產鄰國的邊界，但群眾已在各處暴動和抗議，當東德的公關部長低聲咕噥說大家都可以自由旅行時，圍牆終於潰堤。西德首相海爾穆．柯爾（Helmut Kohl）完全沒料到事情會如此發展，他根本不在國內，原本靜謐祥和的柏林小鎮突然陷入混亂。

「我在半夜接到一通電話，」吉爾憶起，「然後聽到街上傳來歡呼聲，那種感覺真是超脫現實。」

東德人沒有固定的貨幣，於是西德政府給他們一人一百馬克。吉爾想到就大笑：「我認識幾個人為了領到三百馬克而排了三次隊。」

大家都不確定哪件事較令人訝異：圍牆是多麼快就倒塌，或是後來德國是多麼快就統一。反統聲浪很高，許多西德人反對，他們知道要繳更多稅來養那些窮苦的東德人，也擔心東德人會偷走他們的工作。蘇聯也反對，戈巴契夫會允許它發生的唯一原因是北約保證他們不會擴展到德國以東，但其實他們說謊了，只不過幾年光景，一些東歐國家就陸續加入北約。東德人雖然整體上是贊成統一，但他們也擔憂大批人才外流會傷害那些留下來的人。儘管遭受多方質疑，柯爾依舊將東德硬塞下西德的喉嚨，此舉勇氣可嘉，他能成功也是奇蹟。一九九〇年十月三日，圍牆崩塌後不到一年，德國再度統一。

二〇一九年，皮尤研究中心在圍牆倒下的三十週年對德國人進行訪查，結果顯示東德在多數議題已跟西德達成共識。唯獨宗教方面尚有顯著差異：東德的無神論者遠多於西德。

當老鼠拿人類做實驗

雖然人類喜歡拿老鼠做實驗，但老鼠也曾經拿人類做過一項實驗。牠們抓了一群講相同語言、擁有共同歷史、長相也雷同（至少對老鼠而言）的人，把這些幾乎完全相同的人分成兩組。老鼠只對一項變數的影響有興趣，所以牠們放任控制組自由發展，對實驗組施打一種名叫「共產主義」的藥物，然後就關燈離開實驗室，過了四十年後才回來。

老鼠實驗的結果相當驚人，只過了一代，兩組人類就幾乎不認識彼此。第一組沒什麼變，還是一樣的具有競爭力和創意，一樣努力工作。然而被共產主義感染的那組卻完全相反，他們的國營企業賺取了百分之九十七的國民淨收入，少數私人企業被徵收的稅率則高達九成，國家控管了基本物資中八成的物價，從麵包到房屋，國家就是一切。

這改變了人類的行為。他們普遍早婚，因為已婚人士可以較早獲得國宅，他們也較早生小孩，因為國家保證會協助他們育兒和工作。他們的生活穩定且無變數，讓他們無後顧之憂，但共產主義也扼殺了他們的動機和進取心。物資經常短缺，例如他們要等十三年才能得到一台很遜的瓦特堡（Wartburg）國產車。人類天生勤奮而創新的精神消失了，偏執與妄想開始瀰漫，而且少數最具潛力與天賦的人通常都會逃出老鼠的共產迷宮。鼠輩科學家花了多年時間研究這些數據，將牠們的發現整理在實驗室的筆記本上，並在最後一頁寫下牠們的結論：共產主義很爛。

女人通常會忘記生產之痛，只記得育兒之喜。相似的，今日有些人也懷念「美好的共產時代」，當我走遍東歐，人們都會與我分享這種懷舊之情。波蘭人卡斯柏把它總結得很好：

「有些波蘭人認為我們現在過得比共產時代差，他們說以前生活比較容易，因為不必煩惱帳單能否繳清，大家都一樣，現在貧富差距已經擴大。而且共產時代的人雖無選擇，但不缺錢，現在你有選擇，但沒錢。」

每當我聽到他們如此美化過去，我總是反問：「如果真的那麼好，你的國家為何不走回頭路？誰會阻止你們？去啊，你們想回到過去嗎？」

這下他們就會像觸電般驚醒而連忙否認：「噢不！我比較喜歡現狀，多數人也會同意，或許只有老一輩的人才想回到過去。」然而我也很難找到願意走回頭路的老人，少數有此意願的人不外乎是個性懶惰（因為他們不想為了維持自己的基本需求而努力工作）、極端懼怕冒險（因為他們喜歡共產制度之下的安定），或是無條件支持經濟平等（因為他們願意犧牲幾乎一切，只為了使大家落入齊頭式的假平等）。這種人只占全球少數，由此可以解釋共產主義的擁護者為何這麼少。

鼠輩科學家或許已經終止在歐洲的實驗，但牠們現今還在進行一項類似的實驗，它已經進行了將近一百年。在此實驗中，這些人類不是從東西切割，而是從南北切割，這個地方叫韓國。雖然結果尚未揭曉，但牠們應該也會歸納出相同的結論。

雖然這些針對相同人類社會所做的實驗已經對共產主義提出最強的反證，世界上依然有許多例子。共產主義已被試行於大國（俄羅斯和中國）、小國（北韓和柬埔寨）、寒冷國家

（蒙古）、溫暖國家（古巴）、高加索地區（烏克蘭）、亞洲（越南）、拉丁美洲（尼加拉瓜）和非洲（安哥拉）。中國轉向資本主義之前，香港與相距僅數公里的內陸城市之間仍有極大的生活品質落差。少數至今仍存活的共產國家已岌岌可危，被迫採納一個準市場導向的經濟制度。如我們所見，白俄羅斯就是個蘇聯時光膠囊，它還能活著只是因為俄羅斯尚未撤除它的維生機器。

無論人類在世界何處嘗試共產主義，結果總是令人失望，鄰近的資本主義國家總是享有較高的生活水平。你若不同意就捫心自問，為何資本主義國家的人民不會溜進共產國家，為何那些圍牆和鐵絲柵欄是用來把共產國家的人民關在境內，而不是防止鄰國居民進入他們的烏托邦？如果那邊的生活真的那麼棒，他們為何要強迫人們留下來？當資本主義國家建造圍牆時（例如美國在墨西哥邊境蓋的可笑圍牆），那不是為了防堵人民逃出，而是為了避免外人流入。總之，人們都是用自己的腳投票。

現今社會不流行讚揚資本主義帶來的利益，人類喜歡抱怨，資本主義是個很明顯的目標，尤其是現在全世界或多或少都在實施它，因此「這山望著那山高」的症候群就出現了，懷舊之情扭曲了我們的記憶，很容易就會忘記東歐最深刻的歷史教訓。自由市場贏得如此壓倒性的勝利，其缺點就是現在我們已經拿不出一個失敗實驗來警惕年輕人。一項怵目驚心的民調就顯示德國的十八歲青年只有一半認為德意志民主共和國是獨裁政權，還有百分之六十六不知道柏林圍牆是誰蓋的。請勿忘記老鼠曾拿人類做過的實驗。毫無疑問的，資本主義經常很殘酷，很不人道，甚至可以說它也很爛。然而跟被政府嚴格控管相比，它至少沒那麼爛。

德勒斯登

我曾在柏林向三群當地青年提過我想去德勒斯登，他們聽到後的反應大致上都是：「天啊！你怎麼會想去那？那就像東德。」

我每次都必須忍住拿出地圖、向他們指出柏林也在東德的衝動，但我還是反問：「可是你們去過德勒斯登嗎？」

他們都搖頭，柏林市民對東德的認識是如此稀少，真是令人驚訝。感覺兩個世界中間似乎還有一道圍牆。

拜粉紅佛洛伊德（Pink Floyd）之賜，我對德勒斯登的認識勝過一些柏林市民。在我最喜歡的專輯《最終剪輯》（*The Final Cut*）裡，他們有一首單曲《英雄歸來》（*The Hero's Return*）的歌詞如下：

> 即使現在一部分的我
> 飛越德勒斯登的十五號天使

雖然他們永遠無法理解
我的嘲諷掩飾著絕望回憶

這首歌推出那年我十三歲，身為一個喜歡追根究柢的少年，我想了解每句歌詞。「十五號天使」是飛航術語，代表一萬五千呎的高空。問題是「絕望回憶」指的是什麼？

答案位於第二次世界大戰的尾聲，當時德勒斯登是德國唯一尚未被戰火波及的主要城市，它是個重要的交通樞紐，外圍有軍事設備，同盟國就以此為藉口轟炸它。如果你一九四五年住在德勒斯登，你的情人節將會充滿仇恨，而不是愛。仇恨從天而降，一千三百架重型轟炸機在德勒斯登低空飛過，投下三千九百噸重的炸彈。盟軍首先擊破供水系統，製造氣穴，之後再擲下六十五萬枚燃燒彈，造成巨大的烈焰風暴，人們被狂風捲入這團渴望氧氣的漫天火海。這些「絕望回憶」在一些戰機駕駛的心中留下永遠的陰影，他們和許多中立觀察者都認為此轟炸行動實在太慘無人道，應被視為戰爭罪。雖然盟軍摧毀了德勒斯登市中心的百分之九十，許多軍事設備反而沒有遭殃，兩萬五千名死者絕大多數是平民，德勒斯登的轟炸至今仍是同盟國在二次大戰期間最受爭議的軍事行動。

直到一九八五年，德勒斯登最具象徵性的聖母教堂（Frauenkirche）依然只是一堆廢墟。那年俄羅斯的未來總統普丁正要展開他在德勒斯登的六年情報任務。共產黨離開後，德國人繼續重建德勒斯登，豔麗的森柏歌劇院（Semperoper）和茨溫格宮（Zwinger）陸續重現原貌，我很榮幸能在聖母教堂重新開放的那年參觀它。德勒斯登在二〇〇六年慶祝了它的八百歲生日，它至今仍是歐洲最美麗的城市之一。

但其實，德勒斯登還蘊藏著更深的寓意，這點常被忽視。多數人都將它視為同盟國的殘酷罪行，然而我們還能從它身上學到更寶貴的一課，而且這可以套用到整個戰後的德國，那就是德國人的民族性是多麼令人欽佩。試想你在一九四五年如果可以挑選以下五個未受戰火波及的領域中的任何一者：蒙大拿州、西班牙、阿根廷、沙烏地阿拉伯、剛果，或是你可以選擇德國。誰會笨到在一九四五年選擇德國？它的資源不是耗竭就是已被沒收充公，它的城市和基礎建設都已化為廢土，人民已喪失鬥志。另一方面，其他五個選擇都有充裕的資源、良好的城市架構和樂觀的人民，德國則一無所有。只有白癡才會對德國下注，然而那個白癡將會成為天才。不到四十年後，面積等同於蒙大拿州的德國將會從廢墟重生，不但超越其他五個地方，甚至成為全球前五名的經濟強國。德國在二〇〇九年是全球最大的輸出國，他們輸出了價值超過一兆美元的產品，比中國或美國都高，而那兩個國家的面積還遠大於德國。

美國人喜歡給自己邀功，說德國是因為我們的馬歇爾計畫才得以復甦。其實我們太抬舉自己了，馬歇爾計畫並沒有那麼偉大，它在四年內耗資一百三十億美元。拜通膨之賜，一九四八年的一元比二〇二〇年值錢十倍，所以當時的一百三十億相當於現在的一千三百億。雖然那也是一大筆錢，我們常忘記它被分散到十七個國家。義大利獲得的資助跟德國差不多，法國拿到的比他們多百分之五十八，英國拿到的幾乎是他們的兩倍。在一百三十億美元中，德國只獲得不到十五億，等同於今日的一百五十億，現在美國對任何一個有銀行帳戶的國家都能給那麼多錢。事實上，兩德統一後西德每年都給東德一千億元資助，這使馬歇爾計畫顯得比花生還微薄。

我們也忘記同盟國在戰後不但沒有立刻協助西德，反而落井下石，企圖把德國打回石器時代，把它變成一個原始的農業國家。二次大戰之後，同盟國摧毀了德國境內一千五百座工廠，導致德國的重工業產能降至一九三八年的一半，他們在一九四六年將它的鋼鐵產量壓到戰前的四分之一，並拆掉「多餘的」工廠，強制規定汽車產量不能超過一九三八年的百分之十。同盟國認為德國人的生活水平應降低至一九三二年的程度，亦即經濟大恐慌時期的最低點，所以戰後有許多德國人沒有錢取暖或填飽肚子，因而凍死或餓死。

東德要爬的坡更陡：它得到了反馬歇爾計畫。它被迫將最豐沃的農地和位置最佳的海港割讓給波蘭，還要欠上蘇聯一百億美元的債，那等於是馬歇爾計畫的總額！換算成現代幣值，那等同於讓緬因州（面積接近東德）負擔一千億元債務。蘇聯就像這樣對德國說話：「別想從我們這邊獲得馬歇爾計畫，你們反而要還給我們一個馬歇爾計畫。喔對了，你們只能用手上那些廢墟籌錢，別擔心，我們絕妙的共產經濟制度會協助你們，謝謝。」

天性好鬥的德國人回答：「好吧，如果那就是我們拿到的牌，就盡量發揮吧。」在四十年內，東德已擁有全球共產國家中最高的生活水平。德意志民主共和國的國歌標題取得非常貼切：Auferstanden aus Ruinen（從廢墟獲得重生）。這好比是一場馬拉松，東德被規定比其他人晚一個小時開始跑，並被迫將雙手綁在背後。即使先天環境如此惡劣，東德依然後來居上而贏得比賽。

有人可能會說：「是啊，可是德國的地理位置很好，在歐洲正中央。」好，假設德國和俄羅斯互換位置，有人敢懷疑德國人不會將那片領域轉變成全球第一強國嗎？俄羅斯作家杜斯妥也夫斯基在以下這段文章沒有提到德國人，但他實在應該提一下：「若換成英國人或美國人住在俄羅斯，那該有多好！他們一定會開發所有資源，包括金屬礦石和無限煤礦。」

地理無法解釋一切

試想將剛果人全部遷移到德國，讓德國人搬家到剛果（跟西歐差不多大，而且有豐富資源）。德國人會如何利用剛果的豐沃土地？不需幾年時間，德國人就能做出比以前更多的汽車，用太陽電板吸收太陽的能量，利用剛果森林中的某種奇特植物治療癌症。再想像他們如果擁有阿根廷、沙烏地阿拉伯或西班牙，那些國家肯定會躋身世界經濟五強之列。而如果德國掌控了加拿大？或是美國？他們將會把土地資源發揮得淋漓盡致，數十年內就能建立人類史上最強大的帝國。把任何國家的人移植到德國，他們的產能絕對無法與德國人相提並論。

有些人仍會堅持：「話不是這樣說的啊，德國會如此是地理環境使然。你如果把德國人移到另一洲，他們就不會是同樣的人了。」沒錯，地理可以塑造民族性，但那只是一個因素。如果事情真的那麼單純，法國、德國和波蘭既然都有相似的地理條件，他們豈不是都能平起平坐？然而即使德國在一九四六年落後於法國光年之外，它依舊能在數十年內超越法國。一九四八年，蘇聯為了答謝波蘭拒絕馬歇爾計畫，送給他們將近五億美元、價值連城的工廠、為期五年的貿易肥約，以及二十萬噸的穀糧。儘管波蘭起步時占盡優勢，渺小的德國還是超越了他們。重點是德國人就是有能力化虛為實，加上他們背負的債務和戰後的反德情結，他們當初所擁有的其實比零還少，只剩自己的雙手和大腦可用。

德國人能做到這些，因為他們有備而來，致使我們這些人看起來像笨拙的丑角。當然，大眾相當忌諱這種言論，你有可能是個新納粹法西斯主義者！拜託，現在已經是二十一世紀了，可以成熟一點嗎？該讚揚的就應讚揚，別再禁止人們對德國人表示敬意。如果你觀察到埃及人在四千年前就以光年之距遙遙領先其他人，沒有人會跟你爭論；如果將法老王和他們的子民移植到世界的另一個角落，他們一樣可以盡其所能利用環境，發揮最大效益，因為埃及文化就是這麼嚴守紀律、井然有序又吃苦耐勞。義大利人雖然自詡為古羅馬的後代子孫，但如果你考慮到古羅馬人的組織效能與勤奮，就會發現他們跟今日的德國人有更多共同點。

假設你挑戰現今的義大利人和德國人蓋一座全新的羅馬競技場，他們會花多少時間？德國人在剪綵時，義大利人可能還在披薩店跟黑手黨談判設計藍圖。

許多國家和人民都會為自己的愚蠢找一堆藉口，他們會怪罪殖民主義、共產制度的遺毒、沉重的負債、資源匱乏、地理位置貧瘠、歷史一波三折，或是童年過得不幸福。我們都應該學習德國的態度，他們默然接受現況，妥善運用資源。當然德國人就像任何人一樣會抱怨，但他們發完牢騷就立刻捲起袖子開始工作，其他社會則是窩在床上自怨自艾。更重要的，雖然德國人有時可以固執到誇張，他們也知道何時該保留彈性，兩者之間的平衡就是他們的成功祕密之一。

當維特在斯武比采的波蘭火車站放我下車時，我問他覺得德國人最擅長什麼，他說：「德國人很會理財和管理經濟。」我莞爾一笑，那是本世紀最保守的陳述。

說德國人無法改變是無稽之談。——德國首相梅克爾，從小在東德長大

東德能教我們什麼

如何重建一個國家：除了日本之外，歷史上沒有任何戰敗國可以在資源如此短缺的情況

下恢復得這麼迅速。德國人之所以能做到，就是因為他們將過去拋諸腦後，專注於現在和未來，放下彼此之間的瑣碎心結，攜手為國奮鬥。請用相同的技巧重塑你的人生。

✣ **如何重返社會：**西德人仍會抱怨雙方重新融合的代價，少數東德人也會懷念共產時代的好日子，然而他們還是向世人證明，兩個被老鼠實驗分離的社會可以在一個世代之內再度統一。

✣ **打好你手上的牌：**二次大戰之後，德國有數不清的理由可以自我放棄而成為一個可憐的落後國家，但他們告訴自己：「別找藉口，趕快重建。」下回你要自怨自艾時，請想想德國。抱怨完了就閉嘴，捲起袖子去幹活。

✣ **勇於道歉：**每個國家都犯過錯，但很少有人像德國不但勇於認罪，還會主動尋求贖罪。相反的，多數國家只會繼續否認自己的罪行，對之合理化或進行漂白。請捫心自問：「我的國家犯過什麼罪？」如果你想不出來，此事必有蹊蹺。多跟別人討論，客觀地重新分析你的國家歷史，然後用同樣方式面對自己的私生活。

雖然我很愛德國人，但個人認為他們的語言真是刺耳。我在德國待過最長的時間是一個月，因為再繼續聽他們說話就會把我逼瘋。讓我們繼續前往東歐最漂亮的國家，這個國家正好跟德國也有漫長（有時也不甚愉快）的歷史，它就是捷克。

第八章

捷克——世界最會喝的啤酒王國

捷克小資料

位置：內陸國家，夾在德國、波蘭、斯洛伐克、奧地利中間。
面積：約7.8萬平方公里（台灣的2.2倍）
人口：約1000萬（台灣的0.43倍）
首都：布拉格
主要族群：捷克人
人均國內生產毛額：25,732美元（2021年資料）

- Česká republika -

請問巴黎是哪個國家的首都？你大概會回答「法國」，其實標準答案是「法蘭西共和國」，但誰會那樣說？只有任性的法國人才會。

現在試試看這題：布拉格是哪個國家的首都？你若想要任性，答案就是「捷克共和國」，你若想要酷，那就是「捷基亞」（Czechia）。

幾乎所有國家都有完整名字和簡稱，其中最糟的一個就是美利堅合眾國，真是又臭又長！幸好它有較短的版本，例如USA、美國（雖然許多拉丁美洲人都反對叫它America）或外國佬之地（Gringoland），其他名字冗長的國家也有較簡短的通稱，例如中華人民共和國的簡稱是PRC或中國。然而過去一百年來，捷克共和國都無法為自己取一個普及大眾的簡稱。捷克人在一九一八年建國時將它取名為「捷克斯洛伐克」，結果《國家地理雜誌》嘲諷這個名字「取得很爛，才剛出生就作繭自縛。」

一九九三年，捷克和斯洛伐克分裂後，政府官僚依然無法為他們的新國家推廣一個簡明扼要的英文名字，他們能想到的只有「捷克共和國」。為何連一個簡稱都掰不出來？這些人顯然都忙著進行其他更重要的活動，例如暢飲他們的傳奇啤酒。

二〇一六年，他們終於正式登記「捷基亞」為簡稱；諷刺的是，五年後唯一無法接受這個順口名字的國家就是它自己。反對者的論點都很薄弱，瓦茨拉夫·舒利斯塔（Václav Šulista）是這個實用名稱的領銜支持者之一，我問他認為它大約何時會被世人廣泛使用，他說：「全球應該能在二〇三〇年前實現，捷克則要等到二〇四〇年，而且我還是個極度樂觀的人。」

「捷基亞」是個古老的名字，它在一六三四年首度出現於拉丁文書冊，直到一八四一年才被寫成英文。若要了解一個歐洲國家，首先就必須了解它的歷史，所以讓我們跳到「捷基亞」這個字問世的兩百年前。

捷克人發動戰爭的方式

捷克真是充滿歷史典故，連一扇窗子都有故事可講。一四一九年，有人從布拉格的新市政廳向正在街上遊行的改革教派丟石頭，群眾暴怒之下衝進市政廳，將法官和十幾名天主教議員扔出窗外。他們就算沒摔死，肯定也被暴民圍毆致死了。這件事被稱為「布拉格拋窗事件」，引發了十七年的戰爭，而大約兩百年後，市民又把另一群天主教徒從另一扇窗子扔出去，掀起一場更大的戰爭。

第二次拋窗事件在一六一八年登上頭條新聞，當時新教徒正在做他們最擅長的事：抗議。[1]在判決兩名天主教的哈布斯堡政府首長違反宗教自由後，新教貴族將他們和書記官不甚光彩地丟出布拉格城堡的高樓窗戶。多數史書沒提到的是，那些天主教徒從三十公尺高處摔到堆滿糞肥的護城河裡，幾乎毫髮無傷，但他們的自尊受到嚴重打擊，憤而向新教徒宣戰。基督徒們在接下來的三十年自相殘殺，創下一場名字極無創意的戰爭：三十年宗教戰爭（一六一八至一六四八年）。最後新教徒輸掉了戰爭，波希米亞人死了四分之一，中歐多數地區都殘破不堪。德國人將在接下來的三百年逼捷克乖乖就範，強迫他們學德文，皈依天主教，建造巴洛克式房屋，釀製美味的啤酒。

戰勝的天主教徒建造了華麗的小城區（Malá Strana），他們刻意展現浮誇的巴洛克式建築（尤其是聖尼古拉教堂），因為那正是新教徒最痛恨的事情。城堡區（Hradčany）位於小城上方，布拉格城堡是全世界最大的古堡，面積可以涵蓋七個足球場，附近還有全城最大的斯特拉霍夫（Strahov）修道院圖書館，你會在船艦模型旁邊看到一般修道院看不到的展示品：兩支鯨魚陰莖。

布拉格的特別就在於它是二次大戰期間少數未受損的城市之一，因為捷克反抗軍跟納粹協調過：你們可以自由離去，但拜託不要在離開時毀掉任何建築。德國人遵守約定，數日後就將城市拱手讓給紅軍，不過他們還是留了一些傷痕。

布拉格曾經有十二萬名猶太居民，如今捷克全國只剩四千名猶太人。數世紀來，猶太人的命運總是在繁榮與迫害之間輪替，梵諦岡教廷最先在十三世紀下令用圍牆隔離猶太人，因

1 譯者注：新教徒的英文是Protestant，跟抗議（protest）有雙關語意。

為他們認為猶太人和基督徒不應混在一起；布拉格至今仍擁有歐洲最古老的猶太會堂，它就是在那段時期建造的。隨著時代演進，猶太族群逐漸擴增，但隨後又差點被納粹趕盡殺絕。捷克最著名的作家卡夫卡（Franz Kafka）的三位姐妹都死於大屠殺，納粹原本還計畫在「絕種人類博物館」展示猶太人的遺物。

比猶太會堂更老的布拉格舊城（Staré Město）是如此美麗，它會使人熱淚盈眶。舊城廣場的天文鐘每個小時都上演著歷史故事。當你放任自己迷失於盤根錯節的古老巷道，就會在無意間晃到新城（Nové Město），但其實也沒多新，它是建立於一三四八年。如今新城廣場底部的聖溫瑟斯拉斯（St. Wencelas）雕像是個熱門的抗議地點，例如一位捷克學生就在此地做出最終的抗議，引火自焚。若要了解原因，我們必須回到一九六八年的春天。

布拉格之春

一九六八年四月，捷克斯洛伐克的共產政府嘗試實施一些新政策，類似蘇聯在十七年後推動的開放政策（glasnost）和重組改革（perestroika）。他們釋放政治罪犯、放寬對經濟的高壓介入、廢止審查制度、減少旅遊限制，並鼓勵民主政治。這些都是戈巴契夫在十七年之後會做的事，但蘇聯在一九六八年還無法接受如此激進的改革，莫斯科命令捷克斯洛伐克收回他們的政策。人民稱此事件為「布拉格之春」，因為它象徵「有人性的社會主義」。

布拉格的春天持續到夏天，直到八月二十一日，蘇聯坦克帶著二十萬名華約大軍進入捷克斯洛伐克。美國派去伊拉克推翻海珊的部隊也沒那麼多人。蘇聯總共驅逐了一萬四千名黨內公職人員，將五十萬人開除黨籍，超過三十萬人被迫潛逃，他們囚禁了無數反抗人士，將知識分子送去勞改營或街上當清道夫，連總統都被下放至斯洛伐克的林業部門。

華沙公約扼殺了布拉格之春的幾個月後，一名學生以自焚抗議。當火舌逐漸吞食他的肌膚，他踉蹌地走下國家博物館的階梯，終於不支倒下，一座十字型紀念碑標註著他當年倒臥的位置。最悲慘的是他沒有立刻死亡，折騰了四天才過世，他死後那天有二十萬人在廣場集體向他致意。

該學生自焚後不久，一位名叫戈巴契夫的年輕人拜訪布拉格，看到街頭的反蘇聯塗鴉，遇到拒絕與任何俄羅斯訪客交談的工人。那趟旅程使他頓悟所有東歐人早已知道的事實：共產主義既不公道也無法永續發展。布拉格之春在戈巴契夫的腦海種下改革的種子，將近二十年後，他終於掌權，為全東歐引進了布拉格之春。

我初訪東歐是在一九九二年，那時我大學剛畢業。對美國人來說，大學畢業後去歐洲旅行就等同成年禮。當時鐵幕才剛落下三年，凡是渴望一點挑戰的二十二歲青年都想用腳趾試探一下東歐的渾水，於是我和好友拜訪了布拉格和布達佩斯。雖然現在捷克人和匈牙利人每天都會對你反覆說十次「他們在中歐，不在東歐」，他們在一九九二年每天大約只會說兩次。

二〇二一年的布拉格是全世界最美的五個城市之一，全歐洲只有威尼斯和巴黎能在選美競賽中超越它。三十年前，剛擺脫鐵幕的布拉格就像一位剛完成千里跋涉的超級名模，在那渾身泥濘的外表下，你還是可以看出底下藏著一個正妹。如今布拉格不但已洗過澡，她也上了妝，穿上炫麗的衣服。觀光客不斷對她灑錢，使她得以重歸當年神聖羅馬帝國和哈布斯堡王朝首都的榮耀。即使是兩百年來最嚴重的水災也沒有絲毫阻礙重建工程，將近四十億的外資依舊灌入布拉格，當我在一場大洪災的兩年之後回來，我看不出它有任何損傷，它的美麗依然令我癡迷。這座人口一百三十萬的城市是世界舞台上的寶石，它無縫接軌了九百年的建築風格（羅曼式、哥德式、文藝復興、巴洛克、新藝術、立體主義和現代主義），不但是個極端浪漫的古都，而且每一座建築傑作的背後都有個歷史故事。

舉聖維特大教堂（St. Vitus Cathedral）裡的聖人墓為例，捷克人從一三四四年開始建造這座哥德式大教堂，大約六百年後完工。當工程還在進行時，國王溫瑟斯拉斯四世（Wenceslas IV）懷疑王后不貞，於是他命令她的牧師——臬玻穆的若望（John of Nepomuk）透露她告解的內容，但若望堅守教規，拒絕說出王后的祕密，憤怒的國王給若望穿上重甲和鎖鏈，丟入伏塔瓦河（Vltava）。由於他的忠誠殉道，他後來被封為聖人，長眠於一座重達兩噸的銀製巴洛克紀念碑下。

紐約有布魯克林大橋，舊金山有金門大橋，布拉格則有查理大橋（Karlův Most）。橋上的三十座奇特雕像可以在晴天激發你的靈感，也可以在多霧的夜晚使你毛骨悚然。要在布拉格眾多景點中挑出一個最美的點絕非易事，但這座令人屏息的古橋是我的最愛。查理大橋建於一三五七年，它是布拉格在一八四一年之前唯一的橋。它的結構是如此堅固，也使它得以二〇〇二年的大洪災中全身而退。

探索捷克

每當我對美國人說我要去東歐旅行兩年，他們通常都會如此回應：「所以你要去布拉格？」對許多美國人而言，布拉格就代表整個東歐。關於此事有兩點很諷刺：第一，捷克人很討厭別人說他們來自東歐；第二，布拉格是全東歐最不像東歐的城市，你甚至可以說它是在法國，唯一的差別是捷克人遠比法國人有禮貌。

捷克可以分為兩個主要區域：西部的波希米亞和東部的摩拉維亞。波希米亞占全國面積三分之二，地名來自一個名叫波伊（Boii）的凱爾特部落。法國人推廣了「波希米亞人」這個詞，因為他們誤以為吉普賽人是來自波希米亞，普契尼（Giacomo Puccini）的歌劇《波希米亞人》（*La Bohème*）更是將此觀念發揚光大，該劇的主角都是超凡脫俗的藝術家。然而如果你去過真正的波希米亞，就會發現那邊的藝術家很稀少，雖然捷克人民很妙的推選了一位劇作家擔任他們的首任總統。摩拉維亞這個地名來自多瑙河在捷克境內的主要支流摩拉瓦河

（Morava），意思就是沼澤水。

摩拉維亞的首都布爾諾（Brno）是捷克第二大城，有些捷克人跟我說布爾諾沒什麼特別，他們說的也沒錯，如果你對這些完美無瑕的古城已經司空見慣，它確實沒什麼特別。正如布拉格，布爾諾的建築很細緻，到處都是可愛的街道，市中心的自由廣場（Náměstí Svobody）其實是個三角形，徒步街道從各角輻散而出，第二大的白菜市集廣場（Zelný Trh）中央有座象徵性的噴泉，底座的三個女性雕像代表著三大古老文明：巴比倫、波斯和希臘，頂端站著一位頤指氣使的歐洲小姐。我建議市長在上面再放一個美國女孩，但他無法苟同。

與其在噴泉頂端放一個美國小姐，倒不如放布爾諾最出名的居民。他是十九世紀的超級英雄，白天假扮成僧侶，晚上則化身為科學家，他最愛的嗜好是玩弄豌豆和蜜蜂。他就是基因學之父孟德爾（Gregor Mendel），這個頭銜有點奇怪，因為他從未提出基因或ＤＮＡ的概念。儘管如此，布爾諾還是用一整間博物館展示他對植物和昆蟲生殖的研究，畢竟這些也奠定了現代基因學的理論基礎。當你拜訪布爾諾時，請保持禮貌，盡量別向驕傲的捷克人指出孟德爾其實是德國人。

瑪玉隔日就會從愛沙尼亞飛到布拉格，所以我只能在布爾諾待一夜。我們自從初遇之後一直都還沒碰面，我已經迫不及待想見到她，我們之後會花一個星期走遍捷克。為了省一點錢，我那天晚上打算在戶外找個地方紮營，最好的位置是在山坡上，而且很少人會經過。比特洛夫山（Petrov Hill）上有一座聖彼得與聖保羅大教堂，是個不錯的搜索起始點，但我當時是在低處的聖雅各教堂。一四七三年曾經有一位石匠因為不滿自己無緣建造德高望重的山頂大教堂，就在聖雅各教堂的窗上刻了一個朝著山丘露光屁股的小怪人。

雖然捷克有這麼多教堂，但它其實是全球最不虔誠的國家之一。根據二〇一九年歐盟氣壓計（Eurobarometer）的民調，捷克的無神論者與不知可論者共占全國百分之五十六，高居歐盟之冠。另一項調查顯示有將近六成捷克人不信任何宗教（愛沙尼亞有七成五），相似的，蓋洛普的宗教虔誠指數（結合多項民調數據）也將捷克列為全球倒數第四名，最後一名則是愛沙尼亞。

在等待我那不虔誠的愛沙尼亞女友現身時，我在比特洛夫山上的一個公園裡找到一個適合紮營的地點。為了避免遭竊，我總是在黃昏時分打好地鋪，然後在日出時離開。除非下雨，我都不會搭帳篷，以免引起注意。經過一夜好眠，我搭火車到布拉格機場跟瑪玉會合。在花兩天探索浪漫的布拉格之後，我們前往一個風景如畫的波希米亞城鎮，德國人叫它Budweis。

啤酒：捷克的聖水

Budweis現在的全名是契斯凱布達扎維（České Budějovice），或簡稱布達扎維。它是個典型的捷克城鎮，擁有歐洲最大的廣場之一：奧托卡二世廣場（Nám Přemysla Otakara II）。色彩繽紛的廣場中央聳立著十八世紀的參孫噴泉（Samson Fountain），周圍環列巴洛克風格的市政廳和氣氛不祥的黑塔。當年美國安海斯—布希（Anheuser-Busch）造酒廠的創辦人正煩惱不知該為商品取什麼名字，他們就抄襲了這裡的當地啤酒。捷克的每個城鎮都有專屬的啤酒品牌，通常會以該城命名，所以皮爾森（Pilsner）啤酒就是產於捷克的城鎮皮爾森（Plzeň），布達扎維（Budweis）則專門製造百威（Budweiser）。在品嘗過正宗百威後，安海斯—布希的創辦人自嘆弗如，於是就偷用全世界最讚的啤酒給自己的爛貨取名。

阿諾．史瓦辛格曾說過一句話：「牛奶是給嬰兒喝的，人長大後就必須喝啤酒。」而根據世界衛生組織，捷克人平均喝的啤酒量比全世界任何國家都多，除了赤道幾內亞和納米比亞之外。這也怪不了他們，許多啤酒專家都認為捷克啤酒的品質是最高的。捷克人也發明了「醒酒站」，在喝到酩酊大醉後，你可以跌撞著去醒酒站報到，在專業照護下休息一個晚上，直到恐怖的宿醉症狀消退。捷克曾經有多達六十三個醒酒站，治療過上百萬的醉漢，波蘭和俄羅斯也抄襲了這個做法。共產主義崩盤後，捷克就削減了這些過去由政府資助的機構，但他們還是繼續狂飲啤酒。你大概不會再找到醒酒站，所以你只需要學兩個捷克字眼：pivo（啤酒）和 nazdraví（乾杯）！

在迷人的布達扎維閒晃了一整天後，瑪玉和我前往庫倫洛夫（Český Krumlov）。這個人口僅一萬五千的小鎮就像個迷你布拉格，因此它也是個世界文化遺產地。我們爬上山丘，參觀它那完美無瑕的全國第二大城堡，俯瞰伏塔瓦河環繞內城，由此可明顯看出波希米亞的豪門家族為何在此坐鎮：這是一條自然的護城河，也是通往布拉格的高速公路。各式各樣文藝復興和巴洛克式牆面的建築在小鎮廣場四周環列，我們悠閒地走過狹小而浪漫的鵝卵石步道，享受著溫暖的八月夕陽。我們的策略是在露營和旅館之間交替，這樣可以省錢，也不會把自己搞得太臭，那晚我們在附近的森林紮營，一整天的觀光行程已使我們體力透支，所以我們都睡得很沉。

以觀光客的標籤為榮

「觀光客」這個詞不該有負面涵義，這原本應該是一種令人嚮往的讚美詞，然而現在人們卻常說「我討厭去某地方，它真是人滿為患」，或是「觀光客真惹人厭」，「我不是遊客，我是旅人」。

該是把這個詞的負面涵義轉向正面的時候了。首先，那些觀光景點會熱門並不是沒原因的，它們通常都有某些令人讚嘆之處，羅浮宮人聲鼎沸，里昂美術館人煙稀少，這絕對有理可循；金門大橋的觀光人潮眾多，因為它確實比賓州哈里斯堡（Harrisburg）的橋美麗；同理，大峽谷比大分水嶺盆地吸引人，因為它真的遠比盆地壯觀。你當然可以挑我語病，搬出那套「情人眼裡出西施」的論述，但我希望你能理解我想表達的重點。遊客並不是笨蛋，他們做過功課，知道該把時間、金錢和體力花在最特別的地方，如果不這麼做才笨，所以請別再說遊客很愚蠢，或是那些觀光景點都不值得去。

第二，遊客比當地居民有活力。當一名遊客拜訪布拉格時，她會像個小孩般興奮地研究每棟建築、每個標誌和每股氣味。當地人反而像隻井底之蛙，對周遭世界渾然不知，只會行屍走肉地過著平淡無奇的市民生活。如果詢問一個當地人關於某座建築或雕像的歷史，他通常只會聳肩回答「不知道」；如果問遊客，她卻知道答案，因為她在書上讀過，或是她至少會好奇想知道答案。

許多當地人對自己家鄉的認識少得令人驚訝，他們知道如何去工作、自己最喜歡的三家餐廳、幾條主要街道和商店，但僅止於此。另一方面，遊客則巨細靡遺地研究一個異國城市的每個角落和縫隙，像海綿般吸收所有資訊。遊客會仔細研究地圖，當地人卻可能連一張地圖都沒有，因為他只須知道自己熟悉的路線，沒興趣探索這個城市的其他區域。如果問一個當地人知道多少關於自己家鄉的事，他們所展現的無知總是令人訝異。比方說，我曾經在加州聖馬特奧（San Mateo）問一個路人是否知道金考快印店（Kinko's），他不知道。我問他住哪，他是當地人。當他準備離開時，我告訴他剛才就站在金考的招牌下方。

我直到開始旅遊才發覺自己對舊金山的認知是如此之少，當我重返故鄉，我重新用遊客的眼光看待它，突然注意到那些維多利亞風格建築，懂得如何欣賞它們。我終於了解嬉皮區（Haight Street）的特色，我們的山坡是多麼陡峭，以及我們的同志村為何那麼受歡迎。

第三，住在「人滿為患」的觀光城市的居民應該很愛觀光客，因為若沒有他們，這些居民可能就無法住在那裡了。每年世界各地的遊客都為觀光業帶來數十億美元的收入，若沒有遊客，威尼斯早已沉入潟湖，舊金山的街上也不會有叮噹車，金門大橋不會那麼金光閃爍，惡魔島也早就淪為廢墟。即使你的工作跟觀光業無直接關聯，你今日能享受到那些服務，也是因為遊客為當地經濟貢獻了數十億元的稅收，況且若不是他們推高當地餐廳和商店的人氣，你也不會有那麼多外食和購物的好選擇。

所以觀光客的名聲為何會如此差？他們有時會做蠢事，例如在舊金山走到馬路正中央去拍攝叮噹車，在英國開車走反方向，或是穿短褲進入清真寺。然而當地人也做過很多蠢事，例如不走斑馬線直接穿越車陣，對停車標誌視而不見，或是在清真寺的牆上塗鴉。而且遊客犯錯比當地人容易諒解，與其為了一件無心的蠢事對遊客發怒，不如肯定他們願意走出家門去探索世界的勇氣，提醒自己，我們畢竟都是這個星球的住民。

最後，在聲稱自己不是遊客之前，請回想自己去過哪些城市。當你初訪巴黎時，難道未曾引領仰望艾菲爾鐵塔？總之，下回有人抱怨那些死觀光客時，試著替他們辯護，教導他人，觀光客也是可敬的生物，我們都應該立志當觀光客。

德國對捷克的影響

瑪玉和我在庫倫洛夫的最後一天都在當慵懶的觀光客，我們品嘗了一些傳統捷克餐點，它吃起來比大象還沉重，基本上就像德國食物去除魚類選項（捷克是個內陸國家）。我在毫無魅力的knedlíky（薯麵糰）和欠缺魅力的svíčková（烤牛肉配酸奶油和香料）之間掙扎了半天，最後選擇經典的vepřo knedlo zelo（烤豬肉、麵糰和酸菜），這不是我的菜，但既來之則安之，就入境隨俗吧。瑪玉點了一碗大蒜湯（česneková），然後我們共享了一份水果麵糰（ovocné knedlíky）。在吃過一整個星期的捷克香腸、法蘭克福腸和德國油煎腸之後，我已能體會為何捷克人都懶得吃正餐而直接喝啤酒了。

德國對捷克的影響不僅止於食物，他們曾經統治捷克三百年（或是更久，看你怎麼算）。事實上，當捷克斯洛伐克在一九一八年建國時，這個新國家的境內有三百萬德裔居民，尤其是在蘇台德區（Sudentenland），這是因為一次大戰的贏家取走了輸家的部分領域，但沒有把那些區域內的居民驅散。因此一次大戰剛落幕時，數百萬的德國人一早醒來就發現自己住在波蘭或捷克斯洛伐克，希特勒對此頗有意見，所以他在一九三九年奪回了那些領域。捷克人對此也有意見，於是他們的傘兵一九四二年在布拉格附近暗殺了一位殘暴的納粹首長。友善提示：別激怒納粹。為了報復，納粹軍團夷平了利迪策（Lidice）和萊扎奇（Ležáky），射殺所有男人，將女人和孩童全驅逐到集中營。二次大戰結束後，捷克人則對蘇台德區進行族群清洗，凶狠地逐出了兩百七十萬名德裔居民，殺害數千人，當時全世界沒什麼人同情德國，大家都對捷克的偽君子暴行視而不見。

共產政權期間，德國不斷苦訴數百萬名無辜平民經歷的冤屈，捷克則聲稱他們的行為符合公道，因為納粹也做過相同的事。然而一九九〇年的天鵝絨革命（Velvet Revolution）之後，智勇雙全的捷克總統瓦茨拉夫・哈維爾（Václav Havel）正式向德國道歉，一九九七年雙方政府最高階層簽署聯合道歉聲明，基本上就是說：「對不起，我們搞砸了。」

隨著夏天接近尾聲，我和瑪玉的浪漫假期也即將結束，她得回愛沙尼亞工作，我也要繼續探索野生的東歐。我們來到了巴士站，她將要回布拉格轉乘飛機返鄉。跟她一起旅行真是輕鬆，她總是那麼的平靜、樂觀又從善如流，我被她溫和而純真的靈性深深吸引，我們在捷克共度的美好時光使我們之間的連結更加堅強，幫助我們度過了長達數個月的分離。我心懷感傷與瑪玉吻別。

全球貧富最均衡的國家

一位聰明的義大利人科拉多・吉尼（Corrado Gini）設計了吉尼係數，它是個介於零到一之間、用來評估收入或財富分布的數字。若應用在收入，一分就代表全國只有一個超級幸運兒包下了全國的總收入——當國王真好；零分則表示國民收入完全平均分配，從清潔工到總統都領相同的薪資，那是共產主義的春夢。

如果我們把吉尼係數乘上一百，全球的平均分數大約是六十。美國曾在一九六〇年代後期拿到三十九的最低分，目前大約是四十五，等它達到五十，就表示全國有百分之二十五的人賺到國民總收入的百分之七十五。雖然當今有那麼多人在抱怨貧富不均，美國跟全世界相比其實沒那麼嚴重，那些疑心病重的美國人應該去看看貧富差距最大的地方：拉丁美洲和非洲，尤其是後者。

然而美國跟歐洲比起來還是有較大的貧富差距：歐盟國家的平均分數大約是三十，根據世界銀行二〇一八年的統計，捷克的二十四分是全球第三低，最低的則是斯洛伐克（二十一分）。不過在此提醒，以上說的只是吉尼收入係數，北歐各國人民的收入一向都很均衡，但如果你是共產主義者，你在搬去瑞典或丹麥之前最好再查一下他們的吉尼財富係數（這可以量測國民生產淨值的分布），他們國內前百分之五的富豪占有全國八成以上的財富。

或許貧富差距真正最低的國家是日本，捷克則緊追在後。為什麼？因為吉尼係數不是唯一的量測工具，另一個方法是拿全國收入最低和最高的百分之十相比，在三項採用此方法的國際研究中，日本贏得冠軍，捷克則帶走銀牌。有些人會爭論說貧富均衡是一個文明社會的指標，若是如此，捷克可說是最文明的社會之一。

在歐洛慕茨引燃激辯

五年之後，我再度回到雪花紛飛的捷克，這次的目標是尋找一個醜陋的捷克城鎮，然而當我的火車在歐洛慕茨（Olomouc）戛然而止，我就發覺自己還得繼續尋找。當一個火車站很醜時，這個城鎮或許還有可能會漂亮，但如果連火車站都那麼漂亮，這個地方肯定美翻天。

寒冷的冬夜籠罩著城鎮，但溫暖的街燈足以照亮這座城市的隱藏之美。街道很安靜，這在一個人口多達十萬的城市是很難得的，不過冬天確實有本領讓人們待在屋內。我聆聽著自己的腳步踏過冰雪，漫步路過名列世界文化遺產的聖三柱（Sousoší Nejsvětější Trjice）和另一座哥德式的龐然巨物：耗時一百年蓋完的聖莫里茲教堂（St. Moritz），最後終於來到瓦茨拉夫主夫廣場，它是個迷人的廣場，有全城最古老的建築：首度聖化於一一三一年的聖瓦茨拉夫主教座堂。我走進一間輕食酒吧（hospoda），準備跟我的沙發衝浪主佩特拉．沙哈諾瓦（Petra Šarhanová）會合，她是一位生物學博班生，今晚會邀請兩位朋友一起來為我的新書提供意見。

沒過幾分鐘，佩特拉就帶著精力充沛的笑容豪邁登場。她脫下大衣，現出那來自熱愛愛爾蘭舞蹈練出的健美身材，她平常除了撰寫生物學博士論文，還利用閒暇時間參加愛爾蘭舞蹈競賽。就是因為有像佩特拉這樣的多方位人物，沙發衝浪才會如此有趣。她的兩位朋友分別是植物學家泰瑞莎（Teresa）和來自塞爾維亞的學術期刊編輯謝爾格（Serge）。依照慣例，在寒暄問候和幾番關於捷克是否屬於東歐的爭論後，我問他們：「捷克到底為世界做過什麼？」

泰瑞莎說：「我們貢獻了作曲家德弗札克（Antonín Dvořák）。」

佩特拉說：「兩名捷克科學家發明了隱形眼鏡。」

謝爾格說：「還有最著名的捷克作家卡夫卡。諷刺的是，他雖然是在布拉格出生並長大，但他從未用捷克文寫書，他是個用德文寫書的猶太人。」

我最喜歡的捷克作家是卡雷爾・恰佩克（Karel Čapek），他的科幻舞台劇《羅梭的萬能工人》（*Rossum's Universal Robots*）具有劃時代的意義，因為他創造了「機器人」（robot）這個字。在捷克文中，robota代表強制勞動，rab代表奴隸，這齣劇描述機器奴才群起推翻人類統治的世界，編寫於一次大戰之後，一個共產思想剛開始瀰漫的時代，因此這種無產階級反抗資本主義上級的觀念很受歡迎。機器人總是令我感到興奮，所以恰佩克的語言創作令我印象深刻。

我告訴他們：「我想寫一本書，敲開美國人被冰凍的大腦，好讓我們能學習更多關於這個世界的事，向其他國家和文化學習。假設以此為出發點，東歐人能教我們什麼？」

泰瑞莎不假思索就迸出最簡單的答案：「捷克人會教你如何做啤酒！」

佩特拉從她的超大酒杯小酌了一口，「你可以從捷克人身上學到的一件事就是我們會自己修東西，這源自共產主義。美國人有東西故障就叫人來修，這裡人們通常會自己處理。」

如果你還有印象，我們在白俄羅斯也上過這一課，他們是偷工減料之王。我把眼神轉向謝爾格，他雙手緊握著酒杯說：「你能從塞爾維亞人身上學到最好的一件事就是什麼事不該做！」

我們齊聲大笑，謝爾格補充：「好吧，說句正經話，你可以從塞爾維亞學到美食和音樂。捷克的食物真是糟透了，他們的新鮮蔬果很少，缺乏調味香料。塞爾維亞人才懂得如何烹飪。」

佩特拉抗議：「嘿，可是我們的麵包是數一數二的好啊，我以我們的麵包為榮。」

許多東歐人都為自己的麵包感到驕傲，我後來有去佩特拉推薦的那家烘焙店，但我不覺得它有多好，它太白、太鬆軟、太單調了。我偏好堅果和全麥做成的厚實麵包，波羅的海的麵包才是頂級的，佩特拉卻不同意。麵包就像語言：還是自家的最親切。

我接著問他們捷克斯洛伐克為何會在一九九二年分裂成捷克和斯洛伐克。泰瑞莎說：「那是個愚蠢的政治決策，連公投都沒舉行，少數政客就為雙方做了決定。當時斯洛伐克的領導人很受歡迎，他說服人民相信那個決定對他們很有利，但我覺得如果多給他們一些時間思考，多數人並不會贊同他。」

佩特拉點頭，「斯洛伐克人是我們的兄弟，我還是覺得我們是同一個國家。當我去斯洛伐克時，我並不覺得那是另一個國家，像德國或波蘭。我感覺自己還是在同個國家裡。」

「捷克人到底是如何看待波蘭人？」我問。

「捷克人不喜歡波蘭人，」佩特拉回答，「他們的心態不同，總是投機取巧，想要不勞而獲。他們太迷信宗教，思想太封閉，凡走過必留痕跡。」

泰瑞莎說：「當我們在塔特拉山脈遇到波蘭人時，他們很容易辨別，講話很大聲。而且波蘭人經常沒做好準備就上山，他們低估了山區的險惡。」

我說：「佩特拉提到波蘭人的心態不同。你認為他們的心態如何，泰瑞莎？」

「他們的心態很原始，這源自他們的語言。很久以前，波蘭人和捷克人擁有共同的語言，但捷克文在數百年前開始進化，變得比較複雜，同時波蘭文卻都沒變。這種語言的原始本質反映了他們的根本問題，波蘭人不想改進自己的語言……」

「等一下，」謝爾格打岔，「你說的完全不對，完全相反。波蘭文比捷克文豐富多了，捷克文到底是什麼？它只是個被破壞的斯拉夫語言。世界各國的語言平均有大約五十萬個詞彙，最廣泛龐雜的語言是英文和中文，它們分別有超過兩百萬個詞彙。捷克文只有不到二十五萬個詞彙，同音異義詞的使用率遠比多數世界語言頻繁，它是個詞彙貧乏的語言。」

你可以想像接下來的對話一定是火力四射，我對捷克文的認知不夠深，無法宣稱它是個「貧乏的語言」，但我至少敢說用它玩《命運輪盤》（*Wheel of Fortune*）可以賺很多錢。

捷克版的命運輪盤不用買母音

如果你是捷克人，你可能從未聽過《命運輪盤》，它是個美國電視遊戲節目，參賽者會先旋轉輪盤決定賭金，猜測某個詞句中的字母。他猜的子音出現多少次，就能獲得多少倍的獎金（比方說，如果輪盤轉到一千元，這時我叫主持人秀出s，而該詞句中有五個s，我就能累積到五千元），然後他可以拿獎金去買母音，亦可隨時猜整個詞句，贏得大獎。如果用捷克文玩這個遊戲，錢肯定特別好賺，因為參賽者不用買任何母音！所以就命運輪盤而言，捷克文是個富裕的語言。看看這些捷克詞彙：trh（市場）、zmzrl（冰凍）、ztvrdl（硬化）、scvrkl（縮小）、čtvrthrst（四分之一把）、blb（笨蛋）以及smrt（死亡）。

捷克文可說是愛沙尼亞文的反面論述，尤其是在母音的使用方面。愛沙尼亞人最愛母音，捷克人痛恨它們。愛沙尼亞人嫌五個標準母音還不夠，於是他們又加了四個：ä、õ、ö、ü。神奇的是兩個母音就可以構成一個有意義的字，例如öö就代表夜晚。愛沙尼亞人喜歡把一堆母音串連起來，發明像hauaööõudused這種繞口令（意思是黑夜墳墓的恐怖），而如果你需要說「月球研究員在寒冰邊緣的夜班」，你只須要說kuuurijate töööö jääärel。

在捷克說那麼多母音可能會被槍斃，捷克人將母音視為必須摧毀的邪惡字母。試著說這句話：prd krt skrz drn, zprv zhlt hrst zrn，這值得花時間學起來，因為你絕不會知道自己何時需要說「一隻地鼠吞了一把穀粒後在草堆裡放屁」。

也許你想找個比較短且實用的詞句，試著說這句常用的辱罵詞：strč prst skrz krk。捷克人向我保證這不難講，就照它的拼法直接唸就行了。我沒開玩笑，他們十分認真地這樣告訴我。我只能不太認真地回答他們：「感謝你的提示，幫助很大。」

這句話到底是在罵什麼？「用你的手指刺穿自己脖子。」不錯，還滿勁爆的，但我還是比較喜歡motherfucker。我之前曾聽說白俄羅斯人是在柏林圍牆倒下數年後才學會用motherfucker罵人，他們以前都不會說。看來美國對白俄羅斯有三項偉大輸出：麥當勞、可口可樂和motherfucker。

在把討論重心移轉回歐洛慕茨的酒吧之前，讓我們先學些比motherfucker有用的捷克字詞：dobrý den（你好）、na shledanou（再見）、děkuji（謝謝）、promiňtě（抱歉）、ano（是）、ne（不是）、prosím（謝謝）、kolik to stojí?（多少錢？）、jak se máte?（你好嗎？）、kde je?（何處）、kdy?（何時）。相較於愛沙尼亞，捷克的繞口令也不遑多讓：Třistatřicetři stříbrných stříkaček stříkalo přes třistatřicet tři stříbrných střech，意思是「三百三十三台銀色消防車正在對三百三十三個銀色屋頂噴水」。

語言辯論大會結束後，我問他們對德國關係的看法。佩特拉的男友平時工作都要跟德國客戶交涉，他們常使他感到挫折。她說：「德國人以為自己是國王，經常提出一些誇張的要求，我的男友常被搞到束手無策，不得不擺明告訴他們某些事情是不可能的。他們總是看不起我們這些捷克人。」

「你們都是用英語跟德國人交談嗎？」

「是的。」

我說：「你們的英語都講得很流利，我感覺捷克人有百分之二十可以精通英語，這大約是波蘭的兩倍，白俄羅斯的十倍。白俄羅斯人大概只有百分之一有這麼好的英文程度。」

「這倒是真的！」精通五種語言的謝爾格回應了，「我工作時經常需要打電話到俄羅斯，當我問有沒有人會說英語時，他們通常只會把話筒放下，不是掛斷喔，就那樣擱著不再拿起來。其他時候他們根本懶得回答我的問題。每當我們有買賣快要成交時，就必須跟對方主管說話，有一間大公司的執行長竟然不會說英語。你能想像嗎？俄羅斯人學習外語的能力真是奇差無比。」

「對了，謝爾格，我之後要往南走，到時候也會去你的國家。有什麼建議嗎？」

「你愈往南走，就會發現食物和音樂愈來愈好，人們也會變得重感情而不理性，那是事實。」

順應這句前途有望的評語，我舉杯說：「敬東歐！」

大家一起舉杯，齊聲祝賀：「Nazdraví!」（乾杯）

✣ **如何迴避戰爭：**捷克人在迴避戰爭這方面做得很好。在把一些人不甚光彩的丟出窗外，引發幾場戰爭之後，捷克人終於冷靜下來。第二次世界大戰原本很可能會在捷克斯洛伐克引爆，但他們忍住了，沒有開第一槍。當蘇聯壓垮布拉格之春，捷克人忍氣吞聲了二十一年，直到他們發動天鵝絨革命。捷克斯洛伐克解體時也沒有內戰，只有所謂的「天鵝絨分離」。根據二〇二〇年的全球和平指數（GPI），捷克是東歐最和平的國家。每當你很想支持用暴力解決某件事時，請向他們學習。

✣ **美化你的城鎮：**捷克之所以如此美麗，部分原因是捷克人同等重視自己房屋的內外門面。能在一個漂亮的城鎮裡散步確實是一大享受，所以請注重細節，多參與社區的清潔活動，多種些花，幫你的住宅和社區整容。

✣ **釀造美味啤酒：**捷克人比世界任何國家都愛喝啤酒，其中一個原因就是他們的啤酒品質確實名列前茅。先去捷克喝一杯，再決定誰的釀酒功夫最好。

同年夏天，我四度重返捷克，依然希望能找到一個醜陋的城鎮。這回我刺探它的西南角，因為旅遊書籍很少提到那個區域，如果捷克真的有某個醜陋的小鎮，或許他們會把它藏在那裡。結果徒然無功，我依然只看到更多優雅的村莊和美妙的小鎮。坐擁十四處世界文化遺產的捷克果真沒有浪得虛名，它真是美得透澈。

雖然佩特拉的朋友已跟我分享他們對捷克斯洛伐克解體的看法，我對捷克的鄰國斯洛伐克仍有許多未解的疑問。斯洛伐克人對兩國的分離有何說辭？他們跟捷克人究竟有何不同？斯洛伐克文中的母音會比捷克文多嗎？

第九章

斯洛伐克——登山者的夢想天堂

斯洛伐克小資料

位置：內陸國家，夾在波蘭、斯洛伐克、奧地利、匈牙利、烏克蘭中間。
面積：約4.9萬平方公里（台灣的1.36倍）
人口：約540萬（台灣的0.23倍）
首都：布拉提斯拉瓦
主要族群：斯洛伐克人、匈牙利人
人均國內生產毛額：21,529美元（2021年資料）

- Slovensk republika -

我在睡袋裡醒來，身處斯洛伐克深山一個狹小濕冷的山洞，完全脫離正規步道，此刻我還不知道自己會在那個迷霧早晨遇到多少衰事。我昨天曾詢問一名林務員能否脫離步道，穿越高塔特拉山脈，他說：「沒有嚮導是不可能的。」

我指出：「可是你有沒有發現我沒穿靴子，沒帶地圖或指南針，而且只穿全棉的衣服？」林務員只是輕蔑地冷笑。我把地形圖燒錄到自己的視覺記憶裡，抄下一些筆記，向他道謝後就上路。他無奈地搖頭，彷彿預期將在屍袋中找到我。這位林務員的警告沒錯：我離開步道之後，全程大約有兩成的時間必須用手移動。經過十二個小時的折騰，我爬上一座陡峭的高山，在這個狹小濕冷的洞穴中紮營，因為天色已開始變暗。

在憶起前一天的經歷之後，我呻吟著爬出睡袋。凹凸不平的岩石導致些微的腰痠背痛，但眼下的景觀還是非常驚人：漩渦狀的雲朵擁抱著崎嶇銳利的山峰，放眼望去沒有任何樹木，跟山谷中的小湖構成一幅經典的阿爾卑斯美景。我倚靠著大石頭往下觀望昨天爬過的峭壁，「老天，還好我不用再爬下去。」我一邊心想著，一邊從口袋取出攝影機，準備拍攝周圍景觀。這時攝影機突然活了過來，飛出我的手掌，躍下山崖。我發出慢動作的哀號：「喔不……」

攝影機沒有理會我的呼喊，它重摔在第一塊岩石上，高高彈起又連番在石塊之間彈跳，我眼睜睜地看著它前滾後翻、循著半旋轉的彈道墜下山谷。每一次撞擊都使我內心糾結，彷佛某人不斷在踹踢我的下體。

我沒看到它最後的安息處，於是我像個喜歡觀賞車禍慘劇的變態駕駛，下定決心去搜索我那可憐攝影機的屍體。我往下爬，直到終於找到它，出乎意料的是它竟然還保住了全屍，我懷著不理性的樂觀心態按下開關。我瞪大雙眼，真是不可思議，那個該死的玩意竟然還能開機！雖然錄影功能已經故障，但還是能拍照。這台忠誠的攝影機曾經陪伴我在愛沙尼亞的河中翻船，也活著走出了落水事件。我親吻了它，由衷感謝聰明的日本工程師。當下我想起邱吉爾的一句話：「我本身是個樂觀主義者，因為扮演別的角色似乎沒什麼用。」

我在塞滿睡袋後心想：「好吧，我得把這固定好，因為周圍的坡度都很陡。這個位置看起來不錯。」但睡袋只在原地待了……兩秒，就突然活了過來，滾落到遙遠的山下，我再次尖叫：「喔不……」

由於塞滿的睡袋比較軟，彈跳的距離比攝影機遠很多，我花了二十分鐘才把它撿回來。神奇的是，儘管從高處墜落，經過尖銳岩石的劃割，睡袋卻只有些微擦傷。我不確定自己到底是太幸運還是太倒楣，在反覆爬了兩趟頗不值得的山路之後，我已經不再是個快樂的露營者。最後，我正要把花生醬收起來時，那個玻璃瓶也突然跳出我的雙手。「喔不！」

幸好這次沒有滾到山下，但花生醬掉在我的腳邊就粉碎了。我咒罵著自己的笨拙，小心撿起破碎的玻璃瓶，彷彿它是一張珍貴的鑲框家族合照。花生醬在東歐就像聖杯一樣罕見，因此雖然到處都是碎玻璃，我決定把剩下的吃光，況且在背包旅行中丟棄食物也會遭天譴。當我開始吃的時候，便發覺這或許不是個好主意，花生醬裡可能隱藏一些極細小的碎玻璃。我停頓下來，多看了它幾秒，嘆著氣對自己說：「算了。」我避開較明顯的碎片，把花生醬塗抹在麵包上，咬了幾口就突然聽到一聲喀嚓！

我頓時僵住，那不是花生被咬碎的聲音，那是我在嚼玻璃的聲音。我憑直覺吐掉一部分後，將剩餘的吞進肚子。沒辦法啊，我真的餓了。後來我感到大約五分鐘的輕微疼痛，或許只是心理作用，除此之外並沒有內出血症狀，而且玻璃嘗起來也滿可口的，就像花生醬！

接下來還會遇到最後一件衰事：我搞丟了手機的腰帶夾。雖然這不重要，我索性自得其樂的尖叫：「喔不！」

幸運的是，我幾天之後去一家店蒐購腰帶夾，雖然沒買到，但店員免費送我一個腰掛皮套。他說：「這是斯洛伐克送你的禮物。」

東歐最優的背包之旅

雖然命運多舛，我終究愛上了高塔特拉山脈，因為它能提供東歐最佳的背包旅行環境。跟美國相比，塔特拉山脈結合大提頓山（Grand Tetons）的壯麗、安塞爾亞當斯荒野（Ansel Adams Wilderness）的鋸齒尖峰、風河山脈（Wind River Range）類似阿爾卑斯山的風采、新罕布夏州白山的舒適小屋，以及緬因州的險惡山路。

我第二天多數時間都在翻山越嶺或生飲山泉，有時站在一道山脊上，腳跨波蘭和斯洛伐克。我經過了斯洛伐克的最高峰，二六五五公尺高的格爾拉赫峰（Gerlachovský Štít）。當天色漸暗，我再度被困在林木線的上方，烏雲正急速凝聚，我必須找個地方搭設我的防水帳篷。為了效仿白俄羅斯人的克難精神，我用石頭將營繩固定在兩塊巨石頂端，勉強搭起營帳。我才剛爬進去，天空就亮起閃電，雷鳴響徹雲霄。這真是詩情畫意，斯洛伐克國歌的名字就是「塔特拉山脈高空的閃電」（Nad Tatrou sa blýska）。我蜷曲在睡袋裡，天空繼續轟隆作響，這又是一個睡在險惡群峰旁邊的孤獨夜晚，戲劇化的暴風雷雨只是使氣氛顯得更加陰森。

雖然我常脫離正規步道，其實有些被標註的路徑也很瘋狂。斯洛伐克人對健行和攀岩的界定很模糊，有些「步道」甚至要求你緊抓著一條長鐵鍊上下爬行，它們是如此危險，你必須遵從官方指定的方向，避免交通阻塞或意外事故。其中一條瘋狂小徑的出口有個告示牌禁止我繼續前進，當時是傍晚六點，多數登山者已回小屋休息，路上都沒有人，於是我就繼續走下去了。

幾分鐘後，我望著趨近垂直的峭壁，想像如果有人爬到一半失手——他們就會像我的攝影機般在岩石之間翻滾彈落。每年大約有十個人死在塔特拉山脈，如果沒戴手套，冰冷的鐵鍊很快就會使你雙手麻痺，你唯一的生命線也因此氣力放盡。我懸掛在鐵鍊上，希望被凍僵的赤手不會背叛自己，氣溫正在驟降，太陽消失在嚴峻的高山後方。我試著踏穩一個立足點，低聲咕噥：「每到這種時候，我實在很高興沒被我老媽看到。」她應該也會同意。

在通過那個高階關卡後，我終於能在溫暖的樹下紮營。那天之後，我決定乖乖遵循標註的步道行進。途中我問一個斯洛伐克人為何路上有那麼多衛生紙，她說那都是「觀光客」的錯，我反問：「親愛的，這是個國家公園，我們都是觀光客。你可以說清楚一點嗎？人們為何不把自己的垃圾清乾淨？」

她說：「塔特拉山區的健行者有九成是來自捷克，不是斯洛伐克。」雖然捷克人口是斯洛伐克的兩倍，但他們離塔特拉山有數小時的車程，後來我遇到一位十八歲的年輕人，他承認那其實是斯洛伐克人自己的錯，當時我已去過一些較無人氣的公園，路上到處也都是衛生紙，看來用衛生紙留下足跡是個斯洛伐克傳統。我還看過一間公廁裡面沒有任何人體排泄物，所有沖下馬桶的廢物都直接落入隘谷，只要下一點雨，衛生紙和糞便都會滾落山下，流入純淨的泉源。真是天才。

撇開這些小煩擾，塔特拉山真是完美無瑕。你在此可能還會看到一些狐狸、兔子、鼬鼠、鼩鼱、野熊、野豬或狼。人們稱塔特拉山脈為「歐洲最大的一群小山」，因為這些山的高度雖只有兩千五百公尺，但它們看起來和感覺起來比那更高。所以我們應該入境隨俗，去高塔特拉山「散個步」（ist'na prechadsku）。

正如往常，經過數日的背包旅行後，我完全餓扁了。我搭乘景觀宜人的齒軌列車回到文明世界，在一家餐廳點了斯洛伐克的國菜bryndzové halušky（馬鈴薯麵糰搭配羊乳酪，撒上一點培根肉末）。也許是因為我太餓，但它真是美味。在重複點兩盤之後，我發覺自己對斯洛伐克的認識並不深，開始感到愧疚。我只知道它的面積大約是新罕布夏州的兩倍。該是見識一些當地文化、解答我心中最大疑惑的時候了。

捷克斯洛伐克為何會分裂？

顯然的，捷克斯洛伐克分裂的主因是這個名字太難拼。然而原因應該不僅於此，雖然捷克人已經發表過他們的意見，我想聽聽看斯洛伐克人的版本。我搭火車到特倫欽（Trenčín），一個有五萬七千人口、鄰近首都布拉提斯拉瓦的友善城鎮。一座別緻的城堡俯瞰著特倫欽，讓人想起它的中古歷史。向當地人學習一個國家的歷史總是很有趣，於是我詢問一個年輕人為何當初兩國會分裂，他說：「我不知道。」

這並不是我預期會得到的答案，我轉向另一位當地人，問他同樣的問題。他深吸一口菸，吐氣之後說：「政治。」

真有趣，謝謝你耶。斯洛伐克人對自己國家分裂的態度是如此平淡，真是令人難以置信。假設南軍贏了美國南北戰爭，美國被分成兩個國家，你在二十年後問任何人對這件事的看法，大家一定都各有說辭。奇怪的是在斯洛伐克卻很難找到個能清楚解釋這件事的人，我繼續到處找人盤問。我相信洛威爾・卓赫曼（Lovelle Drachman）說過的一句話：「好奇必有福報，因為可以探險。」

我終於找到一些能對自己的國家分裂史說出超過三個字的當地人。有些人說他們希望獨立，因為捷克「太強勢」，斯洛伐克人已經厭倦「多數行政職位都被捷克包辦」，他們希望被「尊重」。也有人說是捷克提議分手，因為不想被斯洛伐克「拖累」，就像兩德統一之後，有些西德人認為東德拖慢了他們的腳步。他們也說有些捷克人覺得斯洛伐克「害他們無法加入歐盟」。許多人都認為整件事非常愚蠢，人民都反對，但一些「大頭症的政客」硬要讓它發生。由這個隨機取樣的調查即可見出端倪，不過我又去了布拉提斯拉瓦，試圖蒐集更多證據。

布拉提斯拉瓦是全世界最棒的邊境城市。這樣說似乎不算什麼，因為大多數邊境城鎮都像穿著泳褲的多毛胖子一樣吸引人，不過布拉提斯拉瓦確實很宏偉，它是多瑙河畔的四大高貴首都之一（其他三者是維也納、布達佩斯和貝爾格勒），你可以從市郊輕易的騎自行車到奧地利或匈牙利。斯洛伐克的高山是如此多，位於大平原上的布拉提斯拉瓦感覺有點格格不入，它豐富多彩的建築也跟山區的質樸小鎮形成鮮明對比。創立於西元九〇七年，布拉提斯拉瓦在奧地利的統治下繁榮興盛，現今有大約五十萬名居民。你可以在舊城徒步區散步，欣賞中央廣場，參觀多瑙河西岸的布拉提斯拉瓦城堡。但我此行目的是去大學圖書館研究兩國為何會分裂。

你絕不會相信捷克斯洛伐克的誕生地在哪：美國賓州匹茲堡。一九一七年，第一次世界大戰接近尾聲時，雙方在此簽訂匹茲堡協議，同意共享對等地位。後來捷克斯洛伐克的首任總統又推動更強的聯盟，這段關係平穩維繫了一段時間，直到希特勒吞併了它們的部分領土，當時斯洛伐克面臨兩個很讚的選擇：完全接受納粹德國的統治，或是退居納粹德國之下的傀儡政權。他們選擇後者，脫離捷克。

二次大戰之後，捷克斯洛伐克復合，斯洛伐克人將支持納粹的前總統判處絞刑。共產黨持續在捷克斯洛伐克執政，直到一九八九年的天鵝絨革命才終於被人民推翻。為了維持統一，他們可以做出各種怪事，舉那些一小時的新聞報導為例，主播會精準的在第三十分鐘從捷克語切換到斯洛伐克語，有時還會在某則新聞報到一半時就切換。捷克與斯洛伐克的婚姻看似健全，然而它卻毫無預警地在天鵝絨分離中結束。

離婚的夫妻

天鵝絨分離的根本原因是一群政客互爭面子，以及民族主義的短暫熱潮。一九九二年大選期間，捷克的新總理克勞斯（Václav Klaus）和斯洛伐克的新總理梅恰爾（Vladimír Mečiar）為了中央集權的問題像嬰兒般爭吵，類似美國政客爭論聯邦政府或州政府何者該擁有主權。

梅恰爾也想減緩自由意志主義的改革進度，他在政府內部激起了足夠的民族情懷，投票表決獨立。梅恰爾和克勞斯都拒絕讓步，於是他們就同意將捷克斯洛伐克一分為二。劇作家出身的總統哈維爾對此厭惡之至，索性辭職以示抗議，他很了解民意，因為斯洛伐克宣布獨立才過兩個月，民調就顯示只有百分之三十六的捷克人和三十七的斯洛伐克人支持兩國分離。一九九二年十一月，聯邦政府不理會公眾意見，強行表決解除聯盟。

捷克和斯洛伐克就像一對結婚多年的夫婦，有天晚上喝醉酒，為了如何擠牙膏而爭吵，對彼此尖叫：「好啊！你想這樣是吧？離就離散就散！我們今晚就離婚！打給律師啊，立刻打！」隔日早晨他們帶著宿醉起床，才發覺自己做了傻事。

現實世界沒有平行宇宙，所以我們無從確認離婚究竟是不是明智的選擇，不過多數跟我談過話的人對此不是表示惋惜就是無所謂。當初有些捷克人以為沒有「貧窮的斯洛伐克的束縛」，經濟就會迅速起飛；有些斯洛伐克人則以為沒有「捷克的打壓」，經濟就能一飛沖天。雖然雙方在離婚後都有蓬勃發展，但幾乎所有的歐洲國家也都是如此，這個疑問將永遠無解，合理的推測是：如果他們沒分開，情形至少會跟現在一樣好，畢竟那樣就不必償付離婚費用。

任何離異的夫婦都會告訴你，即使是天鵝絨分離也會招來一堆繁文縟節。雙方政府耗費了大量時間，將他們的資產（軍事裝備、鐵路和飛航資源）用二比一的比例劃分，因為捷克人的數量是斯洛伐克人的兩倍。他們分別創立了新的貨幣，造成大家的混淆，各自向聯合國提出入會申請，發行新護照，設立新的邊境檢查哨，創造新的國際電話碼，設計新國旗，編寫新國歌，印製新的信頭。

經過這些昂貴且費時的流程之後，他們做了什麼？他們都加入了北約，相當於重新結合了自己的軍力。他們在同一天加入了歐盟，這表示他們必須再度將法律同步化，以達到歐盟標準；那些新護照已無實質意義，因為他們可以自由在彼此的國度旅行、生活和工作，而且邊境檢查哨的油漆還沒乾就要拆了。斯洛伐克人已將自己的短壽貨幣換成歐元，如果捷克也照做，他們的貨幣就完全一樣了。總之，雖然他們離婚後沒有再婚，但其實跟同居沒什麼不同。就像東德和西德，他們某天早上醒來，互看一眼後說：「嘿，我們何必分床睡？」

由此蠢事可見為何那麼多斯洛伐克人無法解釋其背後原因，他們似乎自覺丟臉，不敢承認天鵝絨分離是毫無意義的。捷克和斯洛伐克之所以沒有完全復合，唯一原因是他們覺得才剛燒掉原本的信頭，如果又要重印，感覺有點笨。他們純粹是因慣性而保持分離，並無任何不共戴天之仇，事實上他們連語言都幾乎相同。

斯洛伐克跟捷克的語言異同

英國人艾瑞克．維舍爾（Eric Wiltsher）曾走遍世界四十國，為美國公共廣播電台

（NPR）、美國之音（Voice of America）和英國廣播公司（BBC）工作。他目前已在斯洛伐克的波普拉德（Poprad）居住了十五年，在塔特拉國際電台（Radio Tatras Internationl）工作。他告訴我：「捷克斯洛伐克有點像蘇格蘭和英格蘭，他們是同一個國家，但又不完全是。」

「可是他們的語言不是有滿大差異嗎？」我問。

「不！那就像在說俄亥俄州人跟紐約市中心的人講話有不同腔調。捷克語的一些發音確實跟斯洛伐克語有略微不同，有些字母唸起來也不太一樣，但如果電視在播一部捷克電影，斯洛伐克人可以聽懂百分之九十九點九，他們平常對話也沒問題。當然如果我的老闆對我講捷克語（因為他是捷克人），我個人是會不太習慣，因為那跟斯洛伐克語還是有些出入，但他們當地人之間即使雞同鴨講也能溝通，彼此也能相處融洽，所以語言隔閡並沒有多數人想像中那麼大。」

一位匈牙利人曾告訴我：「如果一個捷克人鼻塞了，你會覺得他說話比斯洛伐克語更不像捷克語。」

為了證明這些論點，讓我們來比較捷克文和斯洛伐克文的數字。一到三是完全相同，但之後就有略微變化：四（čtyři和štyri）、五（pět和päť）、六（šest和šesť）、七（sedm和sedem）、八（osm和osem）、九（devět和deväť）、十（deset和desať）。一百和一千唸起來一樣。「入境」是přjiezdy和príchod，「出境」是odjezdy和odchod。他們都不喜歡母音，手指（prst）和脖子（krk）都是同一個字。「公車站在哪？」的問法也都一樣：kde je autobusová zastávka?

長話短說，雖然有少數字完全不同，許多字都只有些微差異，而且有滿多字完全相同。所以兩者的差異不只是一個堵塞的鼻子，更貼切的比喻應該是英式英語和美式英語。東斯洛伐克的方言跟捷克語的差別最大，但他們還是能互相了解。而且斯洛伐克人通常會比捷克人容易聽得懂對方在說什麼，因為他們接觸捷克媒體的頻率比捷克人接觸斯洛伐克媒體的頻率高。所以如果你打算在捷克和斯洛伐克之間旅行，不妨花點心力學幾個基本的斯洛伐克用語，因為它們跟捷克語很像：dovidenia（再見）、ďakujem（謝謝）、kolko to stoji?（多少錢）、áno（是）、nie（不是）、prosím（謝謝）、trh（市場）。我最喜歡用ahoj打招呼，可以假裝自己是水手。

斯洛伐克的特色

我請艾瑞克描述斯洛伐克人，他說：「斯洛伐克人和英國人有些類似的特徵，他們有時候都非常負面！真難以想像！而且我覺得他們全國都是店主，這點跟英國人也有點像，他們經常坐在那邊等訂單。」

斯洛伐克比捷克著重農業，艾瑞克居住的東部更是特別傳統，他說：「斯洛伐克就像三十年前的英國，人們仍然很相互尊重，他們還沒發展到會邊開車邊丟垃圾的階段，而且還會畏懼權威，一個青少年可以因為警察對他說『不守規矩就告訴你爸媽』，就乖乖地罰站。這或許是件好事，從許多方面而言，這個社會似乎停留在另一個年代，然而其他方面又非常先進。我的手機在這裡即使到地下深處都還能收到訊號，在倫敦市中心反而無法通訊。這是個瘋狂的新興國家，有全新的基礎建設、新目標和理想，年輕的一輩真優秀，他們充滿活力和熱情，這點非常棒。你會發現有些遊客來到這裡就不想回家了！」

由於四周環山的地形，斯洛伐克人天生就是環保主義者。艾瑞克坦承自己在倫敦養成的壞習慣，「我們很糟糕，晚上回家打開二十個電燈泡、電視機和所有電器，每當人們踏進家門，你都可以看到國家電網正在慢慢熔化。在斯洛伐克，他們只開一個燈泡，不是五個。他們會把垃圾放在桶子裡，資源回收的觀念很盛行。斯洛伐克人很關心環境，以及哪些東西對生態有益或有害，幾乎是太關心。事實上斯洛伐克的觀光局已經花了數百萬歐元確保環境沒有受到破壞，不見得所有歐洲國家都有這項特徵。」

艾瑞克說的大部分都正確，不過斯洛伐克的環保政策並非完美，它的燃煤電廠依舊會導致空氣汙染和酸雨，有些河流的汙染也很嚴重，幾乎無法滋養水生動植物。另一方面，斯洛伐克人對環境品質的要求標準卻也很高。

當我請艾瑞克比較捷克人和斯洛伐克人之間的差異，他說：「斯洛伐克人通常比捷克人大方，他們抗壓性較高，可以逆來順受，有點像在對別人說『好吧，你贏了那場小戰役，但我會贏整場戰爭。』而且你幾乎可以無禮對待一個斯洛伐克人，甚至全身而退，因為他們比較能包容。他們比其他國家重視親子活動，所以我覺得它是個較適合居住的地方。」

艾瑞克的結論是：「斯洛伐克極端有利創業，它的鐵路網絡出奇的完善，即使冬天積雪厚達一尺時也照常運作，從來都不會慢下來，就這樣持續運轉。年輕的斯洛伐克人很積極進取，希望世界對他們的國家刮目相看。這裡隱藏著許多優秀人才和商機，等待人們來開發。」

各大企業會同意艾瑞克的說法。一九九七年，斯洛伐克推出百分之十九的單一稅率以及其他經濟自由政策之後，外資就魚貫而入。例如福斯、比雅久和起亞等公司已在這裡設置價值超過十億美元的車廠，這不但創造了上千的工作機會，更吸引了零件供應商，進而創造更多工作。自從二〇〇七年以來，斯洛伐克的人均造車量即高居全球之冠，從二〇一六年之後每年的總產量都超越一百萬。

斯洛伐克位於歐洲中央，所以它是個極具吸引力的貿易樞紐。我在火車上跟一位西班牙商人閒聊，他說斯洛伐克的好位置就是他搬到布拉提斯拉瓦的原因之一，當我問他是否喜歡住在那裡，他回答：「我如果不喜歡，早就搬回西班牙了。」

我用西班牙語（以免被旁人竊聽）問他：「西班牙人和斯洛伐克人有何不同？」

他環顧四周後說：「斯洛伐克人很嚴肅。」

斯洛伐克確實很認真想要追上歐盟，雖然它在經濟方面仍落後捷克，但差距正在縮小。當我來到全國第二大城科希策（Košice），即可明顯看出斯洛伐克在短短數年內的進展。柔和色調的建築環繞著舊城徒步區，中央廣場的音樂噴泉每晚都上演水舞秀，隔壁則是雄偉的哥德式聖伊莉莎白主教座堂，假如它被放在高塔特拉山上，你可能會以為那是德古拉的暗黑城堡。我在音樂噴泉附近找一些當地人聊天，問他們最近幾年觀察到哪些變化，他們提到斯洛伐克身上的一個芒刺：匈牙利。

為何斯洛伐克和匈牙利無法和平相處

匈牙利人和斯洛伐克人近年來相處得不太融洽，而且「近年」是指過去一百五十年。當我請匈牙利人針對他們跟七個鄰國的關係列個排名，斯洛伐克總是墊底。斯洛伐克人也不怎麼喜歡匈牙利人，前民族黨主席楊．斯洛塔（Ján Slota）總結了激進分子的想法：「匈牙利人是斯洛伐克身上的腫瘤，必須立刻切除。」

這兩個鄰居是怎麼幹上的？歷史可以解釋一切。我們稍後會更詳細研讀匈牙利的歷史，不過現在只須要了解一個重點：匈牙利的版圖曾經延伸到許多區域，長達一千年之久，其中一部分就是現在的斯洛伐克。端視你問的對象是誰，在匈牙利統治下的生活可能很棒、很爛或介於中間，但有一點很明確：這一千年來的多數時間匈牙利人都允許斯洛伐克人（以及其他民族）保留自己的語言和文化。

然而，這個懷柔政策在一百五十年前開始緊縮，匈牙利開始同化它的子民，例如強迫斯洛伐克人在官方交易時說匈牙利語，將七成的斯洛伐克小學轉換成匈牙利學校，關閉幾乎所有的斯洛伐克中學，只允許前百分之五點九的國民行使投票權（等同於政治消音），並鼓勵人們將姓名改成類似匈牙利文的名字。一本百科全書如此敘述：「在匈牙利的統治下，斯洛伐克人被迫放棄自己的語言和文化，成為匈牙利人。由於他們主要都以務農為生，卻沒有自己的土地，斯洛伐克人的經濟地位極低，在匈牙利的政治舞台上毫無角色可扮演。」[1]因此當匈牙利輸掉第一次世界大戰時，斯洛伐克人都很高興結束這長達一千年的統治。

當你已經掌控一個領域一千年，放手是很困難的，因此當希特勒提議將斯洛伐克的三分之一瓜分給匈牙利時，他們實在無法拒絕，尤其是當那些領土的多數居民都來自匈牙利。為了答謝希特勒，匈牙利國軍跟納粹並肩作戰，他們的足跡東至史達林格勒，數十萬猶太人也跟著陪葬。

匈牙利再次輸掉第二次世界大戰，接下來就得面對斯洛伐克的怒火和「納粹共犯」的指控。這其實很虛偽，因為斯洛伐克的政府和軍隊也曾與納粹結盟！斯洛伐克可能會辯稱希特勒強迫他們加入軸心國，但他們忘記匈牙利也是被逼的。當德軍穿越匈牙利，準備攻打南斯拉夫時，匈牙利首相憤而自盡，留下這張紙條：「我讓國家失去了尊嚴，南斯拉夫是我們的朋友，但我們卻因一時的怯懦跟惡棍站在同一陣線。」

斯洛伐克人會說，匈牙利從希特勒那邊得到了好處，這點倒是沒錯：畢竟匈牙利的領土擴增了，斯洛伐克反而縮小。希特勒偏袒匈牙利的原因之一是在他扭曲的思想中，匈牙利人是較優良的人種，因為他們不屬於斯拉夫民族。但儘管如此，斯洛伐克也曾將數千名猶太人送上死路，它的軍隊也曾跟納粹並肩作戰，直到德軍顯然即將戰敗，他們才見風轉舵發動起義。雖然斯洛伐克自己的政府因反納粹而流亡在外，但許多匈牙利人也反對法西斯主義。總之，匈牙利相較之下固然給了納粹較熱烈的支持，但斯洛伐克在大戰期間扮演的角色也稱不上是反納粹。

大戰結束後，斯洛伐克人很順便的忘記了這些細節，只記得匈牙利跟希特勒共謀搶奪了斯洛伐克三分之一的領土。捷克斯洛伐克的新總統愛德華．貝奈斯（Edvard Beneš）道出了斯洛伐克的心聲：「在懲罰所有國家罪犯之後，那些到處橫行的德國人和匈牙利人都必須離開捷克斯洛伐克……我們無法在祖國與他們共存。」

結果，所有住在捷克斯洛伐克的匈牙利人和德國人都遭到「貝奈斯法令」的打壓，此法

---

1 Wolchik, Sharon L. "Slovakia." Microsoft® Encarta® 2006 [DVD]. Redmond, WA.

令允許斯洛伐克沒收充公匈牙利人的房地產，並強制遷移。捷克斯洛伐克將九成的德裔居民驅逐出境，但同盟國警告他們必須用不同方式對待匈牙利人：如果他們要踢走一個匈牙利人，就得讓匈牙利踢走一個斯洛伐克人。雙方有將近七萬三千人被迫撤離多代相傳的家園。我的匈牙利朋友蘇莎．羅傑斯（Zsuzsa Rodgers）說：「許多匈牙利人慘遭謀殺，剩餘的幸運者，例如我的祖父母則被重新安置在匈牙利，但他們的土地和財產都被收為公有，跟親戚也完全失聯。」

不過匈牙利人經常忘記他們也驅逐並虐待了許多斯洛伐克人和德國人，他們辯稱自己其實不想趕走斯洛伐克人，一切只是因為同盟國要求他們做人口交換。況且相較於斯洛伐克人，匈牙利人堅信自己在扣押財產和遷移人民等方面表現得比對方仁慈很多。

然後來到二〇〇七年，斯洛伐克的國會再次認證了貝奈斯法令，他們的愚蠢藉口是：如果不這麼做就等於承認自己犯了錯，就得賠償受害者。另一方面，匈牙利人對貝奈斯法令的態度也同樣誇張，好像他們一直還受到打壓。這很荒謬，現今居住在斯洛伐克的匈牙利人並沒有被強制遷移或扣押財產，斯洛伐克應該做的就是廢除這道法令，而即使他們沒這麼做，匈牙利也不必理會。

然而雙方仍繼續像屁孩般地爭吵。二〇〇九年，斯洛伐克國會中的匈牙利政黨代表派爾．恰奇（Pál Csáky）指控民族黨主席斯洛塔和貝奈斯法令是「斯洛伐克的恥辱」。斯洛塔回應說：「如果我是恥辱，那他就是斯洛伐克的嘔吐物，一團腐爛的垃圾。」

斯洛塔的思想真是偏激得可笑，他說：「如果斯洛伐克民族黨是激進分子，那匈牙利人更是輻射性的激進分子，他們釋放的輻射比車諾比還多，最好的解決方法就是把他們埋在水泥裡面。」他認為對付羅姆人（吉普賽人）的方式是「一條長鞭和一個小庭院」。他曾將匈牙利的外交部長比喻為希特勒，說她很像「那個蹲在慕尼黑酒窖、留著小八字鬍的傢伙，他的煽動言論跟那個女人完全一樣，或許她的小鬍子也開始長了。」斯洛塔甚至將匈牙利的神話獵鷹貶低為「醜陋的鸚鵡」，戲稱匈牙利首任國王聖史蒂芬為「騎馬的小丑」。

雖然斯洛塔的火爆言詞只能代表斯洛伐克少數的極端分子，但他的民族黨能獲得那麼多票數，已使匈牙利人感到擔憂。其實這只不過是雙方惡劣關係之中的一個例子。匈牙利人和斯洛伐克人確實可以為任何小事爭吵，舉一九七七年為例，雙方的共產政府（斯洛伐克當時屬於捷克斯洛伐克）原本已同意合作在多瑙河邊建造加布奇科沃—大毛羅什水壩（Gabčíkovo–Nagymaros Dam），後來匈牙利以維護生態為理由違約撤銷協議，捷克斯洛伐克則未經匈牙利同意就逕行將河水分流。一九九七年，海牙國際法庭判定雙方都有違法，命令他們互相賠償，然而他們至今仍未履行義務。

其他例子包括：一名匈牙利學生指控斯洛伐克人攻擊她，在她的衣服寫上反匈牙利的侮辱言語，斯洛伐克的警察則指控她說謊做偽證。斯洛伐克的警察曾在一場足球比賽毆打匈牙利觀眾，而那些匈牙利人據稱並沒有做出任何挑釁行為。另外在匈牙利的首都，兩顆汽油彈落在斯洛伐克大使館旁邊，但沒有爆炸。

斯洛伐克的語言法

斯洛伐克的語言法讓斯洛伐克文在路標、廣告和公務場合（例如政府合約、郵政業務、警政和消防單位）能保有優先順位，而它在某些少數族群（例如匈牙利人）超過兩成的社區則不適用。所以如果你住在一個匈牙利人口只占百分之十的地方，你到郵局辦事就必須講斯洛伐克語。至於在街上、餐廳或酒吧則無此限制，你可以講匈牙利語或日語，甚至斯瓦希里語。

這條法規似乎無傷大雅，問題是當事人如果已被書面警告，再犯者最高可以被罰五千歐元。雖然斯洛伐克人並不會真的執行它（沒有人被罰過錢），匈牙利人卻可以為此大作文章而扭曲事實，有些沒住在斯洛伐克的匈牙利人曾向我保證，「在斯洛伐克的公眾場所講匈牙利語是違法的，如果被他們聽到，你會被海扁一頓。」我曾在街上嘗試起鬨，故意大喊köszönöm（匈牙利語的謝謝），結果沒人理我。

不過斯洛伐克的語言法確實很愚蠢，匈牙利人說的沒錯，他們應該比照其他歐盟國家的相似法規將之修正。感謝歐盟的施壓，斯洛伐克的首相已平息眾怒，公開宣示：「沒有人會因為在斯洛伐克境內使用自己的語言而被罰款。」[2]斯洛伐克人若不是對自己的語言缺乏安全感，他們根本不需要這條法律。如果他們的語言經過一千年匈牙利統治都能存活，它在一個獨立國家更是不需要任何蠢法律來保護。事實上，現在要保存語言應該更容易了，因為國內的匈牙利族群已經愈來愈少。根據一九一〇年匈牙利王國的官方估計，當時住在現今斯洛伐克境內的人口有三成是匈牙利人，經過了一百年，那個數字已經流逝到一成以下。

克莉絲汀．席爾邁（Krisztina Szirmai）是一位旅遊經驗豐富的匈牙利人，她告訴我說：「若要推行一項公正又能兼顧少數族群權益的語言政策，你必須對自己的歷史有自信。光是擁有已存在一千年的語言、傳統和民謠是不夠的，還需要一個穩定的政體、長久存在的憲法和悠久的文學歷史，斯洛伐克欠缺這些穩定條件。當一個新國家誕生時，它若沒有輝煌歷史作為奠基，就只能藉由欺壓其他族群來尋找自我，尤其是那些曾經控制過它的外來民族。這種現象很常見。」

二〇一〇年又掀起另一場幼稚鬥爭，當匈牙利給予所有居住在國外的匈牙利人公民資格，斯洛伐克將此舉視為一種暗傷，旋即將雙重國籍非法化。這兩個歐盟國家至今仍在比幼稚，看誰才是最大的屁孩。

---

2 http://news.bbc.co.uk/go/pr/fr/-/2/hi/europe/8248097.stm

斯洛伐克的反匈情結有部分來自報復心態，共產時代的匈牙利也曾禁止國內使用斯洛伐克語和德語，更早之前甚至試圖同化斯洛伐克人。因此對他們而言，現在是該報復的時間了。況且還有少數偏激的匈牙利人認為斯洛伐克是他們的下屬，他們拒絕稱它為Szlovákia，堅持用它被匈牙利王國統治時的名字：Felvidék（匈牙利上區）。

這些極端分子確實認為斯洛伐克的一切都是虛構的，拉茲羅．馬瑞奇（László Marácz）說捷克斯洛伐克是個「完全人造的產物」[3]，一位匈牙利女士在信中說「貝奈斯法令的唯一用意就在消滅斯洛伐克這個人造新國家中的匈牙利人和德國人」，另一位不願具名的匈牙利人也這樣寫：「斯洛伐克文是個人造語言，因為這個國家以前從未存在過，所以他們必須為它編造一個新語言。在匈牙利的偉大建築和文化薰陶之下，他們的族群意識在十九世紀開始抬頭，初始的族名是托特（Tót）。據我所知，『斯洛伐克』這個字眼是到一九二〇年之後才出現。」

試想你是個斯洛伐克人，聽到匈牙利人說你的國家和語言都是「編造的」，連國名都是錯的（老兄，你不是斯洛伐克人，你是托特人！）。經過此番侮辱，你可能也會支持像斯洛塔這種超民族主義者，畢竟他曾承諾，如果匈牙利人敢再試圖用匈牙利語教斯洛伐克人唸主禱文，他就派坦克去「輾平布達佩斯」。

匈牙利和斯洛伐克應該效仿捷克和德國，為過去的錯誤發布聯合道歉聲明。然而匈牙利總統在二〇〇九年不但沒有說「是我的錯」，反而試圖在斯洛伐克展示聖史蒂芬的雕像。這實在不是和解的好方式，斯洛伐克的回應是拒絕讓他踏入國門——這引起歐盟的關切，因為歐盟公民應當可以自由穿越各國邊界。道歉需要勇氣和幽默感，不能太嚴肅看待自己。匈牙利和斯洛伐克還沒進展到那個地步。

> 一個人如果太嚴肅看待自己，就可能會顯得荒謬；若能隨時自我解嘲，就不怕落人笑柄。——前捷克總統哈維爾

兩國的未來

這齣匈牙利和斯洛伐克的鬧劇終將以喜劇收場，因為事實並沒有那麼糟。一般的斯洛伐克民眾（或是住在斯洛伐克的匈牙利人）通常不會提起這些事，我是因為去過斯洛伐克兩次，在旅程最後才知道這些，若不是因為我喜歡問一些挑戰性的問題，我根本也不會察覺到任何緊張關係。例如我的排球隊友也是斯洛伐克人，而他多年來從未提過他們跟匈牙利有何衝突。蘇桑娜・謝德列科瓦（Zuzana Sedlackova）在電郵中做了一個完美的總結：

3 László Marácz, *Hungarian Revival: Political Reflections on Central Europe* (The Hague: Mikes International), p. 63.

政客為了提升個人知名度，總會製造戲劇效果，把它說的像是全世界最糟的國際關係。現實就是如此，人們喜歡戲劇性，寧願看恐怖刺激的壞新聞，也不要看無聊的好新聞。

我不覺得兩國關係有任何戲劇性，相反的，一般人其實並不在乎，也能相安無事過好自己的生活。看看斯洛伐克的歷史，我們可曾攻擊過別人？假設新聞報導是可信的，只有一名匈牙利女孩在斯洛伐克遭受過攻擊，而且光是這樣就鬧出國際風波了。

當然每個國家（包括斯洛伐克或匈牙利）都有些精神錯亂的「超民族主義者」，但這種人在德國或英國可能更多，然而卻沒有人因此小題大作。

現在他們開始爭論匈牙利語是否應被定為斯洛伐克的一個官方語言，這些政客又有新話題和遊戲可以玩了！我相信人們在官方場合應當說斯洛伐克語，但我不覺得匈牙利人應被禁止說自己的語言，只要對方也會說匈牙利語，有何不可？就像當有人走進我們的辦公室，用英語跟我們交談——如果你會講英語，當然就用他的語言來溝通，對彼此都方便。既然斯洛伐克屬於歐盟，我們的官方文件也應被翻譯成所有歐盟語言。重點是，如果你是正宗的斯洛伐克人，在自己國家就不需要替自己的語言擔憂。

我深信這只是個政治把戲，他們只會玩些卑鄙的小遊戲，不在專業層面上溝通。不幸的是，我們自己用選票把這些人送進政府，所以我們（包括斯洛伐克人和匈牙利人）是始作俑者。

簡言之，匈牙利人和斯洛伐克人每天都在和平共存，他們會遇到的問題也沒有比世界其他地方更多。臉書甚至還有個名叫「斯洛伐克加上匈牙利等於和平、愛與同理心」的社團，會員人數超過一萬六千，遠勝於所有反斯洛伐克和反匈牙利的臉書社團的總人數。二〇一〇年，斯洛塔的激進政黨輸掉了國會原有的一半席次，斯洛伐克人用選票拒絕了他的粗暴戰略。總之，戲劇效果是少數幾名政客和他們的追隨者製造的，因為他們覺得瞎起鬨比做正經事有趣。

斯洛伐克能教我們什麼

- **去外面玩：**斯洛伐克人熱愛戶外活動，懂得充分利用那些壯麗的高山和國家公園。學他們出去散個步，去附近慢跑、划船、滑雪、爬山或騎自行車，即使景觀不像斯洛伐克那麼漂亮。
- **改善你的環境：**二〇二〇年，耶魯大學的環境績效指數將斯洛伐克列為東歐環保意識最高的國家。學習他們減少能源消耗，盡量重複使用物品，做好資源回收。減低你的生活對環境的衝擊，多開環保車（或是不開車），節約能源和廢棄物，購買當地食品和生態產品。

談過這麼多關於匈牙利的議題之後，我們的下一站很自然就是它。跟斯洛伐克比起來，匈牙利的地形既平坦又無趣，但它以豐富的歷史、語言與文化充分補償了自然景觀的不足。希望我已經激起你對匈牙利的興趣。

第十章

匈牙利——特里亞農條約的悲歌

匈牙利小資料

位置：內陸國家，周遭有斯洛伐克、羅馬尼亞、塞爾維亞、奧地利等多個國家。

面積：約9.3萬平方公里（台灣的2.6倍）

人口：約970萬（台灣的0.42倍）

首都：布達佩斯

主要族群：匈牙利人

人均國內生產毛額：18,075美元（2021年資料）

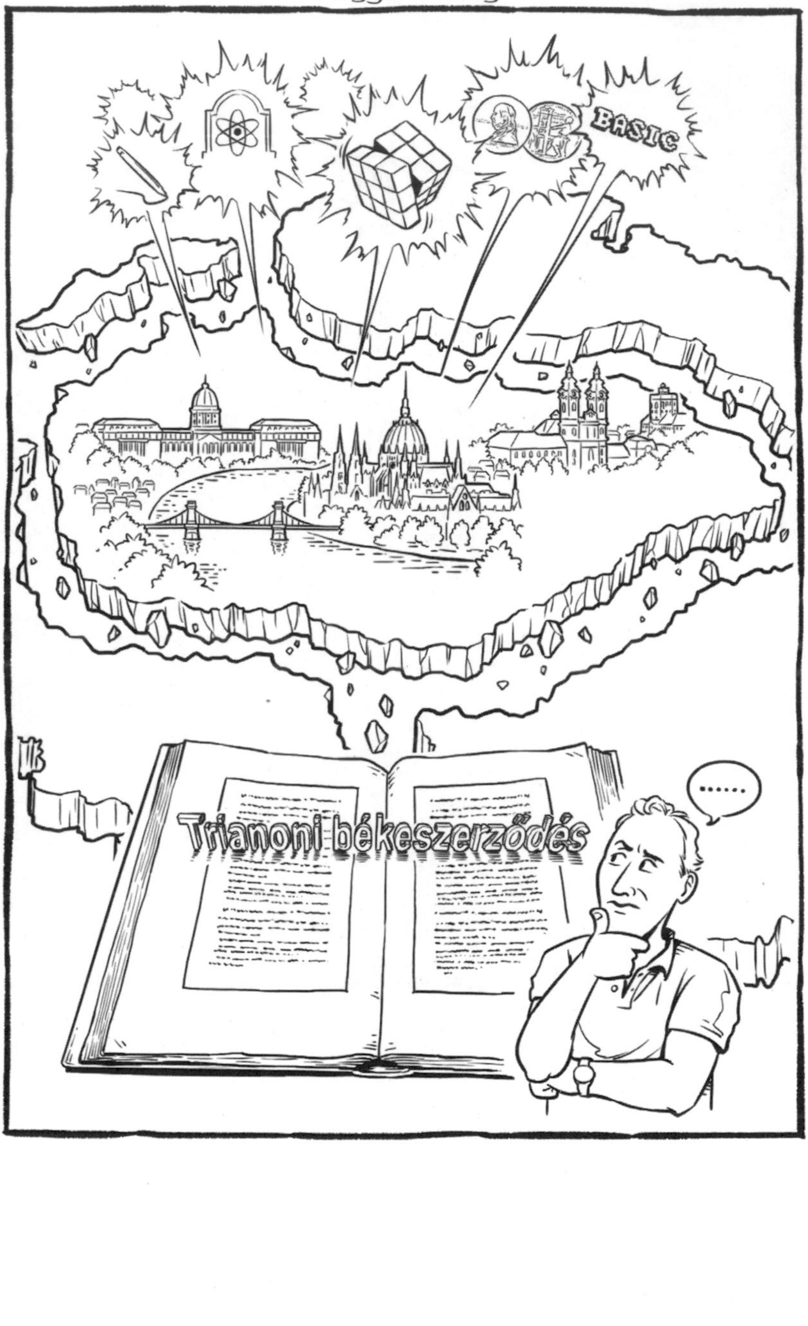
BASIC
Trianoni békeszerződés
......

匈牙利有一段廣為流傳的YouTube影片，一部美國遊戲節目的參賽者被問到「布達佩斯是歐洲哪個國家的首都」，當一名五年級學生說出正確答案，旁邊的金髮傻妞故作驚訝地說：「飢餓？那是個國家？我聽過火雞[1]，但從未聽過飢餓。」

匈牙利人（以及許多歐洲人）都喜歡舉此例子嘲諷美國人的無知，但他們忽視了幾個要點。首先，有些人不知道那個金髮呆瓜是美國偶像歌手凱莉・皮克勒（Kellie Pickler），她總是愛強調自己只是個來自北卡的鄉巴佬，也不怕承認自己不是場上最精明的人。第二，該節目的名稱是《你是否比五年級學生聰明》，目的就是在證明某些五年級學生特別聰明。持平而論，匈牙利有多少五年級學生或大人知道「拉巴斯是哪個國家首都？」

多數匈牙利人不會知道答案，即使玻利維亞的人口跟匈牙利一樣多（一千萬），面積還大它十倍。永珍是哪個國家首都？提示：那個國家面積是匈牙利的兩倍。答案是寮國。換個位置比較近的，基希訥烏（Chişinău）是哪個歐洲國家的首都？它距離匈牙利不到一千公里，大約半天車程，答案是摩爾多瓦。匈牙利人或其他歐洲人可能會說：「好吧，我確實不知道這些地方，但它們都是知名度不高的小國。」完全正確，匈牙利也是如此。如果在歐洲以外隨便找個人指出匈牙利在地圖上的位置，他們也可能會指到窮苦的衣索比亞。

1 譯者注：英文雙關語，匈牙利（Hungary）發音跟飢餓（hungry）很像，土耳其和火雞都是Turkey。

美國人的知識雖然淺薄得尷尬，但歐洲人也沒好到哪裡。回答這個問題：地球繞太陽一圈要花多少時間？根據一項歐盟民調，將近五分之一的英國人會回答「一個月」，至於愛爾蘭、西班牙、丹麥和奧地利等國家更有超過兩成同意那些英國天才，看來這些愛因斯坦都以為地球一年會繞太陽十二圈。可惜美國人沒做這項問卷調查，不過我敢打賭美國人的智商跟奧地利人一樣低，為什麼？假設奧地利人和德國人的頭腦是相似的（全世界都同意這個事實，除了他們自己以外），根據另一項調查，美國人有百分之七十九知道地球是繞著太陽運行，而德國人只有百分之七十四知道，英國人只有百分之六十七，其餘的人不是相信太陽繞著地球轉就是什麼都不知道。別怪宗教，沒有任何宗教會教人太陽是繞著地球轉。面對事實吧，無知不是美國人專屬的特質。

我也曾經對匈牙利一無所知，直到大學排球校隊的隊友史蒂夫．羅傑斯（Steve Rodgers）向我介紹他的新女友：來自匈牙利的蘇莎（Zsuzsa）。她是一位膚色淺白、頭髮烏黑的瘦削女孩。如同多數我在接下來二十年認識的匈牙利人，她喜愛討論哲理，對任何議題都能發表長篇大論的想法。我們每一場球賽她都到場加油，連客場比賽也不例外，我相當確信若不是她的死忠支持，我們絕不可能會贏得安默斯特學院（Amherst College）史上唯一的排球冠軍。為了答謝蘇莎對校隊的支持，史蒂夫娶了她，生下三名子女。他宣稱那不是自己決定與她共組家庭的唯一理由，但男人都是這樣說話。

買一送一的城市

蘇莎鼓勵我去參觀布達佩斯，於是我大學畢業後就去了。當時匈牙利才剛褪下共產大衣三年，布達佩斯是歐洲最新潮流的探險之地，《孤獨星球》甚至將它列為東歐第一必訪的地方，比布拉格還熱門。我剛抵達時首先學到的就是布達佩斯其實有兩個城市：布達和佩斯。

布達給人的感覺比佩斯高檔，它有雄偉的城堡山、豪華的住宅和富麗的建築，曾是王室貴族的據點，山上曾經有一座古老的壁壘。如今遊客多半來此欣賞多瑙河上井然有序的橋梁、國會大廈屋頂的尖塔，以及佩斯的都會燈火。佩斯雖然不如布達高貴，它卻是多數市民的活動區域，若要從布達前往佩斯，你可以從中古世紀的鵝卵石步道走下山，跨越東歐最美麗的鎖鍊橋（Széchenyi Lánchíd），搭乘歐洲第二古老的地鐵，走過安德拉什大道（Andrássy út），早晚各拜訪一次英雄廣場（Hősök tere）——你會感覺自己彷彿身處巴黎。

我最喜愛的布達佩斯景點是塞切尼溫泉浴場（Széchenyi Fürdő）。建於一九〇八年，它是歐洲最大的水療浴場，由全球最龐大的地下溫泉系統供水。泡在桑拿和浴池裡的感覺就像貴族，享受戶外水池的最佳時間是在飄雪的冬夜，在溫熱的泉水中放鬆筋骨，欣賞周圍的古典雕像和建築，感覺好像在凡爾賽宮的溫泉裡泡澡。

幽浮存在的證據

如果幽浮的信徒懂得拿匈牙利文來證明地球有外星訪客，他們的說服力就會強很多了。當你在歐洲旅遊，便不難察覺許多語言之間的關聯，它們通常可以被歸為這幾類：斯拉夫語系、日耳曼語系、斯堪地那維亞語系、波羅的海語系或義大利（羅曼）語系。你可以明顯看出德文和荷蘭文、法文和義大利文、西班牙文和葡萄牙文、波蘭文和俄文之間的關係，這些印歐語言顯然都是來自一個共同來源，隨著歷史逐漸演化成今日我們所知的語言。它們都是相關的，除了匈牙利文以外。

匈牙利文不像來自歐洲，它有一種獨特的火星風味。以下是一些常用字詞：igen（是）、nem（不是）、kérem（請）、köszönöm（謝謝）、elnézést（抱歉）、a nevem...（我的名字是……）、hol van（在哪裡）、mennyi（多少錢）、szeretlek（我愛你）。我的火星理論的唯一漏洞是匈牙利人顯然從口語式英文偷了「再見」：szia聽起來很像see ya。令人費解的是他們也會用szia打招呼。

此外還有更多匈牙利文來自火星的證據，例如匈牙利文是太陽系中少數會「凝集」的語言，意思是它經常把一堆字根黏在一起創造新字。比方說，英文的unwholesomeness就是將un-whole-some-ness黏在一起。英文有時會凝集，但匈牙利人的強力膠似乎永遠都用不完，一位火星人曾向我解釋：「匈牙利文不是基於單字，而是字根。基本字根不到一百個，後來擴增到六百至八百個，經由排列組合或修辭調整，就形成整個匈牙利詞彙了。它的美妙之處在於你不必背誦每個單字，只須要了解字根，自然就能了解更多單字，即使是你從未聽過的字。」

一位精通多國語言的美國人曾告訴我說匈牙利文極端難以捉摸，「對外國人而言實在有夠困難，我當初是用一本工具書自學，它用的就是以字根為基礎的系統，我曾試圖跳脫它的框架，用自己的語言邏輯來解讀它，但很快就發現這沒用。」經過多年努力，他已經能說出流利的匈牙利語。舉一些「凝集法」的實際例子：你可以在mond（說話）這個字根前後黏各種字根，造出legelmondhatatlanabbul（極度難以言喻）這樣的字，以此類推造出更多繞口令，例如elmondhatatlanabbul、kimondhatatlanabb、legelmondhatatlanabb、legeslegelmondhatatlanabb，它們都跟「難以言喻」或「不堪入耳」有相當程度的關聯。

匈牙利文的代名詞更是超凡脫俗。比方說，多數歐洲語言中的「你」都各有一種正式和非正式說法，匈牙利文有四種，你可以根據場合選擇想表達的尊敬程度，不過非正式的用語（tegeződés）已逐漸成為主流。他們或許有四種第二人稱，但他們的第三人稱卻沒有任何區別，無論男女都只有ő一個字。有些匈牙利人說這有助於編造善意謊言，這或許也可解釋他們的高離婚率。

還有更多怪現象可以證明匈牙利文的火星來源，例如它的字母不但會在母音上面加重音，另外還有九個二合字母（cs、dz、ly、ny、ty、zs、gy、sz）和一個三合字母（dzs），這些都是獨立的字母，就像ll在西班牙文的字典裡有它專屬的章節。匈牙利文有十八種格位，比任何歐洲語言都多。他們的姓名是顛倒的，例如卡爾．馬克思是Marx Károly，馬丁．路德是Luther Márton，而我則是Tapon Francis。匈牙利人甚至會用特殊人稱區分家人之間的長幼順序，例如姐姐是nővér，妹妹是húg——別把它跟húgy（尿液）搞混了。

你可能會覺得我把匈牙利文比喻成火星文會冒犯到他們，這是對的，匈牙利人確實會感到被冒犯，因為火星還不夠怪！他們會希望你說它是來自八點六光年遠處的天狼星系。言歸正傳，匈牙利人很樂意能在歐洲的心臟地帶坐擁如此殊榮，他們很高興能混淆眾人，可以在其他國家大聲交談而不怕被偷聽，他們就是喜愛窩在歐洲中央的這個詭異的語言孤島。正如一位匈牙利人所言：「雖然每種語言都有不同程度的邏輯，匈牙利文卻與眾不同，像是來自另一個星球。」的確如此，他們的語言來源至今仍是個謎。

雖然語言學家沒有把匈牙利文歸類於火星文家族，他們提出的論點也沒有多強。傳統理論是匈牙利文來自芬蘭—烏戈爾語族，這表示芬蘭文和愛沙尼亞文跟它有共同來源，問題是愛沙尼亞人和匈牙利人並不覺得他們的語言有何共同處，就像英語系和德語系國家的人也看不出他們的語言有何關聯（即使理論上是有）。有些語言學家認為匈牙利文是從土耳其文進化來的，但這麼說很牽強。還有些吸了大麻的語言學家（但還沒狂到支持我的火星理論）宣稱它是源自蘇美語[2]，由於那是五千年前美索不達米亞平原（現今伊拉克）的蘇美人使用的語言，匈牙利文跟它的關係就像蜘蛛絲一樣薄弱。那些堅信此理論的人自認為很酷，可以藉此聲稱匈牙利文是人類遠古文明的直系後代，然而端視你對「相關」所下的定義，你也可以「證明」匈牙利語和蘇美語都跟美國的黑人俚語有相關性。

怪異的語言連結

學界對匈牙利文來源的論據是如此薄弱，我的火星理論似乎也開始有些可信度，幸好現實世界中還有一絲線索可以探討：漢特人（Khanty）和曼西人（Mansi）這兩支原住民族群講的語言跟匈牙利語有一種令人不寒而慄的神似。奇怪的是他們居住的地理位置是在遙遠的西伯利亞西部。

是啊，我也沒料到會在那邊找到他們。通常語言有密切關聯的族群都是鄰居，雖然漢特人和曼西人是在同個區域生活，他們的匈牙利兄弟卻遠在五千公里之外，那就像亞利桑納州有個鮮為人知的語言，然後有人又在阿拉斯加找到它的姐妹；奇怪的是，北美原住民中的阿

---

2 Alfréd Tóth, *Etymological Dictionary of Hungarian* (The Hague: Mikes International, 2007), p. 788.

薩巴斯卡語系（Athabaskan）確實就是如此。顯然這會衍生的問題是：這種事怎麼會發生？

幽浮在此就有角色了。很久以前，一群會講匈牙利語的外星人把自己的DNA跟西伯利亞的原住民混合，用他們的飛碟把其中一部分人載到芬蘭和匈牙利。瞧！謎題解決啦！

話說回來，或許那些吸了大麻的語言學家的提議更好。假設有些蘇美人遷出美索不達米亞，在斯基泰（現今哈薩克）遊走了一段時間，最後他們的後代終於在烏拉山脈東邊的西伯利亞定居。定下來後，他們的語言就演化成類似漢特—曼西語的狀態（我們就稱之為原烏戈爾語）。許多年後，有些烏戈爾語系的族人厭倦了西伯利亞和哈薩克的生活，騎馬前往西北方的芬蘭和西南方的……匈牙利。

為什麼這些部落會兵分兩路？匈牙利人開玩笑說當他們的祖先離開東烏拉山脈時，他們看到一個路標寫著「前往文明之地」，不識字的那些人往西北走，成為芬蘭人，識字的人就跟隨它的方向往南走，成為匈牙利人（芬蘭人也有類似的笑話，只是角色互換）。

距離會扭曲一個語言，因此這麼遠距離的遷徙應該很難保存任何語言文化，然而哈薩克和匈牙利之間只有一個大山脈（喀爾巴阡山脈），所以這段旅程相對之下還算平坦簡易。這些遊民在穿越喀爾巴阡山的一個隘口之後，看到平坦的多瑙河盆地就彷彿見到天堂。或許它使他們憶起西哈薩克和西伯利亞的祖先故居：一望無際的平原，這是他們複製傳統生活模式的理想之地。當然他們也有可能只是遇到一群性感的單身女性。

雖然他們的遷移過程遠比翻越群峰輕鬆，這些遊民還是累積了不少里程，因此匈牙利文即使跟它的近親（漢特—曼西語）相比仍有許多獨特之處。若叫世界僅存的那數千名漢特—曼西人去看匈牙利的電視節目，他們也會看得霧煞煞。

這個統合理論解決了許多謎題，它可以解釋為何(1)蘇美語和匈牙利語有些微的關聯；(2)斯基泰人可能是匈牙利人的祖先之一；(3)現今烏拉山脈東邊會有人講類似匈牙利語的語言；(4)匈牙利文和芬蘭文／愛沙尼亞文有些相似處；(5)匈牙利人能在平坦的多瑙河盆地繁榮興盛；(6)當匈牙利人彼此交談時，我們都被蒙在鼓裡。

不過這個理論雖然很全面，它還是有兩個問題。第一，我們並不知道這些族群遷移發生的時間，或花了多長時間，有些匈牙利人宣稱他們的祖先在四千五百年前就來到歐洲，多數非匈牙利的史學家卻說主要遷移的發生時間比那晚很多。第二，我不是語言專家，所以別把我的個人拙見視為真理。事實上，若有任何人自稱知道匈牙利人和他們語言的確切來源，其論點都應當存疑。外面有許多瘋狂的理論，我的推論（這並不是我自創的）只不過是結合了一些可信度最高的說法，然而它可能比我原本的火星理論還離譜。

更多支持匈牙利人是火星人的證據

你相信這個宇宙充滿智慧生物嗎？若是如此，物理學家恩里科・費米（Enrico Fermi）

會要求你解釋一個悖論：為何沒有這些生物存在的證據？匈牙利物理學家利奧・西拉德（Leo Szilard）可以輕易答覆費米悖論：「外星人早已存在於人類世界中，他們只不過是自稱為匈牙利人。」

這個笑話很好笑，直到你發覺它是多麼真實。二十世紀前期有許多天賦異稟的匈牙利人移民到美國，他們陸續發明了原子筆、全像攝影、BASIC程式語言和人造血。來自匈牙利的報業巨擘約瑟夫・普立茲（Joseph Pulitzer）以他的名字設立了美國媒體界的最高榮譽獎。其他匈牙利人也在好萊塢的萌芽時期扮演關鍵角色，比方說，當匈牙利政府在一九一九年將電影業收歸國有，麥可・柯蒂斯（Michael Curtiz）就轉往好萊塢發展，執導超過一百部電影，包括《北非諜影》和《勝利之歌》，另一位匈牙利人阿道夫・祖克爾（Adolph Zukor）則創立了派拉蒙製片公司。魔術師哈利・胡迪尼（Harry Houdini）以逃出各種難關出名，厄爾諾・魯比克（Ernő Rubik）則發明了一道經典的難關，就是以他命名的魔術方塊。安迪・葛洛夫（Andrew Grove）參與了英特爾公司的創建，喬治・索羅斯（George Soros）運用理財妙計成為億萬富翁。索羅斯曾說過：「我（索羅斯）在成為生意人之前也只是個普通人」，我想他應該再補充一句，「我在成為人類之前曾經是火星人」。

雖然這些對人類文明的貢獻都很偉大，匈牙利人真正展現火星人基因的領域是在核子物理學。他們發明了核反應爐，而且他們參與原子彈發展過程的人數是如此之多，義大利裔的費米在一場會議結束時還說：「各位先生別客氣，直接講匈牙利語吧。」一位德國的諾貝爾獎得主曾懷疑在眾多領域皆有卓越貢獻的約翰・馮・諾伊曼（John von Neumann）是不是超高等物種的存在證明，相似的，艾西莫夫（Issac Asimov）也觀察到地球上有兩種智慧生物：人類和匈牙利人。當沒有人能解釋一個語言怪異的小國為何能製造出那麼多高智商超人，之前的那個火星笑話已不再是個純笑話，而許多匈牙利的奇葩人物也樂意支持此理論。事實上，物理學家喬治・馬克思（György Marx）寫過一本書，副標題是「塑造二十世紀西方世界史的匈牙利科學家」，而它的主標題更是發人深省：A Marslakók Érkezése，意思就是「火星人的降臨」。

即使你不相信火星假說，眾人對匈牙利人的起源地仍很難找到共識。早期理論是認為匈牙利人來自阿提拉（Attila the Hun）的匈人帝國，這可以解釋「匈」這個字的由來。這至少比說他們是因為肚子餓了（hungry）就給自己取名來得合理。

不過當今多數史學家都相信「匈牙利」不是源自匈人，而是土耳其人對他們的稱呼：Onogur（意思是十支部落或箭）。話說回來這也沒什麼意義，因為匈牙利人給自己的稱呼是馬扎爾人（Magyar），國名則是Magyarország，跟「匈牙利」毫無關聯。這個名字是來自西元八九五年由阿爾帕德（Árpád）大公領軍進入匈牙利的馬扎爾部落聯盟，阿爾帕德等同於匈牙利的拿破崙，他的軍團曾經橫掃歐洲。

不幸的是，有少數匈牙利人不喜歡這個關於遷徙的故事，因為人們總是希望自己是天然純種，有些人就是相信百分之一百的純英國、法國或匈牙利人比混血人種優秀。再加上許多歐洲人會把移民視為次等公民，所以你最好還是宣稱自己的祖宗八代「一直都是住在」你現在住的地方。正因如此，少數匈牙利人仍然排斥他們是在八九五年出現在匈牙利的說法，他們寧可爭論自己已經在那邊待了四萬年。

就基因學而言，事實就是我們每個人都是混種移民。世界上沒有所謂的「純種」，因為我們的基因都是無止境攪和而成的雞尾酒；相同的，沒有人是真正的「原住民」，因為我們的祖先都是從非洲移民出來的。這些針對匈牙利人來源的激辯或許可以這樣解讀：任何一個理論都可能有一絲真實性，匈牙利人的DNA早已融合了塞爾特人、羅馬人、匈人、土耳其人、蘇美人、斯基泰人、阿瓦爾人、烏戈爾人、斯拉夫人、奧地利人、德國人的各種基因，甚至包括你的哈利大叔。雖然這不是一些匈牙利人渴望獲得的明確答案，但它最接近事實。歷經時代變遷，匈牙利曾經占領過別人，也被占領過，它拓展了自己的DNA，也讓別人將DNA注入自己的基因庫，他們的語言自然跟著被推擠拉扯，這也可以解釋它的獨特性。

匈牙利人和他們的語言就像一棵樹，原本生長在亞洲，後來被移植到歐洲。世代傳承之後，這棵樹的子孫已經為了適應新環境而做出調整，所以它跟當初在亞洲的根源已無共同點，而它也沒有吸收太多歐洲的特質，因此匈牙利文化不論是對它的亞洲祖先或歐洲鄰居而言都顯得很陌生。我的朋友咪咪．華勒斯（Mimi Wallace）回憶自己在一九六七和二〇〇〇年兩次拜訪匈牙利的經驗時說：「那種感覺有點像時光逆流，那些人具有很深的內涵，但他們似乎永遠都屬於另一個世界。」

在布達佩斯與老同學重聚

臉書真是奇妙，它可以讓你跟當年完全不熟識的老同學重新聯繫，然而經過多年之後，你們在線上可能聊得比學生時代還投機！我跟亞力士．庫里（Alex Kuli）就是這樣結為好友，他在大學比我高一屆，我們透過臉書重新認識後，他邀請我去他在布達佩斯的公寓住幾天。那是在我跟史蒂夫重聚的五年之後，亞力士也讓我見識到匈牙利的另一面，我當時才知道他的性格是如此直率，幾乎可說是粗魯；他絕對無法從事外交工作。他充滿清新的喜感，因為他的人生只有一條簡單法則：不要胡扯。

當我問及他的家庭背景，他答說：「我的老爸在一九四五年二月出生於匈牙利的桑波特哈（Szombathely），他跟著家人逃到德國，主因是美軍都駐守在那裡。大戰結束後，我的祖母帶著我爸回到東匈牙利的故鄉邁澤恰特（Mezőcsát），我的祖父則繼續躲在德國，因為他發現俄羅斯人想要處決他。」

「他們幾時移民到美國？」我問。

「我的祖母和父親在匈牙利待到一九四七年，直到一位警察朋友強烈建議她逃出去。她宣稱自己當時帶著我爸從邁澤恰特徒步走到紐倫堡，跟我的祖父重聚。我的祖母有時說話比較誇張，不過我相信她應該走了不少路。他們全家人在大約一九五二年搬到美國。」

亞力士在一九六九年出生於紐約水牛城，然後在比利時長大。雖然我們當時不知情，但我們兩人恰巧是在同年（一九九二年）初訪匈牙利。他大學畢業後就定居在布達佩斯，擔任過新聞記者和政治分析家，因此對這個國有深入的了解。他說：「我會留在匈牙利，基本上是意外導致。」

我問：「你打算在這兒待多久？」

亞力士回答：「下一班火車是什麼時候？」

亞力士的俏皮話印證了他對匈牙利人的第一個描述：「他們是個極度悲觀的民族，總是在抱怨某件事，如果沒抱怨就不爽。」

一項全球性的蓋洛普民調支持這點：匈牙利是歐洲最鬱悶的國家，而且遠比別人嚴重。當匈牙利人在二〇一〇年被問「你昨天有無被憂鬱所苦？」高達三成的受訪者以肯定作為答覆，這顯示他們比阿富汗人還鬱悶。

另一方面，當他們被問「你昨天有沒有經歷過愛？」回答「有」的比例更高達驚人的百分之八十八，榮登全世界第四名（白俄羅斯則是倒數第五名，只有百分之三十九）。蘇莎曾告訴我「匈牙利人都給孩子愛的教育」，我當時不以為意，畢竟每個國家的人都可以這樣說自己，然而從這項調查看來，匈牙利的水中似乎摻了強力愛情靈藥。所以匈牙利人心中充滿愛……同時卻也很鬱悶。這種矛盾該如何解釋？顯然愛會使人憂鬱。

當我詢問克莉絲汀對自己國家有何不滿之處，她的回答跟亞力士很像：「你最好有心理準備，因為我要開始大發牢騷了。是的，就像任何匈牙利人，我喜歡抱怨，當然我也可以抱怨匈牙利人怎麼都那麼愛抱怨。」

「所以匈牙利的生活跟美國有何不同？」我問。

「美國人常說匈牙利人在街上都看起來很鬱悶或冷淡。這點沒錯，但我認為那主要是來自我們對外界採取的不同態度，我們只想對自己關心的人表現情緒，多數時候我們都不在乎外界對自己的看法。有人曾經說『在美國，所有人都很快樂，大家都盡力強顏歡笑，每個月去看一次心理醫師。』所以如果在這裡的大眾交通工具上看到一個面無表情的匈牙利人，那並不表示他的人生是黑白的，而如果有個外國人到處笑臉迎人，我們很可能也會覺得奇怪。」

匈牙利人對很多事情都怨聲載道、愁眉苦臉，不過他們最愛靠夭的對象是政治和經濟。當然每個國家都是如此，但匈牙利人真的把它提升到另一個境界。亞力士曾經問隔桌的女同事覺得美國人能從匈牙利學到什麼，她的回答是：「嗯……我不知道，食物吧，還有貪汙。」

我們稍後會討論匈牙利美食，但在此讓我們先看看他們到底有多貪汙，我們將會檢視皮尤研究中心和蓋洛普的訪查結果。根據二〇〇九年的一份調查，匈牙利人曾將貪汙、犯罪和汙染列為國內最大的三個問題，他們「一面倒」不滿意國家的民主政治效能，有四分之三認為政治貪汙是主要問題所在。跟歐洲其他國家相比，他們對民主政治效能的滿意度最低，然而他們並非不相信民主，相反的，民調顯示他們對民主理想和政府機構的支持度比其他東歐國家都高，問題是現實與理想不符。研究者留下這句結語：「即使在東歐這樣充斥著幻滅的地區，匈牙利人依然脫穎而出。」

當匈牙利人對他們的貪汙政客不感到憂鬱時，他們就把矛頭轉向經濟。在二〇〇九年，只有百分之三的匈牙利人認為景氣是好的，全世界只有黎巴嫩和辛巴威比他們更悲觀。而且不到半數的人對於資本主義轉型抱持肯定態度，遠低於一九九一年高達八成的支持率。百分之七十二的匈牙利人認為他們的經濟比共產時代還糟，這個令人喪氣的數字遙遙領先其他東歐國家；除了匈牙利之外，只有烏克蘭和保加利亞有超過半數的人有類似看法。「這一切都是鬼扯，」亞力士說，「你只須要看看一九八九年的新聞紀錄片，即使是那些滿腹牢騷的人也會發覺當年情況有多糟。重點是那些認為情況沒改善或變差的人大多是哭爸族，雖然我無法提出科學證據。你可以送他們一公斤的黃金，他們照樣有辦法把那視為侮辱，把所有問題都牽拖給羅馬尼亞人、猶太人或吉普賽人。」

另外，蓋洛普曾在二〇一〇年對一百五十一個國家進行此問卷調查：「你是否對媒體的品質和專業有信心？」美國人雖然以天真和好騙出名，他們的分數卻出奇的低：只有三成的受訪者對媒體有信心，比多數歐洲國家都低，除了愛沙尼亞（百分之二十七）、希臘（百分之十六）和匈牙利（百分之十四）之外。匈牙利人的憤世嫉俗真是舉世無雙。

我向亞力士轉述一位匈牙利人說過的話：「整體而言，匈牙利表現得還不錯，但它的人民可說是成事不足敗事有餘。」

他回答：「這是一種很典型的怨言，匈牙利這個國家跟它的人民毫不相干，所以就算經濟指標看起來不錯，他們還是覺得一切都很爛。」

匈牙利人對歐盟的態度也很負面。例如在二〇一〇年，每五個匈牙利人中只有一人認為加入歐盟對匈牙利有利，有百分之七十一的許多人認為加入歐盟反而傷害匈牙利的經濟，這種負面觀念有一部分是基於事實，但也有部分是把相關性誤認為因果關係，因為匈牙利加入歐盟才過幾年，全世界就經歷了經濟大衰退。如同地球上多數國家，匈牙利的經濟在那段時期也連帶受害，無論當時它是否屬於歐盟，勢必都會面臨相同的命運（瑞士和挪威並不是歐盟會員國，但它們在全球金融危機中也難逃劫數）。不幸的是，匈牙利人愚昧的認定這兩件事有因果關係，誤以為歐盟造就了他們的經濟困境。一位匈牙利人曾告訴我：「匈牙利自從加入歐盟就無法主導自己的命運。」

「胡說八道，」亞力士說，「當初匈牙利人自己投票表決加入歐盟，他們隨時也都可以表決退出。有些人還說因為歐盟的法律限制，你必須修一年的超市管理學位才能在乳酪專櫃工作。真是一派胡言。」

最後，你以為匈牙利人只對經濟感到不滿，他們連自己的人生也不放過。在二〇〇九年，只有百分之十五的匈牙利人給自己的人生七分以上的分數（滿分十分），一九九一年的情況更糟，只有百分之八的人對自己人生有那麼高的評分。最年長的那一輩脾氣最暴躁，在一九九一年，六十五歲以上的年齡層只有百分之七對人生有高度滿意，這個族群到了二〇〇九年依然停留在百分之九。相較之下，其他東歐國家在這段期間都有顯著進步。匈牙利的狀況真的有那麼糟嗎？難道這只是因為匈牙利人特別機歪？匈牙利喜劇演員蓋佐・赫菲（Géza Hofi）就曾說過一句話：「匈牙利平均一人就有兩人很機歪。」

此外，這負面的氛圍也會影響到遊客，亞力士想起他有一次在電梯裡遇到一位希臘觀光客，她是來匈牙利拜訪朋友，但當時已迫不及待想回家。當亞力士問她原因時，她用濃厚的腔調回答：「我不喜歡匈牙利，我要享受美好人生！」

諷刺的是，匈牙利人雖然比多數國家都更強烈排斥東歐的標籤，他們的行為卻如此符合東歐人在世人心目中的負面形象：鬱悶、暴躁、貪汙，又偏好共產經濟。克莉絲汀說匈牙利應該被定義為「一個亟欲被視為中歐國家的東歐國家」，匈牙利人是如此負面，他們已經懶得爭論杯子是半空或是半滿，因為他們根本不相信杯子的存在！

由此可以提出三點疑問：匈牙利人真的像那些民調顯示的那麼悲觀嗎？假若真是如此，他們的國家精神深處究竟隱藏著哪些怨念，導致他們有如此偏激的想法？匈牙利真的如同他們說的那麼糟嗎？

讓我們逐一破解這些問題。首先，民調不會說謊，匈牙利國內確實充斥著高度的負面情緒，但同時也別忘記：那些民調並沒有說所有匈牙利人都很消極，沒有任何一項調查顯示全國人都是同個鼻孔出氣，它們只是指出匈牙利人跟歐洲或世界其他國家比起來有較為悲觀的趨勢。我自己蒐集的軼事證據亦與此相符，我認識的匈牙利人確實都傾向於對周遭事物採取高度批判姿態，而且往往不需要我暗示就會說自己的同胞也都一樣消極。蘇莎告訴我：「你對我們的國家精神的觀察很正確，我們不是一個樂觀的民族。」

這究竟是為什麼？匈牙利的集體意識到底出了什麼問題？答案並不單純，也不是那麼顯而易見。若想獲得全盤的解釋，我們必須檢視匈牙利長達千年的歷史，走遍匈牙利全國，與當地人深度交流。讓我們現在就開始這麼做，好讓我們在本章節最後得到一個滿意的答案。我們也將在過程中得知匈牙利人的生活是否真的如同他們所說的那麼爛。

匈牙利的美好年代

中古世紀是歐洲的黑暗時期，經過古希臘和羅馬文明的大幅進展後，歐洲人反而走了回頭路。這一千年之間發生了毀滅性的黑死病，貪汙腐敗的教會扼殺了一切自由思想，再加上殘酷的農奴制度、頻繁的戰事、毫無美感的藝術，沒有任何民主政治，科學方面幾乎沒有進展，甚至也沒有《哈比人》中的酷炫巫師。

雖然中古世紀有這麼多缺點，當時匈牙利卻是歐洲校園中的老大哥，歐洲的門面可說是靠他們撐起來的。他們的黃金時期起始於這個超好記的生日：西元一〇〇〇年十二月二十五日，國王史蒂芬一世成為匈牙利王國的首任統治者，當時他們的版圖遠比今日遼闊，比法國還大，而且是歐洲人口第三多的國家。

為了了解匈牙利是如何變得那麼大，我們得記住，當時許多族群之間的界線是由地理屏障（例如海、河、山脈）形成。現代世界的交通使我們對這些地形變化已渾然不覺，但它們在一千年前是很難突破的障礙物，部落通常會在平地擴張，直到他們遇到一個自然屏障，愛好探險或叛逆的人們則會想辦法跨越障礙，在彼端建立新部落。隨著時間演進，他們的語言和文化會往不同方向進化，原本的親戚可能會成為對手，經過世代交替，部落之間的差異就像隔山相鄰的奧地利人和義大利人一樣大。

匈牙利坐落在巨大的喀爾巴阡盆地上，這塊平原的範圍遠超過今日匈牙利的國界，涵蓋斯洛伐克、羅馬尼亞、塞爾維亞、克羅埃西亞和斯洛維尼亞，當年整個盆地都是匈牙利人的地盤，因為一千年前他們並不是隨便找個地方落腳後就心滿意足地說：「好了各位，我們已經走夠遠了，前面的土地就留給其他部落吧。」他們必定會持續擴展疆域，直到碰壁（例如某片山脈），而他們確實就是如此。他們在平原上蓬勃發展，盡其所能地鑽入所有岩石縫隙，包括喀爾巴阡山脈的西邊山坡，在南方則以氣勢磅礴的多瑙河和周邊高山與斯拉夫民族為界。匈牙利裔的法國戰爭英雄伊夫・達魯瓦爾（Yves de Daruvar）曾說：「從中歐的地形圖即可一眼看出古匈牙利王國一統天下的盛況。」[3]

為了讓我了解匈牙利的中古世紀歷史，蘇莎向我介紹了她的朋友亞諾斯・莫納爾（János Molnár）。他是一位分子生物學家兼電機工程師，曾在匈牙利度過人生前二十三年歲月，但也在阿爾及利亞、巴西和夏威夷等國待過，對匈牙利的歷史非常熱中，尤其是關於中古時代。亞諾斯說：「從一千一百年前的阿爾帕德到九百五十年前的聖史蒂芬國王，那段時間發生的事代表匈牙利人的一切，所有受過教育的匈牙利人都知道我們的國格和道德宗旨都是聖史蒂芬建立的。如果竄改他在人民心中的記憶，就等同改變了整個國家的基本精神。」

亞諾斯的說詞或許有點過度戲劇化，但有一件事說得沒錯，匈牙利人確實比多數歐洲人懷念中古世紀。當我請亞諾斯描述世人可以從匈牙利人這邊學到什麼時，他立刻提到他們的

---

3 Yves de Daruvar, *The Tragic Fate of Hungary: A Country Carved up Alive at Trianon* (Nemzetor and Alpha Publications, Second Edition, 1970), p. 17.

黃金時代，「匈牙利人對世界的貢獻很多，他們出生自匈牙利的傳統文化，生活在匈牙利的土壤上，創立了匈牙利的信仰基礎：宗教自由、自由人權、擁有多重國籍的自由，以及透過民意代表立法，也就是現代民主政治的基礎。現代世人最珍惜的價值——自由與民主都是出自於匈牙利文化。」

我後來問亞力士：「他說的正確嗎？」

他回答：「當然，我們也發明了水、A片和芝多司。」

如果你讀過夠多史書，就會發現許多國家的人都聲稱他們創造了亞諾斯提到的那些發明。事實上，自由民主和資本主義的觀念跟人類的歷史一樣悠久，民主政治起始於一群原始人投票要獵捕長毛象或鹿，資本主義起源於一個原始人拿兩支石錘換一隻死獅子（另一人則想拿一支石錘去換），自由和寬容起源於一位族長對族人說的話：「我不在乎你是誰，你做什麼，或是你信什麼神。只要別在我的山洞裡大便就好，也不要用一隻兔子支付每月稅金。」

儘管如此，亞諾斯的誇大說詞仍具有一些真實性：匈牙利王國的社會確實比中古世紀的其他鄰居自由，在那個缺乏容忍的時代，匈牙利卻是異常的寬容。

文藝復興帶來噩耗

文藝復興可說是歐洲最亮眼的時代，人們的思想逐漸開放，言論自由受到包容，科學有重大進展，瘟疫減少，藝術爆發，君主政體放鬆了它的鐐銬，幾名水手發現了新大陸。然而對匈牙利人而言，文藝復興是他們緩慢衰退的開始，自從十五世紀，龐大的帝國開始衰弱，土耳其軍隊在一五四一年如刀鋒般插入匈牙利，刺穿它的心臟（布達佩斯），將王國拆成三個碎片。土耳其將在接下來的一百五十年統治大部分的匈牙利。

土耳其的連勝氣勢在一六八三年終止於維也納的城門外，為匈牙利帶來一絲希望。由奧地利人率領的多國聯軍擊潰了土耳其人，匈牙利人也藉著這些勝利開始狐假虎威。薩拉貝里侯爵查爾斯・馬利（Charles-Marie, Marquis de Salaberry）曾在一七九九年經由匈牙利行軍至伊斯坦堡，他發現匈牙利人很容易辨認，因為他們「對自己國家有極高的優越感，對他們而言，它是人類史上第一個國家。」此話從一位法國人的口中說出來真是格外諷刺，他的結論是「如果你在某個地方聽到男女老幼都這樣說話，那些人肯定是匈牙利人。」[4]

匈牙利人的高傲隨著時間逐漸淡去，他們的自我感覺變得有點像伊拉克戰爭之後的伊拉克人：當一位獨裁者垮台的狂喜消退之後，人們就開始對新的占領者感到厭倦。在協助匈牙利贏回自由後，奧地利也因為逗留過久而逐漸不受歡迎。到了一八四八年，匈牙利人終於發

4 Charles-Marie, marquis de Salaberry d'Irumberry, *Voyage à Constantinople, en Italie, et aux îles de l'Archipel, par l'Allemagne et la Hongrie* (Paris : Imprimerie de Crapelet, 1799) pp. 65-66, 69.

起革命要求獨立，這場革命雖未成功，它播下的種子仍在二十年後的奧匈折衷方案開花結果，這個雙元君主政體可說是歷史上最怪異的一對伴侶。

或許更怪的一對是奧地利和德國，它們在許多方面是如此相似，然而過去一千年來卻幾乎沒有結合過，大家都認為這對天作之合應該結婚，它們整天卻像屁孩般鬥嘴。德奧在十八世紀中期差點步上紅毯，結果卻決定自相殘殺。數世紀以來，奧地利一直都有機會跟一個語言相同、文化相似的完美伴侶結合，結果它做了什麼？它反而跟語言和文化迥異的匈牙利結盟。這就像美國選擇與墨西哥統一，而非加拿大。奧地利就像一位叛逆的淑女，不願意跟隔壁的富家子弟結婚，反而選擇了貧民窟的壞男孩。奧匈的婚姻只維持了五十一年，以地緣政治的觀點而言，這等同於莎莎．嘉寶的一段婚姻。

直到跟一個人離婚，才能徹底了解他。——莎莎．嘉寶，九度再婚的匈牙利女演員

奧匈帝國非常巨大，如果它今天還存在，它會有七千萬名國民（相對的，現今奧地利和匈牙利的人口加起來只有一千八百萬）。然而這是個語言破碎的帝國，只有百分之二十四的人願意說德語，百分之二十願意說匈牙利語，剩餘族群則分散在其他十種官方語言中。這個脆弱的聯盟無法抑制逐漸攀升的民族主義，最後終於在帝國境內的波士尼亞與赫塞哥維納地

區（以下簡稱波赫）爆發，一名塞爾維亞人刺殺了奧地利的斐迪南大公，掀起第一次世界大戰，這場戰爭也決定了匈牙利在二十世紀的悲慘命運。

一位名叫奧地利的連襟

匈牙利在奧匈帝國期間一度繁榮興盛，亞力士如此解讀那個時代：「當時歐洲所有人都以為匈牙利人只是一群具有某種詭異亞洲血統的愚昧農民。打從十九世紀中期，匈牙利人就開始打造一個可以與奧地利或法國平起平坐的社會，他們本著苦幹實幹的精神逐步建設，將克盧日（Kolozsvár）改造成一個主要學術中心，布達佩斯大多是在一九〇〇年左右蓋起來的，我自己的房子今年即將度過一百大壽。蒂米什瓦拉（Timişoara）是歐洲第一個擁有電力路燈的城市，布達佩斯擁有歐洲第二古老的地鐵系統。他們在短時間內完成了很多建設，而且都沒有靠外力。」

「其他人表現如何？」我問。

「帝國境內的其他愚昧農民，例如塞爾維亞人、克羅埃西亞人、羅馬尼亞人、保加利亞人、斯洛伐克人和捷克人都能拿出他們引以為傲的成就，但持平而論，我不認為他們的成績能跟匈牙利人從一八五〇到一九二〇年做到的那些事相提並論。」

有些匈牙利人在討論奧匈帝國時會使用雙重標準：對於這個合夥關係帶來的正面效益，

他們只會為自己邀功，卻將所有負面的事情都歸咎於奧地利，尤其是對於少數族群的壓迫以及介入一次大戰等議題。數百年來，奧地利一直都是匈牙利的老大哥，即使在這個雙元君主體制之下也不例外，這從來都不是個對等的合夥關係。克莉絲汀告訴我：「我們其實稱奧地利人為『連襟』，就某方面而言這滿中肯的，因為我們覺得他們對內政的干預程度並不會輸給一個連襟兄弟，而且當年想擺脫奧地利人就像擺脫連襟一樣困難。」

把一切都怪罪於奧地利是不對的，沒表揚奧地利對於匈牙利的發展所貢獻的功勞也是不對的。奧地利控制匈牙利的內政長達兩百三十五年，他們不像土耳其在那一百五十年間那麼強勢，但他們確實占上風。然而奧地利並非完全主宰匈牙利的命運，通常都是匈牙利自己選擇跟進的，他們大可以拒絕介入一次大戰，正如他們在一八四八年也曾抗拒過奧地利。亞諾斯告訴我說匈牙利人對一次大戰很反感，他說得沒錯。戰前許多人都說：『如果德國人輸，我們就跟著輸。但如果德國人贏了，我們就慘了。』最後匈牙利決定為團隊而戰，與奧地利共進退。它將為這個錯誤付出慘痛代價，曾經顯赫一時的帝國即將化為幻影。

匈牙利的轉捩點：特里亞農條約

如果你還沒摸熟一個你可能從未聽過的條約，就不太可能理解匈牙利的國族精神為何如此負面。拉茲羅・馬瑞奇曾在書中將此條約描述為「千年之罪」和「近代史上最殘暴的和平協約之一」。[5]亞諾斯告訴我說：「它是二十世紀最不人道的國際政治迫害。」蘇莎也說：「它確實是歐洲現代史上最悲哀的章節之一，極度缺乏正義，數百萬人至今仍持續受害。」伊夫．達魯瓦爾曾寫道：「特里亞農條約（Treaty of Trianon）可能是史上最殘酷的條約之一。」[6]天啊，聽起來真悲慘，這到底是怎麼回事？

大特里亞農宮（Grand Trianon）是位於法國凡爾賽的一座美麗巴洛克式宮殿，然而對匈牙利人來說，它是萬惡的淵藪。一九二〇年六月四日，匈牙利被迫在此簽訂一紙將其大卸五塊的條約。大筆一揮，匈牙利便失去百分之七十二的領域，進而失去：(1)百分之六十四的境內居民；(2)前十大城市中的五個城市；(3)它的入海通道；(4)三分之二的金融機構；(5)超過百分之八十四的木材和鐵礦；(6)所有珍貴的金屬礦場。這真是匈牙利的大凶之日。

那些資源跑去哪了？多數都被捷克斯洛伐克、羅馬尼亞和南斯拉夫瓜分，剩餘的少數則分給奧地利、波蘭和義大利。由於失去將近四分之三的領土，匈牙利的總人口在一夕之間從兩千一百萬驟減至七百六十萬。更重要的是，原本的匈牙利人有大約三分之一不只是從錯誤

5 László Marácz, *Hungarian Revival: Political Reflections on Central Europe* (The Hague: Mikes International), p. 15 and 54.

6 Yves de Daruvar, *The Tragic Fate of Hungary: A Country Carved-up Alive at Trianon* (Nemzetor and Alpha Publications, Second Edition, 1970), p. 109.

的那邊起床，他們還發現自己在另一個國家。

超過四十萬名匈牙利難民從他們的新國家逃回縮水的祖國。亞諾斯在信中敘述：「這就是特里亞農之後的情況，許多原本住在那些流失區域的匈牙利人都被強制驅逐出境，有些人（例如我的曾祖父母）較為幸運，有些則不是那麼幸運，軍隊會把火車停在沼澤邊，射殺成千上萬的難民，包括老弱婦孺。我的曾祖父母家境相當富裕，在斯洛伐克還擁有一片大農地，結果財產全被沒收。他們必須在三十分鐘內收拾行李、向親友道別，最後只能帶走一些食物和衣服。」

為了讓我的加州頭腦方便理解匈牙利遭受的屈辱，蘇莎向我解釋：「假設今天加州突然變成墨西哥的一部分，墨西哥政府禁止你們使用英語，將說英語的人強制遷移到全墨西哥語的區域進行同化，用洪水淹沒各大城鎮，關閉英語學校，拘禁任何敢在公眾場合說英語的人。這就是數百萬名匈牙利人在特里亞農之後經歷的苦難。」

馬瑞奇在《匈牙利的復甦》（*Hungarian Revival*）這本書中指出特里亞農的悲劇傷害了所有人：「對匈牙利人而言，特里亞農是巨大的創傷，因為它導致他們的國家顏面盡失，國土四分五裂。對其他人而言，特里亞農在無形之中也成為一種精神病症，因為他們長期活在恐懼中，深怕匈牙利人有朝一日會團結起來為民族自決抗爭……」[7]

新的國界切斷了工業和交通鏈結，貿易市場瞬間縮至戰前的百分之五，不斷湧入的難民使已受重挫的經濟更加緊繃。此條約將匈牙利的軍力削弱至三萬五千人，他們根本無力維護法律秩序。達魯瓦爾如此描述匈牙利遭受的宰割：「今日匈牙利雖仍保有它的低地，但周圍山脈和外西凡尼亞（Transylvania）高地的天然防線被強行切割，它就像個斷手斷腳的畸形軀幹，而自從那次凶殘的支解極刑之後，那些與匈牙利千年之軀分離的四肢也落入痛苦的深淵。」[8]

難道特里亞農的與會人士都誤吸了大麻？這確實有可能，不過造就此悲劇的其中一個因素是一次大戰後的和平條約都是用來處罰戰敗國（亦即德國、奧匈、保加利亞和土耳其帝國）。懲罰方式都是奪去它們的部分領土，向它們索取昂貴的戰後賠償，其背後的觀念就是：整垮這些國家，讓它們無從企圖再掀起另一場世界大戰（嘿，當時這似乎是個好主意啊）。因此德國在一次大戰之後失去百分之十三的領土，保加利亞失去百分之十，可是為何匈牙利會失去百分之七十二？亞力士毫無避諱地指出這極度不公正的一點：「一次大戰不像二次大戰那麼善惡分明，雙方都只是為己身利益而戰，特里亞農條約不僅可說是嚴刑峻罰，

7 László Marácz, *Hungarian Revival: Political Reflections on Central Europe* (The Hague: Mikes International), p. 4.

8 Yves de Daruvar, *The Tragic Fate of Hungary: A Country Carved-up Alive at Trianon* (Nemzetor and Alpha Publications, Second Edition, 1970), p. 18.

它簡直是喪盡天良。包括德國在內，沒有任何國家失去像匈牙利那麼高比例的國土。」

然而特里亞農條約的目的並非單純是為了懲罰匈牙利，同盟國還必須履行一項承諾。當初英國和法國被打得落花流水時，轉而哀求羅馬尼亞加入他們的陣線，並端出部分匈牙利領土作為甜頭。結果羅馬尼亞賠上了百分之九的總人口（七十四萬八千條生命），陣亡率僅次於塞爾維亞（百分之十六）和土耳其帝國（百分之十四）；相對之下，奧匈帝國只損失了百分之三的總人口。由於羅馬尼亞做出的犧牲，再加上盟軍自知理虧，沒有在戰爭期間提出及時的支援，致使他們在戰後倍感壓力。

同盟國曾允諾將蒂薩河（Tisza）以東的全部土地分配給羅馬尼亞（至今該河流域仍大多位於匈牙利境內），但這是不切實際的，於是他們試圖妥協。當同盟國還在草擬特里亞農條約時，羅馬尼亞便派軍挾持布達佩斯，強烈展示不願被敲竹槓的決心，直到同盟國保證會給他們外西凡尼亞才讓步。那雖然比原本承諾的少，但對匈牙利還是很傷：外西凡尼亞是兩百萬名匈牙利人的家鄉，而且他們的祖先在一千多年前就定居在那裡。在羅馬尼亞的統治下，這些匈牙利人就被貶為次等公民，長年飽受虐待。

亞力士提到另一點：「無庸置疑的，同盟國確實答應要把外西凡尼亞和東匈牙利分給羅馬尼亞，但他們有必要把它的南北兩半拱手讓給塞爾維亞和斯洛伐克嗎？而且他們到底是哪根筋不對，怎麼會把布爾根蘭（Burgenland）分給奧地利，那是一個曾與德國結盟的敵對陣營。」

這些大贈送背後的理論是同盟國想試圖達成美國總統威爾遜提出的十四點和平原則，其中一點就是戰後國界應根據族群重新劃分。當時匈牙利境內有許多斯拉夫人，所以他們理應瓜分一部分匈牙利大餅；布爾根蘭有許多奧地利人，所以給奧地利也是合理的。問題是有三百四十萬名匈牙利人被棄置在新國界之外，由此看來特里亞農和約並未確實遵循威爾遜的民族自決原則。

最後一個因素是共產黨構成的威脅。在一次大戰後的混亂中，一位名叫貝洛．庫恩（Béla Kun）的共產主義者控制了匈牙利，法國人視他為該區的重大威脅，因此庫恩的崛起給了同盟國另一個下重手的理由：整垮匈牙利，就能擊潰共產黨。亞諾斯告訴我：「若不是共產黨的走狗庫恩（他顯然不能代表匈牙利國民），特里亞農條約根本毫無把我們大卸五塊的正當理由。」

亞力士對此評論：「我不確定亞諾斯為何想否認庫恩的國籍，也許這是因為他是猶太人，或因為他是列寧的盟友。庫恩是道地的匈牙利人，他在一次大戰為國從軍，不幸被俄羅斯人俘虜，遭到共產主義洗腦。他在戰後之所以能奪權是因為全部的政治領袖都落跑了，就像每一位共產主義者，他的表現只能說是荒腔走板。事實上，由於庫恩沒有包皮，這更是為可笑的『猶太—布爾什維克』陰謀論加分。」

亞諾斯的解釋是：「我的意思是他不代表匈牙利的傳統價值觀，他是共產主義者，其理念跟匈牙利的歷史文化大相逕庭。即使他會說匈牙利語又如何？很多人都會說多種語言。他的口音也不太標準，聽起來不像他的母語。身為一國元首或平民在意義上有很大不同。」

克莉絲汀說：「我不喜歡有些人自命清高，以為只有自己有資格當匈牙利人，凡是跟他意見不合的人都是共產黨、猶太人或是全民公敵。這世界上有好的匈牙利人、英勇的匈牙利人和偉大的匈牙利人，也有些匈牙利人會做壞事、犯罪或濫用權力造成民生疾苦。大家都是在同一條船上，如果社會有所謂的『集體責任』，我們都應該接受這點。我國的偉大詩人米克斯・拉德諾蒂（Miklós Radnóti）曾在淒美的愛國詩歌《我無法預知》中寫道：『如同其他人，我們都有罪，都很清楚那些罪行發生的時間與原因』。」

亞力士說：「大約二十年前，我曾對於一些美國黑人聲稱大法官克拉倫斯・托馬斯（Clarence Thomas）不是『真黑人』的說法感到很可笑。匈牙利直到現在都還有此現象，只要他們不贊同某人的意見，就試圖否認他是匈牙利人的事實。庫恩是個白癡，他的政策簡直是災難，不管它們是多麼的短命。但我很確定的是無論你怎麼解讀，他依然是個匈牙利人。」

後來一位海軍中將終於推翻了庫恩，但已經太遲，特里亞農條約的制訂者已經決定了匈牙利的命令，這位中將在一九二〇年六月除了簽約也無能為力。在接下來的二十四年，匈牙利變成一個沒有國王的王國，一個沒有海岸線的國家，領導者則是一位沒有艦隊的海軍將領。

為何現在還吵這些？

特里亞農的創傷使匈牙利無地自容，但我無法理解為何現在都過了快一個世紀，還有那麼多匈牙利人在熱烈討論它，感覺這件事似乎昨天才剛發生。匈牙利人承認他們對此已走火入魔，有個臉書社團叫做「你知道你是匈牙利人……」裡面有這段敘述：「當任何外國人稍微提到外西凡尼亞，你就會花二十分鐘不斷抱怨特里亞農條約。」那並不準確，他們可以抱怨到六十分鐘之久。

在聽過幾次又臭又長的怒罵後，我盡可能避免向人提到歷史，然而匈牙利人還是不斷提到特里亞農。例如我曾經問一位名叫卡曼（Kálmán）的匈牙利人對於波士尼亞的旅遊有何建議，他就說：「波士尼亞人不喜歡匈牙利人，因為我們曾統治過他們，但那是在特里亞農之前。」當我告訴蘇莎我將在一個月後去羅馬尼亞，她的反應也是：「是啊，羅馬尼亞的多數地區都曾經屬於匈牙利。」

這很奇怪，多數歐洲人或許會討論二次大戰，但他們對一次大戰的熱情就像對美國文化一樣興致短缺。如同往常，我們必須問為何匈牙利人就是不同？許多國家的版圖在戰後都縮過水，雖然匈牙利被砍得很誇張，這個議題在將近一個世紀後還能炒得這麼熱也是非比尋常。

匈牙利人每隔五分鐘就提起這道百年舊聞的一個原因，是它在他們眼中仍然很新鮮。他們在共產時代沒有被教到這段歷史，蘇莎說：「學校教科書大概只花了一行字交代匈牙利國土大量縮減的原因，我們什麼都不知道，長大後才發覺自己學到的是個謊言。」

我曾在美麗的匈牙利城鎮塞格德（Szeged）寄宿於杜恩妮．托斯（Gyöngyi Tóth）的家裡，這位衝浪主很特別，因為她在我暫居的那兩天從未提及特里亞農。我後來問她原因，她說：「我通常不會跟外國人談論那些事，那比較像是匈牙利人之間的話題。」

由於杜恩妮是出生於一九八六年，我問她有沒有聽父母講過共產黨如何隱瞞歷史真相，她回答：「我的父母說學校幾乎完全沒提到特里亞農，就算在家裡也不常談論這個，它有點像是個沉痛的史實，一個有趣的文化現象，至今還影響著匈牙利人。自從一九八九年政權轉換後，它的相關書籍愈來愈多。我的祖父母說人民在特里亞農之後就暗中相互警惕，要大家記取教訓，勿忘特里亞農的悲劇。」匈牙利曾流行一段諺語：Csonka Magyarország nem ország, egész Magyarország mennyország，意思是「被攔腰截斷的匈牙利不是個國家，大匈牙利才是天堂。」

根據大英百科，共產政府「在二次大戰後的三十年之間禁止人們提起此問題」。因此經過那麼多年的耳語相傳之後，特里亞農的議題在一九八九年之後終於爆炸，而匈牙利人到現在都還無法閉嘴。

雖然這樣無休止的討論特里亞農也有其正面效應，但這種全國瀰漫的偏執對匈牙利的靈魂已造成傷害，他們的低迷自尊和消極面相有極大部分是源自於此。試想你的國家若遭到同等程度的剝削，你也會到處感到負面的氛圍，然而當匈牙利人自己談到像特里亞農這種議題時，就會衍生出一些迷思。這些迷思誇大了特里亞農的創傷，使匈牙利人民陷入不必要的憂鬱。所以如果你在一場雞尾酒派對被一位滿腹牢騷的匈牙利人纏住，你最好事先準備幾個可以戳破迷思的論據。

特里亞農與大匈牙利的十八道迷思

我希望我們能對特里亞農不予理會，但它在匈牙利人的集體意識上扮演如此重大的角色，我們必須充分了解它，才有機會理解他們的心思。它能清楚解釋匈牙利為何是全歐洲最苦悶的國家，更重要的是，特里亞農也是取決匈牙利能否拋棄歷史重擔的關鍵。唯有當匈牙利人破除自己的迷思，他們的國家才能重返榮耀。

其中一些迷思有廣泛的信徒，有些則只有少數（但舉足輕重）的追隨者。雖然我大多是在引述自己朋友的話，你無論在咖啡店或網路都會聽到許多匈牙利人闡述類似的觀點。打從內心深處，多數匈牙利人其實自知某些事情只是傳言，但他們依然只告訴你（或是欺騙自己）一半的故事，好讓謠言持續散播。正如許多神話或迷思，它們都有一小部分屬實。讓我們逐一分析這十八道迷思，將事實與虛構之間做個明確的區分。

迷思一：大匈牙利地區在過去一千年基本上都是由匈牙利控制。假設近代的匈牙利只是奧地利的傀儡（這也是匈牙利人常用來辯護自己為何會介入一次大戰以及欺壓境內少數族群的理由），那麼他們在過去五百年對大匈牙利並沒有實質的控制權。亞諾斯印證了這點，他告訴我：「匈牙利自從一五四一年開始就被別人占領，過去五百年都活在異族人的統治下，跟韃靼人、土耳其人和哈布斯堡王朝的恐怖統治相比，現今的困境只不過是蒼蠅叮咬罷了。匈牙利人這五百年來對於夾縫中求生存已經駕輕就熟。」

既然匈牙利自從五百年前就不再實際掌控那些土地，這樣要宣稱那是「他們」的地盤是很牽強的。假如波蘭、立陶宛和土耳其都因為數百年前曾經統治大片歐洲土地就宣稱那些地區應屬於「他們的」，匈牙利人也不會認同。

迷思二：中古世紀的匈牙利跟現今的匈牙利有密切相關。如果你看到十二世紀或十五世紀的歐洲政治版圖，你可能會很想說服自己相信匈牙利王國曾是個統一的大帝國，但事實上中古世紀的王國並非如此運作。比方說，他們沒有共通語言：匈牙利的貴族會說拉丁語或某一種日耳曼語言，農民則只會說匈牙利、斯拉夫或羅馬尼亞的任何一種方言。你可以把中古世紀的匈牙利想像成今日的歐盟：一個混雜各種語言和文化的鬆散聯盟，具有高度的地方分權，但有共同貨幣。如果現今的匈牙利是美國，那麼中古匈牙利就是歐盟。此譬喻可以套用於多數中古世紀的王國，舉義大利為例，當時他們全國唯一通用的字可能只有「披薩」。

由於沒有共通語言，就很難形成政治或國家層面的統一，那些王國只是一些封地的組合，人們的凝聚力僅限於他們所居住的村莊和其莊主，「王國」對他們毫無約束力。直到十九世紀的科技使各國得以將自己的語言標準化，開啟大眾傳播，國家意識的觀念才開始抬頭。當今的國家主義者很喜歡將遠古時代和現代直接串連起來，但這種關係其實遠比多數人想像中薄弱。

匈牙利人抗拒這個事實，因為它更加弱化了他們對大匈牙利的主控權：既然匈牙利在過去五百年都沒控制那塊區域，而且在那之前的世界跟今日迥異，並無實質的國家結構，他們還有什麼資格去爭取特里亞農條約中的領土？

迷思三：特里亞農是個史無前例的條約。如前所述，匈牙利人很愛為特里亞農異常殘酷的懲處手段嚎啕大哭。蘇莎曾反問我：「德國、義大利或日本有失去三分之二的國土嗎？德國確實失去了部分領域，但跟匈牙利還是相去甚遠。」

有史以來，任何國家敗戰後的標準程序就是把部分領土割讓給勝方，如果你不願意這麼做，那就不要放下武器，有種就該持續奮戰至死方休。然而人們打到最後都會寧可用土地換取性命，這是戰爭的基本法則。在古老的帝國時代，拿走敵人三分之二的領土已經算是相當客氣，當凱撒、亞歷山大大帝或美國總統門羅征服你的國家時，他們可是把你完全吞併，你只會淪為一個龐大帝國下的一個小州。這是個殘酷的問題，但匈牙利人應該捫心自問：他們為何不感激同盟國沒有吞併他們的整個國家？

匈牙利人應該跟波蘭人聊聊他們十八世紀的歷史。我們先前提過，波蘭曾歷經三個階段的支解，最後完全消失。他們也可以跟全世界每個曾經被附近帝國吞噬的國家談談，或是跟墨西哥聊一下，它也曾在一八四八年被美國奪去百分五十五的領土。「但那些時代不同啊！」匈牙利人哭喊。真的嗎？

一次大戰之後，匈牙利失去百分之七十二的國土和百分之六十三的國民，只有它這麼慘嗎？奧地利在同時也失去百分之七十三的領土和百分之七十八的人口，土耳其帝國則分別失去百分之六十二和百分之四十。匈牙利人經常表現得好像他們是戰後唯一大幅縮水的國家，但這是毫無根據的。當然他們會立刻反駁說奧地利和土耳其失去的土地是侵占而來的，匈牙利失去的是真正屬於自己的土地，不是「侵占而來的」。我們稍後會再分析這點，但首先請記住，奧地利和土耳其統治那些地區也有好幾百年了，一塊地到底要占領多久才算是「自己的」？假如美國突然被北美洲的原住民奪去百分之七十三的領土，匈牙利人是不是也會說那跟他們的損失相比微不足道？或許有些人會說：「那本來就不算美國真正的土地，因為你們只占領了原住民的土地幾百年而已。」

亞力士指出一個相關的爭議，「特里亞農條約是否不合法？今日或許可以這麼說，但我不確定一九二一年的國際法有那麼高的效力。國際聯盟還在雛型階段，一些國際法律條文確實存在，但它們的權限都很弱，沒有人會予以正視。」

最後，如果還有人相信這種壓榨戰敗國的殘暴手段只是古早時代的習俗，你應該去問問前蘇聯的十四個共和國。愛沙尼亞、拉脫維亞、立陶宛和其他國家在二次大戰後都被蘇聯一口吞下，失去了百分之百的國土。雖然其中一些國家的歷史不如匈牙利悠久，把特里亞農稱為「史無前例」或「無獨有偶的殘忍」也未免過於浮誇。這不表示特里亞農是公正的，但它絕非史上最惡劣的條約。

迷思四：奧地利在一次大戰之後並沒有失去多少領土。蘇莎告訴我：「匈牙利確實對於參戰與否沒有選擇權，因為它是在奧地利的控制之下。就結果而論，奧地利並沒有損失多少。」亞諾斯也同意，「真正的元凶逃走了，奧地利在戰後甚至獲得了更多領土，即使它才是始作俑者！」

亞力士不以為然地回應：「什麼？首先，一次大戰之前根本沒有奧地利這個國家，那些只能算是哈布斯堡王室的屬地，範圍可從列支敦斯登延伸至今日的烏克蘭。丟掉那麼多領土還不算數？」

多數匈牙利人也不認為奧地利獲得的新國土比失去的更多，但他們很怨恨奧地利分到了原本屬於匈牙利的布爾根蘭。然而特里亞農的法令並不是那麼荒唐，布爾根蘭的人口有百分之七十五是奧地利人，只有百分之九是匈牙利人，若根據威爾遜提倡的戰後民族自決理念，把布爾根蘭分給奧地利並非毫無道理。

簡言之，奧地利獲得更多領土的迷思只是事實的一半。是的，它從匈牙利身上拿到了布爾根蘭，但整體而言它失去的土地跟匈牙利一樣多。聖日耳曼昂萊條約（Treaty of Saint-Germain-en-Laye）將百分之七十三的奧地利領土分給了捷克斯洛伐克、義大利、波蘭、羅馬尼亞和南斯拉夫。

迷思五：匈牙利在特里亞農之後失去了三分之二的人民。沒錯，他們失去了三分之二的總人口，但這些人裡面有超過半數不屬於匈牙利民族，多數都是斯拉夫人或羅馬尼亞人，他們並不以匈牙利人自居，也不想留下來。事實是有三分之一的匈牙利族人發現自己被棄置在國外，三分之一還是很多，但這個數字仍然比人們經常引用又易誤導人的「三分之二」少一半。

迷思六：特里亞農傷害了大家，不只是匈牙利人。當少數匈牙利人發覺你已厭倦他們的自我中心觀點，就會搬出這套論證，大意就是：「問題不光是在於我們！特里亞農搞砸了所有人！」例如亞諾斯就曾告訴我說這個條約是「對整個中歐的重大罪行」。

如果特里亞農對非匈牙利人真的那麼不利，他們為何沒有把它反轉？他們肯定會獲得匈牙利人的支持。假如羅馬尼亞的生活在匈牙利統治下真的那麼好，羅馬尼亞人為何沒有找當地的匈牙利裔居民一起撤銷特里亞農條約？如果那些非匈牙利人都那麼討厭現況，他們明天就可以重歸大匈牙利王國的懷抱。

冷酷的事實就在於此：匈牙利統治下的生活雖然在某些方面是較好，但其他方面卻更差。例如經濟狀況確實比較好，但當地人的自尊卻很低落。一位客觀的羅馬尼亞人可能會與今日的墨西哥人有類似觀點，假設你告訴一位墨西哥人：「你們如果成為美國的一部分，美國人將能更有效率地管理你們的經濟和政府，你們仍能享受現有的全部公民權利，保留自己的學校和語言，隨便你們怎麼要求，美國都願意配合。」那位墨西哥人將會如此回答：「先生，你說得對，但我寧可活在自己那機能不全的腐敗政府和昏庸無能的財政官僚之下，也不要活在非墨西哥的國旗之下。我的國家或許有很多問題，但那起碼是我自己的國家！」

羅馬尼亞人在獨立狀態下的生活品質或許很糟，但他們在過去一百年也會對匈牙利人說同樣的話：「感謝你們的好意，但我們不需要。」

迷思七：匈牙利失去了九成的資源。亞諾斯在信中提到：「一九二〇年的地圖顯示有大約四成的匈牙利族人與祖國斷絕聯繫，但它沒顯示匈牙利被剝削了將近九成的自然資源，這等於毀了所有區域的經濟和工業，特里亞農之後有六成的匈牙利人手上只剩下十分之一的資源！這對內陸的匈牙利人而言才是真正的悲劇。」

但事實不盡然。首先，被切斷聯繫的人數是百分之三十三，不是四成。再者，當你失去百分之七十二的領土，應該就會失去百分之七十二的資源（假設資源分配平均）。雖然匈牙利損失了百分之八十四的木材和鐵礦，以及全部的珍貴金屬礦場，但若以其他經濟指標來衡量，整體的損失其實不到百分之七十二。如同你所預期，這是因為匈牙利的精華資源都在中心地帶，因此它「只」失去了百分之十的工程和印刷業、百分之五十的十大城市、百分之五十五的產業工廠、百分之六十一的可耕地，以及百分之六十四的鐵路和硬面道路。雖然這些損失很慘重，但數字依然不成比例地偏向匈牙利，而且遠低於一些人宣稱的九成。總之，真正資源短缺的是特里亞農割讓給其他國家的那些土地，而不是匈牙利本身保留的領土

那個九成的數字是來自於我戲稱的「歇斯底里通膨」。某個匈牙利人率先大叫：「我們失去了百分之七十五的資源！」然後又有人呼應：「你知道我們失去了八成的資源嗎？」假以時日，經過日積月累的流言相傳，這個數字就達到了九成。幸好目前還沒有任何白癡宣稱他們失去百分之百的資源。

迷思八：特里亞農扼殺了匈牙利以及其他鄰國的經濟。亞諾斯斷言：「整個東歐的經濟發展與教育文化都倒退了一整個世紀。」雖然「一個世紀」是誇張說詞，亞諾斯說的沒錯，中歐確實在特里亞農之後受到傷害，但那是條約的錯嗎？

針對另一個相關議題，杜恩妮說特里亞農壓垮了國家經濟，「舉磨坊業為例，那在我的城鎮是個主要工業，穀物是來自北塞爾維亞的佛伊弗迪納（Vojvodina），一個重要的農業中心。當然現在那些磨坊早已廢棄，但那只是一小部分，特里亞農也是我們的鐵路系統為何如

此糟糕的主因，例如諾維薩德（Novi Sad）和塞格德僅相距一百多公里，搭火車卻要繞一大圈，車程很難少於五小時，跟從塞格德前往布達佩斯差不多。另外從同樣是在匈牙利南部的佩奇（Pécs）搭火車到塞格德也要繞去布達佩斯轉車，這真是荒謬。原因就是我們的基礎建設完全被毀。」

匈牙利不合邏輯又缺乏效率的鐵路鏈結並非完全是特里亞農的錯。去買一張從佛州飛往德州的機票就知道了，你可能要在芝加哥轉機。許多國家的鐵路系統也是以一個中心點往四周發散的方式設計，難免都要繞一圈，大眾運輸公司會這麼做是為了節省成本。特里亞農條約並沒有阻止匈牙利人在佩奇和塞格德之間蓋一條平坦的直達鐵路，但栽贓給它總是比較有趣。

杜恩妮說的對，諾維薩德和塞格德之間搭火車確實很耗時，至於這是不是特里亞農的錯？讓我們來瞧瞧。當匈牙利還是個大國的時候，交通建設是為整個帝國設計的。在特里亞農之後，這些鐵路與道路突然跑到別人的國家，半路突然多了一堆邊界檢查哨，過去暢行無阻的貿易因而大亂。一次大戰之後，貿易物流消失高達百分之九十五，但話說回來，經過戰火摧殘的國家經濟本來就會萎縮，戰爭會使一切陷入混亂，勢必需要時間才能重上軌道。

不過問題的重點是誰該為商貿的縮減負責：是條約的制定者？還是戰後主導中歐政權的那些排外政客？他們大可以宣示：「雖然現在多了這些國界，我們還是可以創立一個自由貿易區，讓商品像在奧匈帝國時期一樣輕易流通。」結果他們反而選擇閉關自守，保護本國產業。是這些國家的領導人作繭自縛，而不是條約的制定者。

國界不會摧毀經濟，列支敦斯登、瑞士和盧森堡這些小國都有自屬的邊界，但他們的人均財富都名列全球前十名。若他們的經濟像北韓一樣封閉，就不可能那麼有錢。

所以特里亞農的真正錯誤並不是劃定新國界，而是沒有要求這些新國家成立自由貿易區。這很可惜，因為威爾遜的十四點和平原則的第三點即如此陳述：「凡是同意維護和平之國家，都應盡其所能撤除經濟壁壘，建立平等貿易關係。」

儘管如此，將自由貿易區的缺乏完全怪罪於條約制定者也是不對的，沒有人阻止匈牙利、奧地利、羅馬尼亞和南斯拉夫的政客去互相合作，那些愚蠢的保護主義者應該為自己國家的經濟窘境負責，他們憑空幻想能夠自給自足，「保護自己人的工作」，結果只是損人不利己。如果他們當初鼓勵自由貿易和免護照旅行，經濟必能快速復甦至戰前的水平，塞格德和諾維薩德之間的鐵路交通將會像大匈牙利時代一樣迅速，唯一的障礙是不同地區之間必須轉換貨幣。舉美國為例，英美在獨立戰爭之後很快就恢復貿易活動，昔日宿敵依然維持商貿往來。匈牙利和它被迫棄養的孤兒們也能做一樣的事，卻沒有照做，這只能怪他們自己。

迷思九：匈牙利一向都善待它的少數族群。達魯瓦爾在他的著作《匈牙利的悲慘命運》中做此總結：「那些少數民族宣稱在古匈牙利王國之下受到迫害，其實只是一個神話。相反的，匈牙利人因為數世紀以來給予少數族群過多自由，反而為自己招來禍害。」[9]

匈牙利人善待少數族群的迷思或許有部分屬實，無論是哪個時代，匈牙利通常都比其他鄰國懂得如何應付少數族群。不過這只是相對而言，任何人都可以說自己比隔壁的暴君好。事實是匈牙利並非一向都善待自己的少數民族，而且他們在特里亞農之前的那五十年更是變本加厲。

馬瑞奇的立場通常都偏向匈牙利，但他也承認：「一八七〇年之後，雙元帝國之下的匈牙利開啟了野心的同化政策。」[10]比方說，匈牙利原本有所謂的國籍法，其用意是保障其他民族的語言，但他們的領導人對它視而不見，反而將匈牙利文定為行政和司法的唯一語言（類似今日匈牙利人經常抱怨的斯洛伐克語言法）。除了低層級的貿易或社交活動之外，所有人都必須使用匈牙利文。

我們首先來看學校教育，自從二十世紀起，匈牙利人就撤銷少數民族教會學校的自治權。多數小學都變成以匈牙利語授課，從一八八〇到一九一三年，匈牙利關閉一半的少數族

9 Yves de Daruvar, *The Tragic Fate of Hungary: A Country Carved-up Alive at Trianon* (Nemzetor and Alpha Publications, Second Edition, 1970), p. 31.

10 László Marácz, *Hungarian Revival: Political Reflections on Central Europe* (The Hague: Mikes International), p. 15.

群語言學校，將單獨講匈牙利語的學校數量加倍。到了一九一三年，國內只有一半人口是匈牙利族人，卻有八成的小學是匈牙利語學校，其餘的小學跟他們的對應族群不成比例。換言之，不到兩成的小學是以斯洛伐克語或塞爾維亞語授課，根本就供不應求。中學的情況更糟，全國的中等教育都被限制要以匈牙利語進行，因此大匈牙利地區有一半的人必須把自己的子女送到非母語學校，即使他們已經在那些地方定居了好幾個世代。

在特里亞農之前的那五十年間，只有財產在全國排名前百分之六的人有投票權。由於當時最富裕的人幾乎都是匈牙利人、日耳曼人或猶太人，這表示少數民族不可能有機會投票。雖然國內有眾多不同族群，少數民族在國會的三百八十六席中卻只占有六席。假設你是一位一九一〇年住在匈牙利的斯拉夫人，而你的斯拉夫鄰居都在隔空喊話：「老兄，何必聽從那些匈牙利人？你連投票權都沒有！加入我們吧！」換作是你會作何感想？

達魯瓦爾愚蠢地替匈牙利辯護：「如果匈牙利真的欺壓過它的少數族群，那些人老早就消失了。」想像土耳其人這麼說：「如果我們真的欺壓過匈牙利人，他們早就從地球表面消失了。」

由於它沒有給予少數民族希望擁有的自治權和尊重，匈牙利自己種下了特里亞農的惡果。飽受挫折的人民不但想要獨立，甚至還想報仇。我們也不能怪匈牙利人沒有認清這點，匈牙利人沒有花多少時間去學習那段不光彩的歷史，正如美國人也沒有花多少時間去研究祖先對原住民的暴行：人們都不希望記得自己的祖先曾經是惡霸。

迷思十：匈牙利人是外西凡尼亞的主要族群。匈牙利人相信這點，因為這樣他們就理所當然可以擁有外西凡尼亞，然而這個迷思自從數百年前就早已被破除。

不過別只聽我的片面之詞，讓我們來看看匈牙利自己做的人口普查。根據一八六九年的普查資料，外西凡尼亞的族群只有四分之一是匈牙利人，而且有六成是羅馬尼亞人。到了一九一〇年，匈牙利的同化政策使這個數字微幅成長到百分之三十一點七，羅馬尼亞人的比例則略減至百分之五十五。總之，自從一八六九年以後，匈牙利族人在外西凡尼亞所占的比例都是落在百分之二十至三十二的區間，而一八六九年之前也沒有客觀證據能顯示匈牙利人在該地區占多數。或許他們在五百年前曾經占有人數優勢，但那不僅很難證明，況且年代那麼久遠已無實質意義。

匈牙利人喜歡複述馬瑞奇的觀點：「特里亞農之後有超過三百萬名匈牙利人發現自己住在一個新國家裡，每二十個匈牙利族人中有七人落到某個異國政府的統治之下。」[11]那的確很不幸，問題是特里亞農之前的國界真的有比較好嗎？在大匈牙利時期，每二十個羅馬尼亞人中有將近七人認為自己被異國統治，而幾乎所有的斯洛伐克人都如此認定，這樣真的比較

11 László Marácz, *Hungarian Revival: Political Reflections on Central Europe* (The Hague: Mikes International), p. 62.

公正嗎？一位匈牙利人可能會說：「是的，保持原狀還是比較公正。」但一位羅馬尼亞人或斯洛伐克人可能會說：「不，匈牙利已經享受了一千年的優勢，現在輪到我們了，讓新的國界給我們接下來一千年的優勢。」

總而言之，根據匈牙利自己取得的數據（不是羅馬尼亞的政治宣傳），過去數百年來外西凡尼亞的主要族群一直都是羅馬尼亞人。根據這點，特里亞農裁定的土地分配方式似乎也不是那麼荒謬或無情。

迷思十一：外西凡尼亞的匈牙利人跟一般匈牙利人完全相同。羅馬尼亞中部確實有個區域具有高密度的匈牙利裔，這是個境外匈牙利人的典型例子。有趣的是其中一些人甚至不認為自己是匈牙利人，他們喜歡被稱為塞凱伊人（Székely）。

亞力士對此解釋：「塞凱伊人使用獨特的匈牙利方言，有自屬的獨特文化。事實上直到一次大戰之前，塞凱伊人通常都被歸類為一個獨立族群，他們有點像『原始匈牙利人』，這也是為何匈牙利人會將外西凡尼亞視為自己的文明搖籃。當今有許多被視為『匈牙利傳統』的藝術和編織品都是塞凱伊人留下的。」

匈牙利人很欣賞塞凱伊文化。蘇莎對他們讚不絕口，「我非常敬佩外西凡尼亞的匈牙利人，有時甚至自嘆弗如，因為他們的民族意識似乎是來自一個更深遠的地方。」亞諾斯說：「奇克（Csík）縣區的塞凱伊人曾以堅忍聞名，許多人都說他們的匈牙利靈魂燒著最強烈的火焰。他們是最純正的匈牙利人，至今仍保留祖宗的傳統，而國內的匈牙利人則只是個影子，除了語言之外，我們已經遺忘了一切。」

克莉絲汀也表達了許多匈牙利人對塞凱伊人的敬意，「如果你問任何匈牙利人對斯洛伐克、羅馬尼亞或塞爾維亞的看法，答案通常都是負面的。你一定聽過特里亞農條約，它仍然是多數匈牙利人的心中之痛，人們的反應可以從『我們要收復一切』延伸到『這些國家必須改變他們對少數族群的歧視政策』。可以確定的是外西凡尼亞的那些城鎮和古堡都是匈牙利王國建立的，而且那邊的匈牙利人通常都比現代的匈牙利人忠於保存數百年來的傳統。」

我問克莉絲汀：「你認為羅馬尼亞人對外西凡尼亞的看法如何？」

她回答：「羅馬尼亞人當然對這件事持相反觀點，他們認為外西凡尼亞自從遠古時代就是羅馬尼亞的土地。就像許多其他事情，真正的答案可能落在兩個極端的中間某處，我想雙方的歷史書籍都不是百分之百正確。」

阿門。所以外西凡尼亞的匈牙利人究竟是否跟一般匈牙利人完全相同，或是那只是個傳說？雖然這不完全是空穴來風，但塞凱伊人顯然可以獨樹一幟，他們一直都可算是獨立於匈牙利的核心之外，所以匈牙利是否真的有資格占有他們？既然塞凱伊人和匈牙利本土的關係原本就不是非常緊密，特里亞農把他們拆散這件事真的有那麼邪惡嗎？或許吧，塞凱伊人應該會寧可給匈牙利統治，但他們更在乎的可能是自主權。由於外西凡尼亞確實是以羅馬尼亞人占多數，特里亞農的真正錯誤並不是把那塊地分給羅馬尼亞，而是沒有確保塞凱伊人取得地方自治權。

我們會在羅馬尼亞的章節繼續探討塞凱伊人，不過可預期的是他們講話會有一種特殊腔調。在與四周眾多羅馬尼亞人共存數世紀後，他們不但會講羅馬尼亞語，還會學羅馬尼亞人把匈牙利語中的長母音縮短。這樣可能會改變一些字的意思，不過多數匈牙利人仍然聽得懂他們在說什麼。最後來說個塞凱伊笑話：

一位塞凱伊老人去語言學校學阿拉姆語，老師問他：「您年紀這麼大了，怎麼還會想學阿拉姆語？」

「這樣如果我上了天堂，就能跟耶穌交談。」

「可是萬一您下了地獄呢？」

「那不是問題，」他回答，「我已經會講羅馬尼亞語了。」

迷思十二：匈牙利人絕對比羅馬尼亞人早來到外西凡尼亞。亞力士針對這點發表看法：「那些歷史紀錄都有爭議。唯一明確的是塞凱伊人在外西凡尼亞待的時間遠比馬扎爾人長久，當聖史蒂芬於西元一〇〇〇年開始在那邊傳教時，塞凱伊人早已在此定居多年。馬扎爾人出現之前，外西凡尼亞是否就已經有羅馬尼亞人？顯然有。他們是否比塞凱伊人更早出現？這幾乎是肯定的。問題是誰占多數？什麼時候占多數？外西凡尼亞在落入土耳其人的統治之前，羅馬尼亞人可曾在任何時刻成為該地區的主要民族？有些證據顯示他們有，也有些證據說他們沒有。」

我說：「如果你的國人聽到你說羅馬尼亞人比匈牙利人更早到外西凡尼亞，他們可能會燒掉你的匈牙利護照。不過假設你是錯的，這一切有任何意義嗎？」

「毫無意義，這整個『先來後到』的爭論都是鬼扯。如果這種事真的有法律根據，曼哈頓的所有權就應歸給德拉瓦州的印第安人，阿爾巴尼亞應歸屬於保加利亞，北埃及應歸屬於希臘，而舊金山也會是異性戀的天下。」

迷思十三：匈牙利人是大匈牙利的多數民族。小時候看地圖時，我總是以為各國邊界都能清楚反映該區的民族和語言分布，而且每個國家都是由單一人種組成。我想像一旦從義大利出境進入奧地利，當地的人種和語言就會瞬間改變，不會有模糊的過渡地帶。在我的小頭腦中，中國只有中國人，伊朗百分之九十九是伊朗人，英國全都是彬彬有禮的英國紳士。

蘇聯的解體使我見識到現實。彷彿有人掀開蘇聯的裙子，揭露了藏在下面的骯髒細節，原本看似完美勻稱的統一大國其實是由一堆不相干的種族、民族、宗教和語言拼湊而成的大雜燴。相同的道理也可以套用在許多國家，你不會了解英國的實際情況，直到你告訴一個蘇格蘭人說他是英國人。

當崇尚民族主義的匈牙利人看到大匈牙利的地圖時，他們也犯了我小時候的相同錯誤。一個布達佩斯人會因為當年的國界涵括了大範圍的斯洛伐克、塞爾維亞、羅馬尼亞和其他地區，就自動假設那些邊界內的人民都是以匈牙利人居多。一些思想較開放的匈牙利人也知道國內有很多少數族群，但他們有時會以為匈牙利人在每個地區都占上風，當然現今有些地方確實如此（例如斯洛伐克南部和羅馬尼亞的部分區域），但他們以為這樣就能證明自己的祖先曾經獨霸全天下。而如果匈牙利人在他們失去的領域中已不是多數族群，這也能「證明」匈牙利人是種族清洗的受害者。讓我們來挑戰這個令人頭痛的議題。

首先讓我們快速複習各族群的分布情況。十五世紀土耳其人還沒來之前，匈牙利王國大約有百分之七十五是匈牙利人，在土耳其人進行大規模的種族清洗之後，根據大英百科，到了一七二〇年全國只剩下百分三十五的匈牙利人。[12]這個數字持續在那附近盤旋，直到一九〇〇年他們終於經由同化計畫突破五成的魔術屏障，並在一九一〇年那次頗具爭議的人口普查到達百分之五十四點三的顛峰，然而那項調查沒有涵蓋克羅埃西亞—斯拉沃尼亞的自治省，而它在所有歷史地圖中都被歸為大匈牙利的一部分，所以若加上那個省，匈牙利人的比例就會被稀釋為百分之四十八。總之，從特里亞農之前至少三百年開始算起，匈牙利人從未在大匈牙利地區占過絕對多數。

而且那些比例代表的是整個大匈牙利的平均值，在多數被條約瓜分的區域中，匈牙利人的比例在數百年來都介於百分之十到三十五之間。即使是在一九一〇年種族擴張的顛峰，他們在斯洛維尼亞的普雷克穆列（Prekmurje）、奧地利的布爾根蘭和克羅埃西亞的比例也相當低，依序為百分之十五、百分之九、百分之三。

亞力士說：「把外西凡尼亞說成在過去一千年都屬於匈牙利，這簡直是無稽之談，白癡才會相信十六世紀前的匈牙利地圖跟現代有任何關聯。即使是在那個時代，匈牙利境內也有數不清的少數民族。現今最普遍的匈牙利姓氏中有兩個就是Tóth（直譯為斯洛伐克）和Horváth（直譯為克羅埃西亞），如果大家都是匈牙利人，這種事怎麼會發生？」

令人難以想像的是，有些匈牙利人還在氣憤特里亞農把一個叫巴納特（Banat）的區域分給了塞爾維亞和羅馬尼亞。一七七四年匈牙利人在該區的人口比例其實不到百分之一，大部分都是羅馬尼亞人、塞爾維亞人和日耳曼人，達魯瓦爾也引用過一八五七年的人口普查數據，當時匈牙利人在巴納特只占百分之十五[13]，而一九一〇年的普查也顯示類似比例。多數

12 譯者注：這並不表示匈牙利人被土耳其人殺光了一半，多數人應該是逃到其他國家，被奧地利或波蘭社會同化。

13 Yves de Daruvar, *The Tragic Fate of Hungary: A Country Carved-up Alive at Trianon* (Nemzetor and Alpha Publications, Second Edition, 1970), p. 27.

時候這個數字都更低，它在一八八〇年是百分之五，比現今住在那邊的匈牙利人還少。匈牙利曾經從一八〇〇到一九二〇年對巴納特進行人口普查，所以如果數據有錯誤，他們高估匈牙利人口的機率遠勝過低估的機率。

相似的，有少數匈牙利人相信他們在特里亞農之前曾經稱霸塞爾維亞的佛伊弗迪納自治省和它的首都諾維薩德。馬瑞奇爭辯：「佛伊弗迪納並不是個自然區域，而是一次大戰最後經過一連串暴力攻擊後劃分出來的，居民幾乎完全都是匈牙利人。」[14]然而根據匈牙利自己在一九一〇年做的普查，匈牙利人只占該區百分之二十八。事實是，斯拉夫人在過去數百年來都稱霸那塊土地，雖然諾維薩德和佛伊弗迪納仍有部分區域有大量匈牙利人出沒，但這裡整體而言還是斯拉夫人的地盤。這跟外西凡尼亞的迷思類似：匈牙利人會把焦點放在某些他們獨占鰲頭的孤立區塊，忘記自己整體而言還是屈居少數。

特里亞農條約中的區域原本就遍布著羅馬尼亞人和斯拉夫人，這也是匈牙利起初不願意開戰的原因。如果他們贏了，那些少數族群的數量就會變更多。一次大戰之前，匈牙利的安德拉什伯爵（Count Andrassy）即指出斯拉夫民族的問題：「這艘船已經載太多貨，再多一點就會翻船了。」

迷思十四：大匈牙利的版圖可以說明整個故事。匈牙利人最喜歡拿這張地圖自我炫耀。杜恩妮說匈牙利人「永遠都不能忘記自己的歷史淵源和特里亞農。如今走到任何人的家裡都必定會看到某件紀念大匈牙利版圖的物品，它可能會出現在冰箱磁鐵、車窗吊飾或各種地方。我的冰箱上面也貼了一張大地圖。」你確實可以到處看到它，包括保險桿的貼紙、T恤、旗幟、海報以及內褲，它不僅象徵匈牙利昔日的榮耀，也提醒他們勿忘特里亞農留下的創傷，形成根深柢固的迷思。

如果匈牙利人揮舞的是大匈牙利的族群分布圖，爭議就不會那麼大了。過去一百五十年來，那些地圖的型態都很相似。舉一八九〇年的人口普查為例，我們可以看出除了最東邊有個獨立的高密度區（外西凡尼亞東部），大多數的匈牙利人早已集中在特里亞農劃分的國界之內。維基百科可以查到許多類似的族群分布圖，都是根據匈牙利過去一百五十年的官方普查資料畫的，故事總是一成不變，除了東邊的塞凱伊地區，多數匈牙利人原本就已經住在現今的國界之內。

現在假設你坐在特里亞農和平會議的現場，看著這張地圖，上級給了你一支筆和一個明確的指示：畫出與族群分布相對應的新國界。你能畫出單純的界線嗎？當然不行！問題就卡在東邊的那個獨立區塊，所以你能怎麼做？

你有三個選擇：(1) 把東部地區全分給羅馬尼亞，切斷塞凱伊人與祖國的聯繫；(2) 畫出一

---

14 László Marácz, *Hungarian Revival: Political Reflections on Central Europe* (The Hague: Mikes International), p. 83.

條走廊，讓東邊的塞凱伊人與匈牙利的核心保持聯繫，同時將數百萬名憤怒的羅馬尼亞人留在匈牙利境內；(3)把東部讓給羅馬尼亞，並確保住在那邊的匈牙利人擁有自治權。一位客觀公正的外國人應該會選第三個，但因為匈牙利剛輸掉一次大戰，再加上反匈情緒高漲，他們拿到了最爛的一筆交易：選項一。這是特里亞農最不公道的一點。

特里亞農的另一點不公道就是把界線掐得太緊了。一次大戰的贏家認為大匈牙利像一隻需要剃毛的綿羊，結果法國的理髮師不僅是把毛剃到只剩皮膚，他們連皮都削掉了一部分！換言之，特里亞農原本目的是把匈牙利縮減到主族群的分布範圍，但他們裁剪過頭了。雖然這沒有許多匈牙利人說得那麼過分，但他們確實超越了大約四十公里。這聽起來不多，但由於整個輪廓很長，以致大約一百萬名匈牙利人被切割到國界的另一邊。美國總統威爾遜曾試圖為匈牙利爭取公道，但他終究還是在盟友的政治壓力下讓步。

特里亞農的這兩項錯誤固然重要，但同等重要的是認清大匈牙利的人種分布圖。它顯示了一般地圖隱藏的關鍵資訊，由此亦可看出特里亞農劃分的新國界並非毫無道理。

迷思十五：希特勒的思想都是邪惡的。雖然希特勒並非以公正或智慧著稱，他倒是有兩項還算合理的政績：兩次維也納仲裁。他承認特里亞農有瑕疵，為了拉攏匈牙利支持他的萬惡計畫，希特勒將匈牙利失去的部分土地還給他們，包括一條直搗羅馬尼亞中央的寬闊走廊，該區域叫做北外西凡尼亞。希特勒完成維也納的仲裁後，羅馬尼亞的地圖看起來就像被一支匈牙利的匕首刺穿心臟。

一九三〇、一九四〇與一九四一年的北外西凡尼亞人口普查眾說紛紜，雙方各有一套說詞。不意外的，羅馬尼亞的版本都宣稱羅馬尼亞人在該區略占上風，匈牙利的版本則相反，但大家都會同意這一點：羅馬尼亞的核心地帶有為數不小的匈牙利族群。這是個困難的選擇，不過這可能是希特勒唯一理性的解決方案。

話說回來，這也不是完美的解決之道。北外西凡尼亞仍有數百萬名羅馬尼亞人，結果只是拿一個不公平的難題換來另一個難題。當匈牙利再次輸掉二次大戰時，同盟國就撤回了維也納仲裁。雖然其背後的邏輯確實合理，但同盟國不可能承認希特勒的任何政策，況且當時匈牙利已無談判的本錢。

迷思十六：種族滅絕是匈牙利人離開特里亞農地區的主因。為了免除類似維也納仲裁的威脅，羅馬尼亞殘暴地強迫匈牙利人離開，並試圖同化留下來的人。捷克斯洛伐克和南斯拉夫也施行了相似的野蠻計畫。這些政策固然邪惡，那些地區的匈牙利居民也確實流散了五分之一，但他們經常忽略一個更重要的原因。

為了進一步了解，請先把加州假想為墨西哥的一部分。難道墨西哥政府不會想在加州推廣西班牙語？很自然的，習慣說英語的加州人一定會反抗這種「文化迫害」，就像特里亞農地區的匈牙利居民也是如此反應。然而就算墨西哥沒有創立任何邪惡的反美法律，你覺得五分之一的加州居民會怎麼做？當然是逃回祖國，誰會想待在一個只會說西班牙語的外來政權底下，尤其是當那個政府和教育系統的效能遠比美國低落？

相較於斯洛伐克、塞爾維亞和羅馬尼亞，匈牙利的政府和經濟一向都運作得較好，因此境外居民會大批遷回匈牙利是可以預見的，反倒奇怪的是還有那麼多人留下來！或許那些邪惡的政策計畫並沒有一些匈牙利人說得那麼普及或嚴厲。雖然羅馬尼亞人確實曾強迫數千名匈牙利人離開，多數人離散的主因其實是羅馬尼亞人不像匈牙利人那麼會管理政府和經濟。

迷思十七：匈牙利人至今仍在特里亞農地區受到欺壓。有些人其實幾乎從未去過特里亞農地區，卻以為自己的同胞至今仍經常被異族虐待。正如任何危言聳聽的傳說，事實和虛構是可以交互混雜的。兩次世界大戰後的那數十年間，積怨已久的斯拉夫人和羅馬尼亞人確實曾長期欺壓匈牙利居民，但到了一九九〇年代初期，那些暴行已成為過去式。唯獨南斯拉夫和羅馬尼亞由於陷入內亂，大家都在相互凌虐，匈牙利人並不是唯一的受害者。

不幸的是，有些匈牙利政客誤解了整個狀況，例如主教拉茲羅·托克斯（László Tőkés）曾在一九九〇年代中期寫過：「特里亞農的遺毒對匈牙利人影響甚巨，尤其是那些被強制拆散、遭到異國民族主義壓迫的族人……因此我們必須持續討論此議題，直到這場種族災難結束，我們的國土才能免除禍害。」[15]

壞消息總是傳得比好消息快，就此議題而言，好消息的前進速度像冰河一樣慢。許多本土匈牙利人（以及其他住在美國或英國的移民）依然相信那些流落異鄉的同胞正過著水深火熱的生活，他們不知道當年的緊張局勢、暴力和種族壓迫事件早在十幾年前就已化解，這些民間傳說就像雪球般愈滾愈大，簡直失控到可笑。

一位名叫米克斯（Miklós）的匈牙利工程師在信中告訴我：「當匈牙利人彼此為某件事吵架時，那都是一對一單打，可能會涉及一些咒罵和拳頭，但隔天大家都釋懷了。當塞爾維亞人跟你打架時，他們會派十幾個人圍毆一個匈牙利人，保證會送你進加護病房，而且至少會臥床兩個月。你最好祈禱當地警察不要介入或是聽到相關資訊，否則你肯定會成為例行的活靶。」

米克斯特別強調，今日住在特里亞農地區的匈牙利人「永遠活在恐懼中，不敢踏出門外，因為你遲早都會被毒打一頓，只因為你是匈牙利人。」

「我去過那些地區，」我說，「可是從未聽過這些問題。讓我猜猜看，羅馬尼亞的情況也一樣糟？」

他回答：「羅馬尼亞人毆打匈牙利人可是惡名昭彰，現在還是會發生，但已經沒那麼糟。現在你只會在街上看到那種事，在尼古拉・希奧塞古（Nicolae Ceaușescu）和他之前的

15 László Marácz, *Hungarian Revival: Political Reflections on Central Europe* (The Hague: Mikes International), p. 3.

時代，那可是警察的專責。自從特里亞農之後，匈牙利人在外西凡尼亞即遭受暴虐，尤其是女性，輪姦是家常便飯。」

當我跟一些匈牙利人討論此議題，他們的反應使我想起亞力士說的話：「每件事都會被視為人身攻擊，他們太認真看待自己和這個世界，匈牙利人講話時常很情緒化，他們不夠理性。」

當我請米克斯提供證據，他嗤之以鼻，「你能找誰拿證據？面對現實吧！那種事不可能會有官方紀錄，只能靠群體意識保存。」

不幸的是，匈牙利的群體意識已被偉大的特里亞農迷思製造機操控。你也不能怪他們被政治宣傳洗腦，畢竟很少人能花數個月在特里亞農地區遊蕩，到處找人談論那邊的實際生活狀況。我在塞爾維亞北部的多次旅行中認識了海倫娜・柯拉（Helena Kolar），一位從小在蘇保迪卡（Subotica）長大的匈牙利人，當我問她可曾看過塞爾維亞人用任何方式虐待匈牙利人，平常很健談的海倫娜立刻翻白眼，回答「沒有。」

諾伯特・沙比奇（Norbert Šabić）是一位住在佛伊弗迪納的匈牙利人，我問他是否會自覺受到歧視，他說：「不會，我不覺得自己在任何方面被欺壓。相反的，匈牙利的職業團體在塞爾維亞還可以拿到更多錢，因為雙方政府都會給予資助！就個人而言，我們或許處於劣勢，因為我們不太會講塞爾維亞語，但我們可能也因為會講匈牙利語而占到優勢。例如我平常授課的大學就要求教師必須會講基本匈牙利語。」

我告訴諾伯特：「我在一本匈牙利人寫的書中讀到，匈牙利語在佛伊弗迪納曾被禁用，拉丁字母也被廢除，迫使大家使用西里爾字母。」

他回答：「我不認為拉丁字母曾在任何時候被廢除過，而且匈牙利語是佛伊弗迪納的官方語言之一，包括各個有超過百分之十五匈牙利人口的城鎮。有些地方的中小學甚至完全使用匈牙利語，只有更高等的學校才會雙語並用。我曾經寫過一篇很好的研究論文，內容是關於佛伊弗迪納的少數民族教育，所以請相信我，佛伊弗迪納對少數族群提供很好的教育。」

「當今還有多少針對匈牙利人的暴力行為？」

「我會說完全沒有。匈牙利的媒體有時會報導一些年輕人酗酒鬥毆的獨立事件，然後把它描繪成種族衝突，但說真的我認為他們只是為了某個女人打架。當然雙方也有些激進分子，每過段時間就出來鬧事。塞爾維亞的少數族群保護法在歐洲可是數一數二的先進！當然啦，要超越瑞士還是很難。」

可惜有些迷思就是很難消滅。蘇莎告訴我：「特里亞農造成的問題是，數以萬計的匈牙利人至今仍持續遭受折磨。我們只想過平安的日子，講自己的語言，不要因此被毆打就好。」

「扯淡，」亞力士回應，「沒有人會因為說了匈牙利語就被打，但他們有時會因為走錯地方而被一群光頭幫派圍毆，我有一次還因為說英語而被打。根據《匈牙利時報》（*Magyar*

Hirlap），最近有一群吉普賽人還在本國毆打一個匈牙利人呢！」

迷思十八：西歐對匈牙利有所虧欠。蘇莎認為西歐背叛了匈牙利，因為匈牙利人曾經英勇反抗土耳其人，為歐洲抵擋了他們的燒殺擄掠。達魯瓦爾在《匈牙利的悲慘命運》中陳述這個國家在「歷史上扮演的角色和任務可說是永遠拯救了西方世界的基督教」，而且它身為「西方世界的堡壘，已經無數次的成功扮演此角，肩負神聖的重責大任。」[16]這段話即在暗示，既然匈牙利曾經協助西歐抵禦土耳其的侵略，他們就應該感激匈牙利，而不是拿一個有失公允的條約鞭打它。

事實是，土耳其和亞洲的入侵者先來到了匈牙利。匈牙利人並沒有自願承擔這個「神聖使命」，他們當時已被逼上梁山，這麼做不是為了保護西方文明，而是為了自救。這有點類似你的鄰居因為自己的房子在你家前面，幫你擋掉一團龍捲風的直接衝擊，就說你欠他一份人情。然而你從未要求你的鄰居把房子蓋在那邊，正如當初沒有人要求匈牙利人待在亞洲人的進攻路線上。

更重要的是，請把時間點放在一九一八年：第一次世界大戰剛結束，你正在埋葬被匈牙利軍隊殺死的同胞，當時的你不會有心情去回想匈牙利人在數百年前為你做過的好事。這就像你抓到我在偷東西，而我卻說：「嘿，別處罰我！別忘記我的曾祖父幫你的曾祖父蓋過穀倉！」

沉溺於匈牙利的終極幻夢

在結束這冗長的討論之前，讓我們先潛入匈牙利的終極幻夢，假想特里亞農從未發生。蘇莎說：「若沒有法國帶頭，就不會有這個條約，匈牙利或許還能全身而退。」《匈牙利簡史》的本土作者在書中爭辯：「特里亞農的法國幕後推手製造了一個不穩定的區域，到處布滿著族群紛爭的未爆彈，更別提這個不幸又不公的和平條約下的主要受害者——匈牙利人所經歷的挫折。」[17]特里亞農真的造成國際局勢動盪不安嗎？若沒有它的存在，匈牙利是否就能保持國土完整？還是這些只不過是更多迷思？為求解惑，我們就假想一次大戰之後奧匈帝國分裂，但匈牙利保住了原本的國界，大匈牙利會發生什麼事？

我們得先記住一次大戰殺掉了六十六萬名匈牙利人，耗盡了它的經濟資源，它的幣值和農業產能在大戰末期已掉到一半，國家靈魂已被擊垮。簡單說，造成混亂的是戰爭，不是特里亞農。若無此條約加以管制，積怨已久的少數族群必將群起反叛，製造更多動亂。事實

16 Yves de Daruvar, *The Tragic Fate of Hungary: A Country Carved-up Alive at Trianon* (Nemzetor and Alpha Publications, Second Edition, 1970), p. 187.

17 Miklós Molnár. *A Concise History of Hungary* (Cambridge University Press, 2001), p. 263.

上，當羅馬尼亞的部隊在一九一九年攻占布達佩斯，叛變就已經開始了。就算同盟國沒有以和平方式取得妥協，羅馬尼亞也會用武力逼迫匈牙利就範，斯拉夫人受到激勵也會發動類似的起義。匈牙利無法阻止羅馬尼亞，它勢必也無力招架他們全部。簡言之，特里亞農幫匈牙利迴避了一場醜陋而混亂的內戰。

凡事都責怪法國人固然好玩（我也是每逢機會就嘲諷他們一下），但這回法國人和他們的盟友其實是救了匈牙利，讓它逃過一場血戰。如果真的打起來，匈牙利肯定會被仇敵從多面擊潰，甚至可能會被完全瓜分。當凶猛的入侵者逐步逼近，垂涎三尺渴望復仇，他們不會只想把匈牙利支解，而是將之全面毀滅。被憤怒的羅馬尼亞人從四周包圍的塞凱伊人將成為暴民的頭號肅清目標，此等規模之屠殺會使希奧塞古的那些卑鄙的反匈政令顯得相對無害。匈牙利人將不是為一個和平條約哭泣，而是為一場種族滅絕的大屠殺哀悼。

儘管如此，執迷不悟的匈牙利人依然緊抓著我所謂的「瑞士白日夢」。他們堅信特里亞農如果沒有發生，滿懷感激的匈牙利人就會賦予少數民族充裕的自治權，撤銷戰前的民族同化政策，進而安撫民眾。這種一廂情願的認知偏差沒有考慮到戰後的現實狀態：匈牙利當時太虛弱，難以形成凝聚力，而且它的少數民族亟欲離開。例如克羅埃西亞—斯拉沃尼亞雖然已經享受了五十年的自治權，該地區的斯拉夫人依然希望完全獨立。更何況匈牙利人似乎忘記自己的軍隊在一次大戰期間殺的是斯拉夫人和羅馬尼亞人，那些人憑什麼會想留在匈牙利？無論有沒有特里亞農的存在，匈牙利都難逃國土被裁減的命運。

自我檢討

當初我剛接觸特里亞農的議題時，自己的立場並不公正。我跟蘇莎已經是二十年的朋友，很關心她和她的家人，自然會想要支持她的觀點，任何好朋友都會這麼做。同樣的道理也可套用在亞諾斯身上，因為他是蘇莎的朋友。那些殷勤招待過我的沙發衝浪主也是如此，我心想他們對特里亞農的看法既然跟我在各間咖啡館和當地媒體中聽到的版本類似，那應該就是正確的。我很想盡快斷定這是個極端不公道又恐怖的條約，好讓自己能繼續探討其他話題。

可惜事與願違，我那偏愛參照多方說詞的習性反而成了自己的絆腳石。當我去過愈多地方，讀過愈多書，跟愈多人辯論之後，就發覺自己愈難支持那些朋友們的論點。到了那個階段，我曾考慮直接忽略特里亞農的議題，以免引起任何爭議，但匈牙利人實在很喜歡提起它，所以我必須對它深入討論。

由於亞力士在匈牙利擔任過政治分析家和記者，我請他幫忙查核那些朋友對特里亞農的各種論點。在寄給他一長串的清單之後，他回答：「我覺得自己好像一隻穿梭於天體營的蚊子，不知該從何處下手。你的朋友顯然仍相信當年我的祖父母試圖用來給我洗腦的那些民間傳說，我是直到在安默斯特學院撰寫關於大匈牙利的論文時，才擺脫那些陳腐觀念，而且我找不到任何證據可以支持它們的指控。這就是問題的一部分：匈牙利人、羅馬尼亞人和斯洛伐克人都創造了許多傳說，其中也都有一部分屬實，但過程中都難免會被扭曲誇大，並加以選擇性的解讀。當今許多族群紛爭就是這樣造成的，每個人都認為自己才是被詐欺的一方。」

匈牙利人幾時才能像他們的諾貝爾獎得主那樣理性面對特里亞農？他們能否像個真正客觀無私、毫無預設立場的外星人那樣分析這個問題？我承認自己不是個好的科學家，我一開始心中就有所偏袒，想要證明自己的朋友是對的，然而最後卻發現這很困難。

公平的解決之道

如果可以用魔法修正特里亞農，你會怎麼做？亞力士說：「首先，任何有大腦的人都曉得，如果他們恢復一九二〇年之前的國界，匈牙利人反而會成為自己國內的少數民族，連極右派的尤比克黨（Jobbik）都不會主張重訂那些國界。況且如果領土歸還給他們了，人們還能抱怨什麼？」

我說：「我相信他們一定能找到別的出氣筒。」

亞力士繼續說：「包括我在內，有些匈牙利人認為取回斯洛伐克的南邊或許是個好主意。但相信我，沒有人會願意為那些土地流一滴血，除非他是足球場上的流氓或安養院裡的癡呆怪老頭。深植人心的觀念是『我們被騙了！我們好可憐！』但沒有人真的在乎那些土地。」

一九二七年，英國的羅斯米爾子爵（Viscount Rothermere）提出了一個聰明絕頂的解決方案，他建議在所有的爭議區域舉行全民公投。假設人們會依照自己的母語投其所好，匈牙利邊緣的一條狹窄地帶就能重歸祖國。在一九二〇年代，那道寬僅四十公里的地帶共有一百九十萬名居民，其中百分之八十五是匈牙利人。相對輕微的國界變動將能使那些流落異鄉的匈牙利人數量減少超過一半，許多匈牙利人也會安靜下來（就算他們繼續吵，我們也不會再那麼有罪惡感）。

話說回來，亞力士也提到：「東歐是個民族大雜燴，無論你怎麼重畫國界，少數民族還是會存在。我們應當允許這些人維持他們的族群地位，並盡全力擁護他們。我想歷史已經證明，當你試圖剝奪一群人的身分時，這會產生哪些嚴重後果。」

特里亞農的另一個重大缺失是關於外西凡尼亞的匈牙利人。最好的解決方法就是給予他們自治權，雖然羅馬尼亞曾如此嘗試了很多年，最後還是放棄，也不願意再重試。無論如何，塞凱伊人的議題已經無關緊要，因為現在匈牙利和羅馬尼亞都已加入歐盟，基本人權的保障是必要條件。如亞力士所言：「歐洲各地的匈牙利人其實都已經透過歐盟復合了，大家可以一起工作、擁有財產、共創公司，甚至結伴裸奔，沒有人會管你。」

匈牙利的討拍大會

這場自怨自艾的討拍大會已經開太久了，匈牙利人總是埋怨許多人不知道他們的存在，或是沒有給予他們應有的關注——這只不過是另一個掙扎著跟上世界腳步的前共產國家。他們希望被認真看待，匈牙利可以幫《日落大道》（*Sunset Boulevard*）的女主角諾瑪・德斯蒙德（Norma Desmond）代言：「我其實很偉大！只是我的國家變小了！」

我也可以將匈牙利的喋喋不休做個總結：「拜託認真看待我們！看看我們的輝煌歷史！我們豐富的文化！我們曾經很巨大，很重要！發明過很多東西！我們是歐洲人！事實上，我們位於歐洲的中央！我們的語言很特別！我們本身就很特別！你看不出來嗎？我們不像那些落後的東歐國家！而且我們曾經統治過他們！我們曾經與法國、英國和德國平起平坐，別把那些可憐的窩囊廢跟我們扯在一起！我們跟奧地利同樣都是老大哥，當然啦，他們發動戰爭的那次不算數，因為那並不是我們的主意，我們是被逼一起做壞事。而且每當我們輸掉戰爭，下場總是比德奧那兩個始作俑者更悲慘。你知道我們在一次大戰後失去三分之二不該失去的領土嗎？（喔，我已經說過五十七次了？好吧，這是第五十八次。）然後二次大戰之後我們又被惡整！奧地利和西德（那些把我們拖入另一場戰爭的混蛋）不知哪來的狗屎運，逃過了蘇聯的控制，而我們這些無辜的匈牙利人卻被該死的俄羅斯走後門。現在我們得試圖扳回劣勢，問題是領土只剩三分之一，怎有可能重返昔日榮耀？得了吧！我們在一次大戰後丟掉超過三分之二的土地！三分之二！而我們以為加入歐盟就會有所幫助，結果照樣被誆！那些有錢的歐盟國家只是利用我們的市場賣他們的爛貨，而我們卻拿不到任何回饋！我們付了大筆入會費，但他們沒有幫我們做任何事！我們又被耍了！原本還奢望加入歐盟就可以在歐洲扮演重要角色，讓世人認真看待我們，但當你的領土被竊取了三分之二，就實在很難發揮影響力。你知道我們在一次大戰後失去了三分之二的土地嗎？」

為何我們要如此巨細靡遺地分析特里亞農？為何特里亞農至今依然備受矚目？馬瑞奇對此提出解釋：「匈牙利人的邊緣化對國人的道德心理氛圍影響甚巨。這是個過度自我關注、社會結構不穩定的國家，悲觀的情緒已深入滲透匈牙利文化。那些擅長表達孤獨和失落感的藝術家在藝文界總是享有較高地位，我們的文化充滿對『淒涼』、『悲傷』和『寂寞』的隱喻，國內也有許多刻劃革命烈士的雕像。後共產時代的社會體系培育出這種『民族悲情』和『我們都是輸家』的思維和形象。」[18]

換言之，特里亞農還是有意義，因為它使匈牙利持續士氣低迷。諾伯特感嘆地說：「坦白說，我已經厭倦這種匈牙利式的自怨自艾。」

---

18 László Marácz, *Hungarian Revival: Political Reflections on Central Europe* (The Hague: Mikes International), p. 134.

說到自怨自艾，亞諾斯在信中陳述：「特里亞農留下的傷口尚未止血，千年的古老領域已永遠消失，匈牙利永遠被定型為一個小國，千年不衰的世界強權一夕之間死刑定讞。匈牙利自此未曾恢復它的權力地位，也沒機會走出歐洲落後國家的行列。」

匈牙利是否可以蓬勃發展，難道它的雙手就這樣被特里亞農綁死？以色列、新加坡和瑞士的面積都比它小，但人家照樣可以富裕，所以匈牙利並沒有藉口。關鍵就在心態如何調適，他們可以把任何問題怪在特里亞農頭上，包括馬桶無法沖水。亞力士說：「雖然我同意特里亞農是個歷史悲劇，但我不會同情那些在九十年後還在推卸責任的匈牙利人。」

然而匈牙利不但沒有走出死胡同，還在皇宮堡建立特里亞農博物館。你會在貝凱什喬包

（Békéscsaba）、恰陶爾堯（Csátalja）、基什孔豪洛什（Kiskunhalas）、克塞格（Kőszeg）這些

村鎮和每一間客廳找到某個關於特里亞農的紀念物。這些圖騰阻撓了匈牙利走出過往陰影的能力，匈牙利人浪費無數時間不斷討論特里亞農。人們提到不公正的事情時常會說「永不忘記」，但有一句話通常對大家都有幫助：「不念舊惡。」可悲的是，匈牙利的口號比較像是「永不忘記，絕不原諒！」

二十四歲的杜恩妮也證明特里亞農在新一代的思維中並沒有淡去，她說：「教導子女認識特里亞農是我們的職責，所以我很高興政府最近將六月四日訂為特里亞農紀念日！」

好極了，又多了一個重翻舊帳、讓古早傳說繼續盛行的理由。試想如果英國人在每年七

月四日降半旗悼念他們失去的美洲殖民地，或是德國人至今還在怨憤他們在二次大戰後失去的國土和人民。當白俄羅斯、愛沙尼亞、拉脫維亞、立陶宛和摩爾多瓦脫離蘇聯時，匈牙利也曾為他們歡呼。那些共和國中被壓迫的少數民族推翻了政府，如果特里亞農沒有發生，當年匈牙利境內的少數民族也會這麼做，然而很少有匈牙利人會同情那數百萬長年定居於那些國家又被迫與祖國分離的俄羅斯人。雖然那只不過是三十年前的事，俄羅斯已經向前看了，匈牙利卻沒有。想開一點，放下過去吧。

我去過奧地利很多次，從未聽過任何奧地利人訴說他們在一次大戰後失去百分之七十三的領土，但在匈牙利即使要求多加一點紅椒粉，侍者也會提醒你記住特里亞農。奧地利人專心致力於扭轉劣勢，他們的國家比匈牙利更小，但人均國內生產總值卻能躋身於全球前十五名。還有抱歉，「我們是共產國家」的藉口已經太老套了。愛沙尼亞和斯洛維尼亞也經歷過共產政府的控制，但它們妥善運用了過去三十年的時間，匈牙利則讓自己被一則百年舊聞搞得心神不寧。既往不咎，忘掉它吧。

匈牙利人必須再次效仿德國人。德國人很快就走出二十世紀前期的陰影，他們掩埋了浮誇不實的幻想，消滅過去的迷思，為自己的罪孽道歉，並原諒其他國家對數百萬無辜德國人民犯下的罪行，把焦點放在未來。如我們在東德的章節所見，德國受挫後立刻重振旗鼓，沒有沉溺於悲傷。匈牙利必須揚棄過去。

克莉絲汀在信中提到：「我們不喜歡承認自己有錯，如果出了問題，那通常都是別人的錯。在社會主義的體制下，國家已經幫我們做好所有事情；現在是民主時代，我們有自由，卻沒學會公民應負的責任。如果一個西歐人的庭院前面有個破舊的板凳，他大概會去找一桶油漆，在空閒的週日下午給它重新上色；在匈牙利，我們可能會大聲抱怨當地社區為何沒有整修或移除這個板凳，以及我們真倒楣，每天出門都要看到這個礙眼的東西。即使一千人中有一個奇葩決定自己來裝修，它不用等一個月就會被路人破壞、畫滿塗鴉。」

「真的？」

「沒錯，人們可以把每個角落長出的雜草全怪在政府頭上，自己卻連一根雜草都不願意拔。他們喜歡怪別人製造滿街的垃圾和交通阻塞，卻不懂得善用垃圾桶和大眾交通，或是騎自行車。他們不繳稅，因為『反正錢都會被政客偷光』，所以那些真正有心求變的老實人反而吃虧，甚至遭到恥笑。我們似乎忘了一句古人的格言：Segíts magadon,az Isten is megsegít（天助自助者）。」

亞力士說：「美國人可以從匈牙利人學到的一點就是，你絕不能允許自憐成為人生的主要動機。我最討厭的一句匈牙利諺語就是Ez van, ezt kell szeretni，意思大略是『現實就是如此，你只能默然承受』，我已經聽過太多次。好消息是匈牙利人不會浪費時間去嘗試改變他們無法改變的事情，問題是幾乎所有事情對他們而言都是無法改變。我可以擔保你在匈牙利不會找到太多唐吉軻德。」

當德國人問「我們能做什麼」時，那代表一個討論的開始，在匈牙利則代表一個討論的終結。該是放下歷史和破除十八道迷思的時候了，別再怪罪他人，認清事實無論如何都會發生。唯有停止找藉口，匈牙利才能重新站起。忘記過去，邁向未來！

我喜愛匈牙利的十一點

幸好還有足夠的匈牙利人完全不在乎特里亞農條約，更棒的是他們的人數正在持續增加。為了向這些人致意，我們終於可以把焦點轉移到匈牙利的美好之處。

一、**豐富且引人入勝的討論**。我在三年的旅程中跟數以千計的東歐人交談過，沒有任何國家能比得上匈牙利人對一件事的討論深度，也無法像他們寫出那麼耐人尋味的長篇文章。跟他們對話總是可以腦力激盪，沒有任何話題是禁忌，那些辯論在精采之餘也不失禮儀。

二、**自由**。亞力士說：「匈牙利人最大的優點就是『少煩我』，那真是大老粗的美夢。」例如他的老鄰居從來都不會因為他在公寓裡狂開派對而報警。

三、**都市更新**。布達佩斯已經驅散了占屋者，升級交通網絡，淨化了市容。現在所有匈牙利城市都有漂亮的市中心。

四、**勇氣**。匈牙利人領導過史上三次最重大的反共產黨運動。第一次是一九五六年，當其他蘇東集團的國家接受共產黨的統治時，匈牙利發起大規模的抗議，數千人因此死亡，但這終究帶來改革。第二次是一九八九年九月二十日，它勇敢地開放國界，進而導致數週後柏林圍牆的開放。第三次則是發生在羅馬尼亞，一位匈牙利牧師率領革命，協助他們推翻共產政府。

五、一張餐巾。匈牙利餐廳對於他們的薄紙餐巾相當吝嗇，除非你有特別要求，否則就只會拿到一張。這是個好習慣。

六、推崇科學和工程學。其他文化都把重點放在音樂家、運動員和演員，匈牙利的國家英雄和偶像大多是科學和工程學領域的天才。

七、很容易打入社交圈。傑佛里・喬卡（Geoffroy Chiocca）是一位在匈牙利工作了七個月的法國人，他在一場派對說他最喜愛這裡「社會派系沒那麼壁壘分明」，而且「外國人都能受到歡迎」。

八、匈牙利人的價值觀建立於如何助人。亞力士說：「匈牙利人喜歡以熱心相助（segítőkész）或好客（vendégszerető）自居，如果你在鄉下到一個匈牙利人的家裡作客，肯定會被食物和美酒塞到走不動路。匈牙利人隨時都會對人打招呼，無論是在電梯、辦公室或健身房的更衣室。」雖然這種友善態度不見得完全是發自內心，但還是勝過東歐人一貫的苦瓜臉。

九、匈牙利人很會維護傳統。克莉絲汀在信中提到：「復活節星期一有個很盛行的活動，男生會對女生灑水，讓她們青春永駐。都市人通常會用古龍水進行此儀式，但鄉下的年輕人還是喜歡用傳統的一桶冷水，甚至可以請消防局派車來幫忙。女生接下來會送一些巧克力、酒、彩蛋或錢當作回禮，男生會吟誦一首小詩（locsolóvers）。」

十、巴拉頓湖畔的聚會。匈牙利人會用鍋釜烹煮一些美食（通常是燉牛肉或紅椒馬鈴薯），搭配大量烈酒。這不是我的菜，但有些人會參與 disznóvágás（集體殺豬後品嘗各種豬肉餐點）。

十一、咒罵。匈牙利語中的粗話相當豐富，有人告訴我：「我們有很廣大的髒話詞彙，可能只有俄羅斯人比我們更強。這不光是為了罵人，其實也是一種發揮個人創意和文學專長的方式。」

亞力士精通三種語言，他說：「我不能替俄羅斯人做擔保，但匈牙利人的咒罵功夫絕對比我所熟知的任何文化都強。」這時你應該可以料到亞力士會很樂意分享一些殺氣十足的粗話，試試這些：bedugok egy esernyőt a seggedbe és kinyitom（我要把一支傘塞進你的屁眼，然後打開），menj az anyád picsájába（滾回你媽的屄），以及我最喜歡的 bassza meg a kurva isten（讓他被淫蕩的上帝操爆）。

土耳其人留下的文化遺產

在匈牙利尋找土耳其帝國的遺跡是一件非常有趣的事，蘇莎說：「長達一百五十年的侵占透過許多管道滲透了我們的文化，一些關於土耳其人做壞事的兒歌就是例子之一。有趣的是，當我去土耳其時，那些人對他們在我們國家度過的時光充滿美好回憶，還稱之為『拜訪』——哪有人一拜訪就是一個半世紀！他們還稱我們為『匈牙利兄弟』，這實在很好笑。」

由於匈牙利當時位於土耳其帝國的邊緣，土耳其人在那邊從未像在巴爾幹半島站得那麼穩（他們曾經占領巴爾幹半島五百年），不過你還是可以在匈牙利南部、接近巴爾幹半島的佩奇（Pécs）找到他們留下的珍貴古蹟，例如市中心的清真寺教堂就是個令人好奇的混合體。當年土耳其人在一間教堂的廢墟上方蓋了這座清真寺，而他們逃離之後匈牙利人又把一些伊斯蘭教符號換成幾個十字架，就這樣把它變回教堂了。更驚人的是聖彼得主教座堂的四個尖頂和十一世紀的墓穴，如果還要看更古老的東西，可以走到西元四世紀羅馬人建造的古基督徒陵墓。

有時候土耳其人的足跡非常微弱，舉距離布達佩斯僅三十分鐘車程的聖安德烈（Szentendre）為例，當年逃離土耳其的塞爾維亞難民曾大批遷移至此，如今這個小鎮只剩少許來自塞爾維亞的遺跡。聖安德烈的主廣場（Fő tér）充滿鮮豔多彩的十八世紀建築和通往四面八方的徒步街道，全鎮的最高點是施洗約翰堂區教堂，一間重建於一七一〇年的教堂，可以俯瞰多瑙河與小鎮全景。現在聖安德烈最明顯的土耳其文化就是那些試圖兜售土耳其香料的街頭小販，他們最大的競爭對手則是匈牙利的古柯鹼：紅椒粉。

埃格爾（Eger）是匈牙利最美的城市之一，土耳其的文化遺產在此很顯著。它的巴洛克式建築、山上的城堡、壯觀的教堂和迂迴的行人步道，都為它帶來難以抗拒的魅力。埃格爾成名的原因是它暫時阻止了土耳其大軍的攻勢，而且過程有點好笑。一五五二年，匈牙利軍隊的指揮官為了提升低迷的士氣，給士兵喝埃格爾著名的紅酒，他們喝到鬍子都沾滿酒液，醉醺醺地發動攻擊，當土耳其人看到敵軍的紅鬍鬚時，便以為匈牙利人狂飲公牛血後變成了超人，嚇得落荒而逃。至少傳說是如此敘述的。現今匈牙利的頂級紅酒就是埃格爾的公牛血（Egri Bikavér）。

土耳其人在四十四年之後重振旗鼓，攻下了埃格爾城堡，因為這回匈牙利人沒喝醉酒。但不到一百年後，匈牙利人就將土耳其人永遠踢出境外。如今土耳其帝國最北端的歐洲遺跡仍位於埃格爾：一座四十公尺高、孤立於城堡山下的宣禮塔。

我在埃格爾的衝浪主是一對友善的兄妹薩比（Szabi）和蘇菲亞（Zsófia）。他們帶我去參觀了一些只會在中歐出現的建築，它們融合巴洛克後期和新古典主義的獨特建築風格。埃格爾主教座堂建於一八三六年，外表色調溫暖，它也是人們剛進城時首先映入眼簾的景象。

我們走到多薩廣場（Dózsa György Tér）之後，薩比就去一些跟朋友會合，蘇菲亞則陪我爬坡走上城堡，欣賞這座曾經抵禦蒙古人和土耳其人攻擊的堡壘。參觀完後，蘇菲亞想帶我去施帕斯佐尼谷（Szépasszony völgy），她說那是個有很多酒窖的河谷，「非常有名，也很漂亮。」

由於我並不喜歡喝酒，她就同意不值得走那麼遠。我問她那個地名代表的意思。「美人谷」，她露出美麗的笑容。我猜任何女人在幾瓶紅酒下肚之後都會變美。

我們跟薩比再度會合，一起搭電車回家。他們和藹的母親加布瑞菈（Gabriella）幫我們準備了經過紅椒調味的酸菜燉肉（székelygulyás）。匈牙利人的食譜中，紅椒粉比鹽、胡椒或水都重要，菜單上面有pörkölt（紅椒燉牛肉）、paprikas csirke（燉雞肉淋上番茄紅椒奶油醬）、töltött káposzta（白菜捲塞滿紅椒味的米粒和絞肉，淋上酸奶油）、halászlé（紅椒、青椒和番茄魚湯），以及最經典的gulyás（番茄洋蔥燉牛肉加上一點紅椒）。我喜愛匈牙利食物遠勝過其他東歐國家，因為他們使用調味料的尺度很開放，他們相信任何東西只要加上大量紅椒粉和酸奶油就會更美味。

晚餐時間，他們幽默風趣的父親約瑟夫（József）指著牆上的大匈牙利地圖開始高談闊論。放心，我不會再複述那個恐怖的話題，不過他在冗長的獨白中隨興提到「猶太人創造了共產主義」。於是我請他對此進行延伸討論，蘇菲亞搖頭翻了一下白眼，露出「又來了」的表情。她已經對父親即將要說的話感到難為情。

匈牙利與猶太人的愛恨情仇

說到匈牙利，很少有事情是完全單純的。或許這就是為何magyaráz這個字的意思是「解釋」，又顯然跟「匈牙利人」的原文「馬扎爾人」（Magyar）有直接相關。換句話說，匈牙利人喜歡解釋各種事情，或許也是因為那邊真的有許多複雜的事情。匈牙利對猶太人的觀點很複雜微妙，基本上可分為三面：愛、恨與現實。

就一方面而言，匈牙利人很愛他們的猶太人民，至少很愛他們的成就。數百年來，匈牙利都是猶太人的避風港，所以一九一四年布達佩斯有將近一百萬名猶太居民，它也因此被稱為「猶太佩斯」。有些匈牙利籍猶太人非常優秀，例如我們在本章開頭介紹的那些榮獲諾貝爾獎的火星科學家就全都是猶太人。匈牙利人很少提到他們的科學天才幾乎都是猶太人，而且多數在得獎前就已經移民到美國。我們並不清楚他們為何會避談那些事，但匈牙利人肯定很愛表揚猶太人民的事蹟。

並非只有匈牙利專產傑出的猶太科學家，雖然猶太人只占世界人口的千分之二，他們卻囊括了史上四分之一的諾貝爾科學類獎項。我問亞力士是否知道猶太人在科學和數學界表現這麼突出，他回答：「匈牙利的猶太社區聯盟（Mazsihisz）的前任會長彼得・托爾岱（Peter

Tordai）向我解釋過，這是他們堆棧式教育的一種文化現象。家長有時會強迫子女持續深造到三十幾歲，並給予全額資助，這就是猶太青少年會在理科方面特別強的原因，那些諾貝爾獎也是這樣贏來的。而這也是他們多數人會離開匈牙利的原因。」

> 數學家是一個可以將咖啡化為定理的裝置。——艾狄胥．帕爾（Erdős Pál），匈牙利籍猶太人，浪跡天涯的數學家，發表論文量為數學界史上第一

並不是只有猶太科學家在離開匈牙利後又在其他地方成功打響名聲。許多電影業的領導者、演員、發明家和企業家都離開了匈牙利，但匈牙利還是愛他們。例如一支國家贊助的廣告列舉了十三位匈牙利裔電影明星的成就，藉此證明匈牙利製造了許多勝利者。亞力士指出：「只有四人真的在匈牙利居住和工作過，其餘雖然是出生於匈牙利，但他們早已逃離苦海，通常是因為某些身著棕色襯衫的光頭佬想拿刺刀插他們被割過包皮的屁眼。」

在此就要輪到恨的觀點了。匈牙利在一九三九年通過一條反猶太法令，限制猶太人只能擁有百分之五的政府和商業工作，接著又在一九四一年禁止猶太人跟其他民族結婚或性交。即使有這些法律，匈牙利在一九四三年仍有超過八十萬名猶太居民，遠多於任何東歐國家。希特勒對匈牙利的領導人施壓，要他把猶太人全部遣送到集中營，但他「只」送了一萬人。

到了一九四四年，希特勒終於失去耐性，他直接掌控匈牙利，在許多當地走狗的協助下，開始每天遣送一萬兩千名猶太人去那些死亡營區，最後總數達到四十三萬人，奧斯威辛的死者有三分之一是來自匈牙利。不可思議的是，當蘇聯接管匈牙利時，布達佩斯還有十二萬名猶太人，這要感謝部分匈牙利人的英勇相護。但根據近年民調，匈牙利、立陶宛、波蘭和斯洛伐克仍有大約三成民眾對猶太人沒有好感。

我要是知道自己會活到這麼老，當初就會好好照顧身體。——阿道夫．祖克爾，匈牙利籍猶太人，派拉蒙製片公司創始人，享年一百零三歲

看過匈牙利人對猶太人又愛又恨的證據後，現在輪到複雜的現實。亞力士的工作就是需要徹底調查這個議題，因此他能提供很棒的見解。「為什麼匈牙利人今日會反猶太？其中一個原因是傳統的民族仇恨，那種是無法辯解的，另一個原因是對共產黨菁英分子的怨念。這些人是毫無原則的投機主義者，即使共產政府已經瓦解，他們仍持續為自己爭取特權。現在匈牙利人之所以會抨擊猶太人，其背後原因很可能跟宗教或種族無關，而是對那些劫貧濟富、剝奪人民權利的有錢人的恨意（然而那些有錢人不見得真的存在）。同理可知，當他們稱某人為『臭猶太鬼子』時，他很可能跟猶太教毫無關係，也沒有猶太血統。」

「給個例子吧。」我說。

「曾經屬於共產黨的特勤局長拉茲羅・拉依克（László Rajk）一向都被公開譴責為猶太人，但其實拉依克跟猶太人的宗教或種族完全沒關聯，而且他的兄弟還是跟納粹有密切相關的箭十字黨中的高層人士。另一件趣事：當我在追蹤二〇〇六年的暴動事件時，一名在布達佩斯大道上遊行的暴徒告訴我說當時的首相久爾恰尼・費倫茨（Gyurcsány Ferenc）是個『臭猶太鬼子』。久爾恰尼沒有任何宗教信仰，除了他自己累積的權勢之外，而且據我所知，他的包皮很完整。對匈牙利人而言，『猶太人』這個詞跟宗教無關，而是泛指屯積財富與特權的無恥行為。許多非猶太裔的匈牙利人也做了相同的事，但人們並不會稱久爾恰尼為『骯髒的基督徒』。」

「亞力士，你是一位專業的政治分析師。匈牙利到底有多少政客是真的猶太人？」

「這很難說，政治圈裡的『正宗猶太人』非常少，我大概只能想到十幾位。當然如果你告訴匈牙利人這點，他們就會說猶太人都躲在幕後操作。」

「匈牙利人如何表達他們的反猶太情結？」

「反猶太言論通常都很低調，若是在公眾場合，他們會用一些常見的隱喻方式影射猶太人，例如『銀行家』、『全球化的幕後推手』或『那些假借資本主義摧毀平民的人』。他們也會說『媒體都被思想自由的知識分子操控』，如果夠大膽就會說『我們不希望匈牙利遭遇跟巴勒斯坦相同的命運』。」

「真好笑。」

「另一方面，他們不會對猶太人或猶太會堂進行武力攻擊。即使是穿著哈西迪（Hasidic）服裝的猶太人也能完全安全地到處走動。一些村莊裡的無聊少年可能會在晚上跑出去對猶太人的墓碑噴灑納粹標誌，不過根據前任猶太社區會長表示，這是正常的，因為他們只是想製造國家醜聞，不是真的討厭猶太人。難得有警察和新聞記者跑來你的爛村莊，也是滿刺激的。」

那天晚餐時，約瑟夫告訴我說匈牙利的許多問題都是猶太人引起的，我說那極度令人難以置信，畢竟猶太人只占匈牙利總人口的千分之五，這個比例是二次大戰之前的十分之一。他向我保證「猶太人正在控制一切，他們的手段極端神祕。」

數個月後，亞力士做此總結：「反猶太的中心思想就是『邪惡的異族勢力存在於我們之間，企圖毀滅我們。』大多數匈牙利人並不相信這點，然而種族偏見確實存在於社會低階層。主要的危險是低階偏見也有可能引爆而成為更醜陋的事物。」

遊訪三座匈牙利城市

我接下來從埃格爾折返布達佩斯，路過凱奇凱梅特（Kecskemét），最後抵達塞格德。這代表我橫越了匈牙利的大平原（Nagyalföld），亦即多數匈牙利民間傳說的起源地。無疑的，那些傳奇故事遠比沿途的平坦景觀刺激，不過凱奇凱梅特彌補了這點。市中心的自由廣場（Szabadság Tér）是個俏麗的開放區域，四周環繞著新藝術風格的建築。我在那邊閒晃了幾個小時，便搭火車前往更壯觀的塞格德。

我在塞格德火車站遇到可愛的衝浪主杜恩妮。她借了我一台自行車，我們一起沿著寬廣的蒂薩河騎車經過內城橋（Belvárosi Híd），直到我們抵達新古典風格的莫拉．費倫茨（Móra Ferenc）博物館，該城最漂亮的建築之一。塞格德是匈牙利數一數二的優質寶石，大學文化使它格外朝氣蓬勃。到了傍晚，我們推著自行車經過一個熱鬧的嘉年華會，大啖血腸（véres hurka）和細香腸（kabanos）。如同許多匈牙利人，杜恩妮對艱深話題毫無避諱，包括她跟男友之間的糾葛；她男友在數個月前獨自跑去中美洲「尋找自我」，數週之後，她決定叫他滾蛋。

兩年後，我再次回到匈牙利，與蘇莎和史蒂夫在巴拉頓湖畔的夏日度假屋重聚，在湖中戲水玩耍。我後來聽從了蘇莎的建議，去參觀附近的特里亞農博物館。它開放於一九九九年，展示一百多幅大匈牙利的地圖，但其中只有三幅能完整說明各民族的分布。我在離開匈牙利的途中順便拜訪了美麗的邊境城市肖普朗（Sopron），附近還有壯觀的費爾特德（Fertőd）宮殿。

匈牙利的未來

匈牙利並不像一些匈牙利人說得那麼糟，相反的，它在某些方面遙遙領先東南歐的所有國家。世界上有許多國家還很羨慕匈牙利的各項優勢：多瑙河、巴拉頓湖、高度的教育水準、優雅的城市、獨特的文化、中央的位置與俯拾皆是的肥沃土壤。

匈牙利唯一不可取之處是當今國家的心理狀態，雖然有些人會否認，但那些自憐、挫敗、負面和消沉的心態絕大部分都跟特里亞農的迷思綁在一起。我必須澄清這點，**大多數匈牙利人其實很少跟親友討論特里亞農，因為若在同一群觀眾面前不斷鬼打牆，沒過多久大家就會感到無趣**。儘管如此，許多匈牙利人無論在意識或潛意識中依然相信因為自己沒有大匈牙利的廣闊領域，所以不能創造一個更偉大的匈牙利。

有許多方式可以使匈牙利成為東歐的領袖。例如推銷它的地理位置，強調自己是歐洲的中央樞紐，讓國際投資者妥善利用匈牙利的教育人力資源。匈牙利擁有天然地理優勢，因為所有山脈都終止於這個巨大盆地，它可以利用此戰略位置連接周圍各國。每個鄰國都有匈牙利族人其實是優勢，不是劣勢，因為它在各個鄰國都占有一席之地，就有權力去影響當地事務，而且匈牙利應該更進一步利用自己古老的亞洲地緣向亞洲伸手，培養更多合作關係。匈牙利一旦改變對自己歷史和國際地位的觀點，充滿光明的未來即可成真。

本章節一開始的那位來自北卡州的金髮傻妞不知道任何關於匈牙利的事，她來自的北卡州比匈牙利大，後者的面積跟印第安納州差不多。匈牙利人大概也不會知道多少關於北卡或印第安納的事，但那些州的居民現在如果讀完這個章節，應該會學到比匈牙利的首都更多的事。

✣ 匈牙利能教我們什麼

✣ **欣賞溫泉之美。**匈牙利人比許多擁有海岸的國家珍惜自己的水源（多瑙河、巴拉頓湖以及他們的溫泉）。在一百個大眾浴池中挑一個來泡澡，保護你的水源，反思你的排水管裡流動的是什麼東西。

✣ **不要只聊天氣。**匈牙利人會熱烈討論各種艱深的話題。避免「安全」話題，不要只是寫些膚淺的電子郵件。深入探掘，廣泛閱讀，與人激辯，引發深具內涵的討論，你絕不會感到無聊。

✣ **推崇科學家和工程師。**當美國被女神卡卡迷得暈頭轉向，另一個國家對科學和理工的重視程度卻勝過影視和運動明星，這真是煥然一新。你的偶像是哪位科學家？你崇拜哪位工程師？告訴世界，幫助我們重新定位價值觀。

二〇二一年，我再度聯絡了亞力士，他仍然住在布達佩斯的公寓。他憶起國人在二〇二〇年如何哀嘆特里亞農的一百週年。奧班．維克多（Orbán Viktor）自從二〇一〇年擔任總理後就利用威權創造了一個不自由的民主制度，亞力士就像多數匈牙利人，對國家未來持悲觀態度。

匈牙利有一點跟美國類似：我們對於異國語言的學習能力都很糟。只有三成的匈牙利人說他們能用外語跟別人交談，以歐洲人的標準來說是很差的。有些人爭論說匈牙利人很難學另一種語言，因為世界上多數語言都跟他們的外星母語相差甚巨。話說回來，芬蘭語也很怪，但芬蘭人通常都會講多種語言。

匈牙利人應該拜訪西南方的鄰居，學習歐洲的多語達人：斯洛維尼亞人。我們將在下個章節了解斯洛維尼亞為何擁有歐洲最危險的山路，他們為何如此熱愛工作，以及前南斯拉夫各國關係為何如此複雜。

（上冊結束）

八旗國際20

野生的東歐

偏見、歧視與謬誤，毒舌背包客帶你認識書上沒有寫的歐洲（上）

The Hidden Europe: What Eastern Europeans Can Teach Us

作　　者　法蘭西斯・塔朋（Francis Tapon）
翻　　譯　賴堯暉
編　　輯　邱建智
校　　對　魏秋綢
排　　版　張彩梅

企劃總監　蔡慧華
行銷專員　張意婷
社　　長　郭重興
發 行 人　曾大福
出　　版　八旗文化／遠足文化事業股份有限公司
發　　行　遠足文化事業股份有限公司（讀書共和國出版集團）
地　　址　新北市新店區民權路108-2號9樓
電　　話　02-22181417
傳　　真　02-22188057
客服專線　0800-221029
信　　箱　gusa0601@gmail.com
Facebook　facebook.com/gusapublishing
Blog　gusapublishing.blogspot.com
法律顧問　華洋法律事務所／蘇文生律師

封面設計　兒日
印　　刷　前進彩藝有限公司
定　　價　480元
初版一刷　2022年7月
初版三刷　2023年6月
ISBN　978-626-7129-33-3（紙本）　978-626-7129-36-4（PDF）　978-626-7129-37-1（EPUB）

著作權所有・翻印必究（Printed in Taiwan）
本書如有缺頁、破損、裝訂錯誤，請寄回更換
本書僅代表作者言論，不代表本社立場。

The Hidden Europe: What Eastern Europeans Can Teach Us
© 2012 by Francis Tapon
All rights reserved.
Chinese complex translation texts © Gusa Press, an imprint of Walkers Cultural Enterprises, Ltd.
Published by arrangement with the Francis Tapon through LEE's Literary Agency

國家圖書館出版品預行編目（CIP）資料

野生的東歐：偏見、歧視與謬誤，毒舌背包客帶你認識書上沒有寫的歐洲（上）／法蘭西斯・塔朋（Francis Tapon）著；賴堯暉譯. -- 初版. -- 新北市：八旗文化出版：遠足文化事業股份有限公司發行, 民111.07
面；　公分. --（八旗國際；20）
譯自：The hidden Europe : what Eastern Europeans can teach us
ISBN 978-626-7129-33-3（平裝）

1. CST：旅遊文學　2. CST：人文地理　3. CST：東歐

744.09　　111007753